建设广东现代化产业体系研究丛书

丛书主编 胡军

乡村振兴

加快农业现代化

燕志雄 等 主编

南方传媒 | 广东经济出版社
·广州·

图书在版编目（CIP）数据

乡村振兴：加快农业现代化 / 燕志雄等主编 .
广州：广东经济出版社，2025. 8. -- （建设广东现代化
产业体系研究丛书）. -- ISBN 978-7-5454-9637-6

Ⅰ. F320.3

中国国家版本馆 CIP 数据核字第 2025BJ7894 号

策　　划： 王成刚　刘健华　陈　晔
责任编辑： 陈　晔　于明慧　黄　昱
责任校对： 朱敏红　向秋萍
责任技编： 陆俊帆
封面设计： 奇文雲海 CHIVAL design

乡村振兴：加快农业现代化
XIANGCUN ZHENXING：JIAKUAI NONGYE XIANDAIHUA

出 版 人： 刘卫平
出版发行： 广东经济出版社（广州市水荫路 11 号 11 ～ 12 楼）
印　　刷： 广州小明数码印刷有限公司
（广州市天河区高普路 83 号 B 栋 C5 号）

开　　本： 730mm×1020mm　1/16
印　　张： 17.25
版　　次： 2025 年 8 月第 1 版
印　　次： 2025 年 8 月第 1 次
书　　号： ISBN 978-7-5454-9637-6
字　　数： 263 千字
定　　价： 78.00 元

发行电话：（020）87393830

丛书编委会

总　序

当前，全球经济格局深度调整，科技革命加速演进，广东作为我国经济发展的前沿阵地，肩负着推动产业转型升级、提升国际竞争力的重任。现代化产业体系是现代化国家的物质技术基础，必须把经济发展的着力点放在实体经济上。只有打造自主可控、安全可靠、竞争力强的现代化产业体系，才能为中国式现代化建立行稳致远的关键支撑。习近平总书记明确要求广东“建设更具国际竞争力的现代化产业体系”，这不仅是对广东的深切期许，更是赋予广东在新时代的重大使命。

广东建设现代化产业体系，有着坚实的产业基础和迫切的现实需求。从基础来看，广东是全球重要的制造业基地，拥有全部31个制造业大类，2024年全省规模以上工业企业实现营业收入19.4万亿元，占全国总量的近1/7，电子信息、汽车、电气机械等15个行业规模位居全国第一，已形成基础雄厚、门类齐全、配套完善的工业体系。然而，随着全球产业链供应链加速重构，贸易保护主义抬头，广东产业发展面临着外部市场不确定性增加、关键核心技术“卡脖子”等严峻挑战，加快产业转型升级迫在眉睫。

产业体系是由相互联系的各个产业构成的有机整体。产业体系内横向或纵向关联越密切，就越能产生“1+1>2”的网络效应，其功能相应就越大，韧性就越强，效率就越高。现代化产业体系是指顺应当前科技革命、消费结构和国际格局变化新趋势，以科技创新为牵引，以实体经济为支撑，以现代金融为保障，以人力资源为基础，新质生产力持续替代传统生产力的产业体系。具有国际竞争力的现代化产业体系是指，与其他国家或地区相比，这个国家或地区的产业体系具有更大的功能、更高的效率和更强的韧性，更能适应科技革命、消费结构和国际格局的变化。

结合时代要求、国家战略和地方特色，广东建设更具国际竞争力的现代化产业体系需要满足四个方面的基本要求：一是顺应科技革命浪潮，以创新驱动“三化”转型。智能化、绿色化、融合化是现代化产业体系的三个基本特征。要紧扣新一轮科技革命和产业变革机遇，将创新作为核心驱动力，聚焦人工智能、大数据等前沿技术突破，以培育新质生产力为关键抓手，推动制造业、服务业等各领域向智能化升级、绿色化转型、融合化发展，通过技术迭代重塑产业形态，提升全要素生产率。二是对接全球分工重构，强化产业体系“三性”根基。完整性、先进性、安全性是现代化产业体系的三个基本要求。要适应全球产业链供应链深度重构趋势，以产业基础高级化、产业链现代化为主线，靶向攻关核心零部件、关键基础材料等“卡脖子”环节，补齐产业链短板。同时，巩固优势产业集群的完整性，提升技术和产品的先进性，增强关键领域自主可控能力，筑牢产业体系的安全屏障。三是立足双循环节点优势，服务国家现代化产业体系建设。依托广东产业体系高度国际化的独特优势，深度融入全球市场，既鼓励企业“走出去”参与全球竞争，又积极“引进来”集聚高端要素，强化作为国内大循环重要支点和国内国际双循环战略链接的功能，高效统筹利用国内国际两个市场、两种资源，提升在全球价值链中的位势。四是深化区域协同融合，构建大湾区产业创新生态系统。积极联动港澳地区，以粤港澳大湾区为核心载体，打破地域壁垒和体制限制，推动珠三角与粤东粤西粤北产业协同，促进创新资源、产业链环节、要素市场跨区域流动，构建“基础研究+技术攻关+成果转化+科技金融+人才支撑”的区域产业创新生态，通过一体化布局实现区域产业优势互补、融合发展，彰显现代化产业体系的地方协同特色。

结合地方特色，广东建设更具国际竞争力的现代化产业体系的主要特征可以概括为“三化三性两特色”。

“三化”是指智能化、绿色化、融合化。第一，智能化是广东现代化产业体系的基本趋势。要支持制造业人工智能链式改造，鼓励人工智能企业开发更多面向制造业的多任务智能体。开放先进技术和应用场景，“大手拉小手”带动中小企业发展。同时，培养“懂行业、懂制造、懂数字化”的复合型人才，提升产业生产效率与智能化水平。第二，绿色化是广东现代化产业体系的鲜明底色。要支持企业应用先进生产工艺和设备，在降碳减污中实现扩绿增长，形成政府引导、市场发力、企业主动的绿色转型新格局。第三，融合化是广东现代化产业体系的牵引力量。针对广东产业门类齐全、产业配套能力完善的特质，推动制造业与服务业融合、数字经济与实体经济融合，以龙头企业为牵引深化链条融合，鼓励一二三产业跨界融合，实现产业体系整体效能提升。

“三性”是指完整性、先进性、安全性。第一，产业体系的“完整性”是广东推进新型工业化的必然趋势。作为区域现代化产业体系，其完整性不仅是指产业门类要相对齐全，更强调重点产业内部即产业链层面的相对完整性，尤其要补齐广东关键中间品和核心部件的配套短板以及促进生产性服务业扩容提质。第二，产业体系的“先进性”是广东增强产业国际竞争力的迫切要求。要加快基础研究投入，强化原始创新能力，瞄准共性技术“爆破点”。依托广深科技创新走廊组建产学研联合体，攻关新材料、工业软件等“卡脖子”技术。同时，鼓励企业加强品牌建设，推动传统产业通过技术突破向产业链高端攀升，实现“价值跃迁”。第三，产业体系的“安全性”是广东应对全球产业链重构的现实需要。产业体系没有绝对安全，只有相对安全。要加大对关键核心技术的研发投入，减少对国外技术的依赖，通过在部分关键产品和核心技术层面建立非对称战略优势，来追求产业体系的自主可控和安全稳定。

“两特色”是指规模化、国际化。第一，规模化是广东建设现代化产业体系的厚重家底。大规模参与国际分工带来的低成本优势在一定时期内仍是广东制造的主要优势。在保持制造业比重基本稳定的基础上，以电子信息、智能装备等优势制造业为核心，推动产业集群横向扩容与纵向深耕，强化产业链上下游协同。支持龙头企业引领中小企业形成规模效应，利用产业园区集聚降低综合成本，将规模优势转化为技术迭代速度与市场议价能力的提升。第二，国际化是广东建设现代化产业体系的显著特色。要以品牌全球化为核心，推动家电、电子等优势产业从“产品出海”向“品牌出海”升级，通过海外展会、本土化营销强化品牌认知。企业要依托“一带一路”节点布局海外生产基地，结合当地资源禀赋实现研发、制造、销售本地化，同时通过参股、并购全球优质企业整合技术与渠道，逐步构建自主可控的全球价值链，提升产业链在全球分工体系中的主导权。

从现代化产业体系的建设内容来看，广东应构建“领头雁型”现代化产业体系，需以“四梁八柱”为框架，强化工业、农业、服务业与基础设施的结构性关联、融合性互动，形成以创新为内核、“主干+两翼+底座+尾翼”协同支撑的整体架构。一是要发挥科技创新作为“雁头”的引擎带动作用。通过科技创新突破引领新质生产力培育，推动科技创新与产业创新深度融合，既为传统产业升级注入“智改数转”动力，也为战略性新兴产业和未来产业开辟赛道，更通过技术溢出效应带动农业、服务业、基础设施向现代化跃迁。二是要把现代化工业作为现代化产业体系的“主干”与“两翼”。以战略性支柱产业为“主干”，巩固电子信息、汽车制造、智能家电等万亿级产业集群优势，通过技术改造推动传统产业高端化、智能化升级，筑牢产业根基；以战略性新兴产业和未来产业为“两翼”，聚焦新能源、生物医药、低空经济、量子科技等领域，加大研发投入和场景培育，形成新的增长引擎。工业内部通过“主干”为“两翼”提供产业链配套支撑，“两翼”反哺“主干”实现技术迭代，形成动态升级的工业生态。三是要通过现代化服务业筑牢“底座”实现协同赋能。以生产性服务业为核心“底座”，强化研发设计、现代物流、金融科技、工业互联网等对工业、农业的全链条服务，提升产业协同效率；生活性服务业聚焦品质升级，满足城乡居民需求，反哺消费对产业的拉动作用。服务业通过“黏合剂”作用，促进工农业要素流动、技术共享和市场联通，实现“产业服务化、服务产业化”。四是要通过现代化农业夯实基础与延伸价值。以科技赋能农业现代化，发展智慧农业、设施农业，稳定粮食和重要农产品供给，同时推动农业与加工、文旅、电商等产业融合，延伸产业链价值链。农业既为工业提供绿色原料，又通过消费需求牵引服务业升级，成为产业体系的基础支撑。五是要通过现代化基础设施强化“尾翼”支撑保障。构建“硬基建+软基建”双轮驱动的基础设施体系：硬基建聚焦新型基础设施（如5G、数据中心、智能交通）与传统基建升级，打通产业跨区域联通的物理通道；软基建侧重标准体系、要素市场、营商环境等制度建设，降低产业协同成本。基础设施作为“尾翼”，既为工农业、服务业提供空间和技术支撑，又通过互联互通放大“主干+两翼+底座”的协同效应。

当前及今后一个时期，广东将处于建设更具国际竞争力的现代化产业体系的关键时期。“建设广东现代化产业体系研究丛书”立足新时代广东聚力推动高质量发展的背景，聚焦广东现代化产业体系建设主题，融产业理论研究、政策分析与实地调研于一体。丛书运用理论分析、调研数据论证、比较研究及案例剖析等社会科学方法，系统梳理广东产业体系的产业链基础、发展现状、演化脉络与核心特征，明确其发展方向，并从中观与微观层面深入探讨七大关键产业的建设现状、市场规模、主体构成、实现条件及实施路径。同时，丛书凝练国内外产业发展经验，力求全面且有重点地呈现广东现代化产业体系建设的最新研究成果，针对“卡脖子”难题提出可行对策，为地方政府经济部门落实高质量发展目标、制定产业政策，以及企业投资决策提供实践指引。

本丛书以“广东现代化产业体系建设”为战略主线，围绕现代化产业体系的“四梁八柱”，形成现代服务业、战略性新兴产业、传统优势产业、现代农业、数字经济、产业链韧性、现代化基础设施等七大专题研究板块。各分册在内容上既各有侧重，又相互呼应，共同构建起从产业链、创新链到服务链、要素链的系统化研究框架。丛书整体架构力求理论研究与政策分析相结合、宏观战略与微观案例相统一，为广东建设更具国际竞争力的现代化产业体系提供系统化研究成果与实践指引。各分册主题和内容安排大体如下：

第一册《优质高效服务：构建现代服务业新体系》由暨南大学副校长顾乃华研究员主编。本册聚焦现代服务业的高质量发展路径，结合生产性服务业、消费性服务业与公共服务业发展实际，系统分析现代服务业对制造业转型的赋能机制与国际竞争力提升策略，提出服务型经济的结构优化和质量提升方案。

第二册《新增长极：推进战略性新兴产业融合集群发展》由暨南大学产业经济研究院院长陶锋研究员主编。本册聚焦战略性新兴产业融合集群发展，通过整体评估广东战略性新兴产业融合集群发展现状与问题，深入探究了制度创新、生态构建、韧性提升和创新环境优化等多维因素如何驱动融合集群演进，并通过对广东新能源汽车、人工智能、生物医药三大战略性新兴产业集群的深度案例剖析，为广东锻造新质生产力增长极提供实施路径与战略样本。

第三册《经济新生态：培育数字产业融合与集群发展》由暨南大学产业经济研究院副院长李杰研究员主编。本册聚焦数字技术驱动的新型产业生态，探讨电子信息制造、工业机器人、数字创意产业等数字经济核心领域的产业融合路径，提出数字赋能实体经济的政策建议与实践案例，描绘广东数字经济发展蓝图。

第四册《稳链：打造安全发展的产业链》由暨南大学产业经济研究院余壮雄研究员主编。本册聚焦产业链安全与自主可控发展战略，探讨全球产业链重构背景下广东关键领域"补链、延链、强链"策略，提出产业链韧性建设、供应链多元化布局和风险防控体系的优化路径，全面提升广东产业链体系的稳定性与运行效率。

第五册《创新突围：推动传统产业转型升级》由暨南大学经济学院杨亚平教授主编。本册围绕传统制造业的转型升级与创新突破，深入剖析在新一轮科技革命和产业变革背景下广东家电、纺织服装、食品饮料、建筑材料等重点产业面临的结构性挑战，提出数字化转型、绿色化改造、智能化提升、跨界融合等系统解决方案，推动广东传统产业迈向高端化、智能化、绿色化和融合化。

第六册《乡村振兴：加快农业现代化》由暨南大学产业经济研究院燕志雄副研究员主编。本册聚焦国家乡村振兴战略，详细剖析了全球农业发达国家的农业发展模式以及中国代表性地区的农业现代化发展概况。深入探究了技术创新、模式创新、渠道创新和产业链组织创新等因素如何推动农业现代化进程，并进一步解析了广东种业、渔业等产业案例的现代化实践，为广东农业高质量发展和乡村振兴提供可复制的经验与案例参考。

第七册《硬核力：建设现代化基础设施》由暨南大学产业经济研究院潘珊副研究员和张红副研究员主编。本册聚焦现代基础设施的硬核支撑作用，系统梳理了广东传统基础设施、信息基础设施、创新基础设施和融合基础设施的发展和趋势，提出进一步推动现代化基础设施同信息技术深度融合的发展路径，在融合创新中加快形成新质生产力，全面提升广东现代化产业体系的承载力与发展韧性。

本丛书的研究团队主要来自暨南大学产业经济研究院，同时整合学校经管学科优势力量。始有暨南，便有商科。根据2023软科世界一流学科排名，暨南大学经济学科中国内地排名并列第12；2023ESI全球排名，暨南大学经济学与商学稳居前1%。产业经济研究院是暨南大学国家重点学科“产业经济学”的所在单位，拥有华南地区最早的博士点，建有华南地区第一个应用经济学博士后流动站。学院秉承“顶天立地”的学术传统，坚持“学科交叉研究、产业精英培养、新型智库建设”三位一体，致力成为全国产业经济领域领先的学术单位和卓越智库。近年来，全职教师获批国家自然科学基金重点项目、教育部重大攻关项目、国家社会科学基金重大项目和重点项目等国家级项目，在国内外重要期刊发表了一批有影响力的研究成果。同时，学院积极对接国家重大战略，深度服务于粤港澳大湾区产业转型升级，在产业竞争力、产业发展规划、产业政策与企业发展战略等领域承担各类横向课题200多项。研究成果成为地方政府决策的重要依据，或被以政府文件形式发布。学院现已形成“科研课题、政策辅导、项目把关、干部培训”四位一体决策咨询服务体系，深度嵌入政府部门决策过程，在广东省及主要地市历次产业发展战略转换和产业转型升级中，发挥着不可或缺的政府政策辅导和决策顾问作用。

本丛书的顺利出版，离不开广东经济出版社的鼎力支持与精心组织。作为国内具有重要影响力的专业出版机构，广东经济出版社始终坚持“立足学术前沿、服务经济社会发展”的出版理念，在选题策划、内容统筹、质量把控等方面展现出卓越的专业能力与独到的战略眼光。在丛书的策划与出版过程中，出版社秉承严谨务实的学术态度与高水准的专业精神，从框架设计、内容整合、审稿论证到版式编排、封面设计等每一个细节，都给予了我们极具建设性的意见和全方位的支持。特别要感谢出版社编辑团队，他们以丰富的出版经验、深厚的专业素养和高效的工作作风，全程投入丛书的编辑加工之中。无论是在文本精修、逻辑校对，还是在版式细节、整体美学呈现方面，编辑团队都倾注了大量心血和智慧，对书稿进行了耐心、细致而精准的打磨与校订，确保了丛书的学术深度、政策价值和出版品质达到最佳状态。正是由于广东经济出版社的高度重视与倾力协作，才使得“建设广东现代化产业体系研究丛书”能够以更加完整、成熟与高质量的面貌呈现在广大读者和研究者面前。

由于研究时间和精力有限，本丛书仍难免存在不足与疏漏。我们深知，广东现代化产业体系建设是一个持续演进、动态优化的复杂过程，政策导向、技术变革与全球竞争格局的不断变化，都可能带来新的研究视角和问题挑战。因此，本丛书的成果更应被视为一次阶段性的探索与学术积累。编者期望，通过本丛书能够为相关研究与实践提供有益的参考与启发，推动更多深入的思考与探讨。恳请读者批评指正，以便我们在后续研究与修订中不断完善！

胡　军

暨南大学

Preface

序

农业现代化已逐步成为驱动国家发展、促进乡村振兴、保障粮食安全与生态平衡的重要力量。在全球化和信息化的背景下，实现农业现代化不仅需要科学技术的驱动，还需要政策的支持、市场机制对资源的配置以及国际合作的深化。农业现代化总体可以概括为三个趋势：一是更加注重科技创新的引领作用，推动农业生产向智能化、机械化、精准化方向发展；二是更加关注市场需求的变化，不断优化农业产业结构与产品布局；三是可持续发展将成为农业现代化的重要目标，各国更加强调农业资源保护与生态环境建设。

作为拥有悠久农耕历史和庞大农业基础的国家，我国农业发展“大而不强”的问题亟待解决。2020年，党的十九届五中全会提出了优先发展农业农村、全面推进乡村振兴的战略部署。2021年中央一号文件进一步指出，把全面推进乡村振兴作为实现中华民族伟大复兴的一项重大任务，举全党全社会之力加快农业农村现代化。这一指示不仅明确了新时代农业农村发展的新任务和新方向，更是对全球农业发展的深刻洞察与回应。基于上述背景，本书系统地研究了农业现代化与乡村振兴的关系，并深入探讨了广东省在这一领域的实践和经验。

本书分为理论篇、综合篇和行业篇三个部分，从宏观到微观，从理论到实践，全面阐述了农业现代化的概念、路径、挑战和发展趋势。在理论篇中，本书深入剖析了农业现代化的定义、发展过程以及其与乡村振兴的逻辑关系，为读者构建了一个清晰的理论框架。这不仅有助于理解农业现代化的深层含义，而且有助于把握乡村振兴的发展方向。综合篇则重点介绍了全球代表性国家和中国代表性地区的农业现代化发展概况，展示了不同发展路径的特点与成效，并系统分析了广东省农业现代化发展环境、发展成就和面临的挑战，为读者提供了一个全面的认识视角。行业篇通过对广东省种业、渔业、肉鸡产业和水果产业等领域的深入研究，详细分析了每个产业的发展环境、发展模式，并从产业链视角对其市场结构、市场行为和市场绩效进行深度剖析，同时展示了广东省在农业现代化方面的经验做法，揭示了广东省在推动农业现代化中的创新实践与未来展望，一定程度上也为其他地区提供了可借鉴的实践经验。

总的来说，本书不仅致力于为学术界提供一份系统而翔实的研究成果，也希望能够为政策制定者、农业从业者等广大读者提供有价值的参考，助力中国农业现代化进程的加速推进，助力乡村振兴战略的全面实施。通过对现代农业发展的多维度研究，本书力图在全球化背景下，为中国农业现代化探索一条可持续发展的道路。

Contents

目录

〔理论篇〕

〔综合篇〕

理论篇

第一章 农业现代化概述*

第一节 农业现代化的概念界定

农业现代化是把传统农业转变为现代农业的过程。农业现代化既包括农村经济、政治结构的现代化，也包括农业生产、流通与销售方式的现代化。

从农村经济结构层面的现代化看，农业现代化表现为土地生产率与农业劳动生产率不断提升的过程。从农业生产方式层面的现代化看，农业现代化表现为资本、技术、数据等现代生产要素导入农民人力资本最终形成新质生产力的过程，即不断用现代生产要素替代传统生产要素，并由此提高农业生产力水平的过程。

农业现代化既是一种从传统农业向现代农业转变的过程，也是为加快这一转变过程而采取的种种政策措施的总和。本书将重点关注这一系列政策措施实行中的产业发展和科技创新问题，以探讨其在推动农业现代化进程中的作用和效果。

第二节 中国农业现代化的发展路径及其历史背景

任何一个重要思想都不是凭空想象的产物，其中既包含了对历史经验的继承和总结，也包含了对不同时代不同实践的吸收和借鉴。乡村振兴战略是

* 本章第一执笔人为暨南大学产业经济研究院刘树梁。

中国乡村建设百年探索的历史延续，而农业现代化是实现乡村振兴的重要抓手与必要条件，以农业现代化推动乡村振兴是中国历史上“三农”思想在新阶段的延伸，并且具有明显的历史跨越性，是马克思主义与中国实际的结合创新，是历代共产党人对农村发展思想的融会贯通。

一、1949—1978年，公有制与集体化的探索

1949年新中国成立开启了中国乡村振兴与农业现代化的百年探索，而《中华人民共和国土地改革法》的颁布彻底改变了传承两千年的土地私有制，开启了中国共产党人在土地公有制框架下对乡村发展的全新探索。

为了应对复杂的国内外形势，尽快从落后的农业国向先进的工业国转变，此时的经济政策以工业发展为优先，以计划经济体制为主导，并实行了城乡分割制度。这导致大量农村资源被转移到城市，农村基本上成了城市工业发展的资源供应地。

为了提高农业生产效率，政府推行了集体化与合作化的社会主义改造，提出了“一体两翼”的过渡时期总路线，逐步建立了人民公社体制。这一时期的集体化与合作化运动意味着农村生产关系的根本性变革，农民个体所有制逐渐转变为集体所有制。

然而，虽然计划经济体制和人民公社体制在一定程度上提高了农村生产力和基础设施建设水平，但也存在着“均田均产，共产共收”的平均主义弊端，面临着资源配置不合理、农民收入水平低下等问题。脱离了生产力客观能力的制度改革和农业现代化终究有所局限。

二、1979—2012年，市场化探索与社会主义新农村建设

1978年以后，以实行家庭联产承包责任制为标志的农业农村改革在制度、收入、城乡二元结构、农产品市场等方面作出了重大探索与实践，标志着中国农业现代化探索进入新阶段。

在制度端，家庭联产承包责任制确立了合理的激励机制，调动了广大农村劳动力的积极性，扩大了农民的自由发展空间。

在收入端，废除了农业税，加大了对农业农村部门的补贴力度，缩小了工农“剪刀差”，极大地促进了农业生产发展。

在城乡二元结构端，破除了农村剩余劳动力向城市转移的障碍，提升了农民向上自我发展的能力。

在农产品市场端，确立了工农产品市场化交换机制，强调了市场力量在经济中的重要性。

进入21世纪以来，“工业反哺农业、城市支持乡村”的基础不断夯实。2004年以后，农业农村改革在流通、土地、财政三方面作了进一步探索。在流通方面，国家进一步破除统购统销体制，全面放开粮食购销市场。在土地方面，中央开展了土地征用制度改革，完善了土地征用程序和补偿机制。在财政方面，加大了对农业、农村、农民的财政投入力度。

2005年，党的十六届五中全会通过《中共中央关于制定国民经济和社会发展第十一个五年规划的建议》，提出建设社会主义新农村是我国现代化进程中的重大历史任务。如果说党的十一届三中全会解除了农业的体制束缚，那么新农村建设的目标则是解放农民，提高农业劳动生产率，实现农业现代化。

三、2013—2020年，贫困人口与落后地区的精准扶贫

党的十八大以来，中国共产党高度重视扶贫开发工作，以习近平同志为核心的党中央创造性地提出“精准扶贫、精准脱贫”基本方略，围绕“扶持谁”“谁来扶”“怎么扶”“如何退”等问题，加强体制机制创新，出台一系列超常规政策措施，向贫困发起总攻。

中国共产党成立伊始便确立了为实现共产主义而奋斗的目标，以人民为中心的价值观为中国共产党开展赋权贫困治理提供了正当性基础，“全国一盘棋”的体制优势以及强大的动员能力为脱贫攻坚的全面胜利提供了制度保证。

2020年底，现行标准下9899万农村贫困人口全部实现脱贫，12.8万个贫困村全部出列，832个贫困县全部摘帽，标志着中国脱贫攻坚战的全面胜利，消

除了绝对贫困和区域性整体贫困，反贫困斗争取得重大历史性胜利。

几千年来，中华民族始终怀着对富裕生活的美好期盼。当下，中国不仅实现了全面建成小康社会的第一个百年奋斗目标，而且历史性地解决了绝对贫困问题，为实现中华民族伟大复兴迈出了关键一步，向着全面建成社会主义现代化强国的第二个百年奋斗目标迈进。

四、2021年至今，全域、全员、全方位的乡村振兴

相对于脱贫攻坚，乡村振兴是一种全域、全员、全方位的振兴。从农村贫困地区到全部农村地区，从建档立卡贫困人口到全体农民，从“两不愁三保障”到产业、人才、文化、生态、组织的全方位振兴，可以说，乡村振兴的对象更广、范围更宽、要求更高、难度更大。因此，脱贫攻坚和乡村振兴在时间上具有连续性，在内容上具有承接性，在目的上具有一致性。

乡村振兴战略象征着中国对农村发展政策的一次重大转向和战略升级，标志着中国对农村发展的关注从解决温饱问题和推进基础设施建设，转向更高层次的综合振兴和长期可持续发展。这种转变标志着政策重心的调整，从短期单一目标扩展到长远和全面的可持续发展目标。这种战略的提升和目标的明确化，不仅表明了国家对农村可持续发展的高度重视，也反映了国家对历史上农村政策的深刻反思与总结。

纵观这一时期的发展，乡村振兴战略不仅延续了中国乡村建设的长期探索，也在新的历史条件下实现了战略和政策的创新与突破。这一阶段的乡村振兴战略体现出更加全面和深刻的国家意志，体现出中国共产党全心全意为人民服务的根本宗旨，旨在通过一系列综合措施，推动农村地区实现现代化，确保城乡发展均衡，实现共同富裕目标。

第三节　农业现代化与乡村振兴的逻辑关系

一、农业现代化是推动乡村产业兴旺的必要条件

产业是农村经济建设的基石。产业兴旺是乡村振兴战略的关键所在，承担着推动农村经济转型升级的重任。其核心目标不仅是在农业领域实现生产力的提升和产业结构的优化，更是通过构建多元化、高效率的现代农业生产体系，完善的农产品交易市场，以及合理的农村政治经济模式，全面增强农业的生产能力与市场竞争力。

首先，农业现代化既是乡村地区经济长期稳定发展的基础，也为整个国家的经济发展注入新的活力和动力。在理论层面，要通过培育现代农业和新兴产业业态，引入先进生产要素，激发技术创新动能，在农业生产经营中创造出新的需求、新的利润与新的增长空间。在实践层面，一方面，要大力推广现代农业技术和新型产业模式，有效提升土地生产率、劳动生产率与农产品附加值，确保农业经济的稳定高效率发展；另一方面，要注重一二三产业的深度融合，形成具有地域特色的现代化产业体系。

其次，农业现代化通过技术革新极大地推动了生产力的提升。农业生产技术包括生物技术、信息技术、机械化技术等的进步能够显著提高农业生产的效率和质量。例如：精准农业技术的应用，使得农作物的生长条件和需求能够被实时监测和调控，从而提高产量和品质；生物技术的应用则可以增强农作物的抗病性和适应性，进一步提高农业生产的稳定性和可持续性。

最后，农业现代化优化了农业生产结构，促进了农业产业的转型升级。农业现代化通过发展高附加值的特色农产品，实现了农业产业的转型升级。在全球化背景下，农业生产不仅要满足国内市场需求，还要具有国际市场竞争力。通过农业现代化，能够培育出一批具有竞争力和高附加值的特色农产品，从而提高农业经济效益。

综上所述，农业现代化是推动乡村产业兴旺的必要条件。中国的农业现代化，旨在打造一个利用现代科技手段提升农业生产效率和质量，实现可持

续发展目标，既能满足现代消费者多样化需求，又能符合乡村生态环境保护要求，更能提高农业劳动生产率、土地生产率，带动农民走向富裕生活的现代化农业体系。

二、农业现代化是确保农民生活富裕的有力抓手

生活富裕涉及农民最关心、最直接、最现实的利益问题，是乡村振兴战略的出发点、落脚点和最终评价标准。

首先，农业现代化通过激励新产业融合发展与新市场建设，显著增加了农村的就业容量。特别是生态农业、农产品深加工、乡村电子商务及乡村旅游等新兴产业的推广，为农村居民提供了多元化的就业选择。这些产业的扩展不仅直接为农村居民提供工作机会，还通过供应链和服务链带动相关就业的增加。例如，乡村电子商务的推广使得本地农产品可以直接通过网络平台销售至更广阔的市场，提高了农产品的市场覆盖率和农民的直接收益。

其次，农业现代化通过技术进步和产业升级融合，显著提高了农民的劳动报酬。现代农业技术的应用，如机械化作业、自动化管理等，大幅度提高了农业生产效率，降低了劳动强度，提高了农民的劳动生产率，从而增加了农民的收入。这些措施有效地促进了农民收入的持续增长，显著提升了其生活质量，并有助于缩小城乡收入差距，推动社会的和谐与稳定。

最后，农业现代化通过推动农产品加工业、农副产业的发展，大大增加了农民的收入。农业现代化通过支持农产品加工企业的发展，延伸了农业产业链，提高了农产品的附加值，增加了农民的收入。特别是在农产品深加工领域，通过技术创新和产品创新，能够开发出更多高附加值的农产品，进一步提高农民的收入水平。

综上所述，农民生活富裕是“三农”工作的奋斗目标与归宿，是社会主义建设的根本所在。通过这些系统性的改革和支持，农业现代化不但加速了农村的经济现代化步伐，还推动了农业农村社会的全面发展。

三、农业现代化是实现乡村绿色发展的重要途径

“绿水青山就是金山银山”，良好生态环境是农村最大优势和宝贵财富。农业现代化在实现乡村绿色发展中起到了关键作用，是推动乡村生态环境保护与经济可持续发展的重要手段。通过现代化技术和科学管理方法的应用，农业现代化为乡村绿色发展提供了新的路径和保障。

首先，农业现代化通过推广生态友好的生产技术和管理方法，有效减少了农业生产对环境的负面影响。现代农业技术的应用，包括精准农业技术、生物技术和机械化技术的应用，能够优化资源利用，减少化肥和农药的使用，减少农业生产对土壤、水资源和空气的污染。政府应大力推广节水灌溉技术、无公害农药和有机肥料的使用，提升农业的绿色生产水平，推动农业生产的生态化转型。

其次，农业现代化推动了农业资源的高效利用和循环利用，促进了农业可持续发展。通过发展农业循环经济，可以实现资源的循环利用，减少农业废弃物的产生和排放。例如，秸秆还田、畜禽粪污资源化利用等技术措施，有效提高了资源利用效率，减少了环境污染。政府应支持和鼓励农业企业和农民采用先进的循环经济技术，建立健全农业循环经济体系，实现农业生产的绿色化和可持续化。

最后，农业现代化推动了乡村绿色产业的发展，增强了乡村经济的多元化和可持续发展能力。通过发展生态农业、绿色农业和乡村旅游等绿色产业，农业现代化不仅保护了乡村生态环境，还增加了农民的收入来源，促进了农村经济的多元化发展。政府应制定和实施支持绿色产业发展的政策措施，提供财政补贴和技术支持，推动乡村绿色产业的发展，提升乡村绿色发展的整体水平。

综上所述，农业现代化是实现乡村绿色发展的重要途径。只有尊重自然、顺应自然、保护自然，推动乡村自然资本加快增值，才能实现百姓富、生态美的统一。良好的自然环境为乡村地区的持续发展提供必要的生态基础。农业现代化与绿色发展的有机融合，不仅有助于保护和改善自然环境，还能开辟新的经济增长点，提高农村地区的经济效益和竞争力，实现经济增长与环境保护的双赢。

第四节 农业现代化的现实意义

一、农业现代化是促进产业融合发展的必然选择

农业现代化促进产业融合发展。产业兴则乡村兴，农民富则国家强。乡村要发展，必须要有兴旺发达的产业支撑。党的十九大报告提出了实施乡村振兴战略的总要求，即“产业兴旺、生态宜居、乡风文明、治理有效、生活富裕”，“产业兴旺”居首位。农业现代化在推动农业向高价值链方向发展中扮演着关键角色，产业的升级与融合发展则是其核心。

产业融合发展是农业现代化进程中自发演化的重要形式。2015年和2016年的中央一号文件明确指出，推动一二三产业融合发展。《中共中央关于制定国民经济和社会发展第十四个五年规划和二〇三五年远景目标的建议》更是强调推动现代服务业同先进制造业、现代农业深度融合。一二三产业融合发展是农业现代化进程中自发演化的重要形式，是经济发展不可避免的最终结果，是破解我国小农户供给与大市场需求矛盾的重要渠道。在政府引导下，产业调整以市场为导向，以农业经营个体为主体，政府统筹建设农业社会化服务体系，以补贴、税收等市场化政策与手段，推动产业融合发展。

农业现代化注重科技引领与产业融合。中国农业现代化强调引入高端农业科技，大力发展生物工程、智能农业系统和精准农业技术，采用先进的企业管理模式，对农业生产效率和产品质量进行系统性提高，提高农产品在国际市场上的竞争力。同时，农业现代化亦强调农业与非农产业的融合，鼓励发展乡村旅游业和地方特色产品加工业，提高农产品的附加值，旨在利用农村独有的自然和文化资源，为农民开辟新的收入渠道，促使农村经济实现多元化和可持续发展。

综上所述，农业现代化是促进产业融合发展的必然选择，而产业融合发展是实现产业兴旺的核心途径。通过引入高端科技、发展多元化产业和提供

政策支持，农业正在从传统模式向资源节约型、环境友好型和高附加值型模式转型。未来，只有不断推动产业融合与技术创新，才能确保乡村振兴的可持续性和中国农业的国际竞争力。

二、农业现代化是推动农业数字化转型的前提基础

农业现代化加速农业数字化转型。农业现代化不仅为农业数字化提供了物质条件，还为农业高效发展奠定了坚实基础。通过推动数字技术与乡村产业的深度融合，有力地提升了农业产业链的竞争力，同时，确保了农产品的质量安全。在现代化进程中，数字技术成为推动农业高效发展的重要工具，给现代农业发展带来更多的机遇和可能性。

数字农业平台助力农业全面升级。随着信息技术的迅速发展，越来越多的数字化农业服务平台应运而生。这些平台利用大数据、云计算等技术，为农业生产提供全面的数字信息服务，如实时监测土壤、气候等条件，提供精确的种植建议，帮助农民提高农作物的产量和质量。此外，这些平台还提供市场信息、技术支持等服务，促进农产品的产销对接，规避农产品周期性风险，提高农产品的附加值等。

中国农业数字化转型进入关键时期。当前中国农村产业发展正处于从传统农业向现代农业转型的关键时期，而农业作为基础性产业，要想实现全面振兴和发展，农业现代化是不可或缺的一环。在当前数字经济发展迅猛的背景下，这不仅仅意味着机械化、自动化生产设备的广泛应用，更涉及信息技术、数字技术与农业生产端、流通端、销售端的深度融合。我国农业必须不断加速推进数字化、智能化，以科技创新引领现代农业的发展潮流，从而为产业振兴提供坚实物质支撑和动力引擎。

综上所述，农业现代化是推动农业数字化转型的前提基础，数字化则是实现现代农业高效、可持续发展的重要手段。通过科技创新和数字技术的深度应用，中国农业正在从传统农业向现代农业全面转型。这种转型不仅提高了农业生产的效率和质量，还为农民创造了更多的市场机会和经济增长点。未来，农业现代化和数字化的双轮驱动将为中国的乡村振兴奠定坚实基础，

助力实现农业高质量发展的宏伟目标。

三、农业现代化是增强农产品国际竞争力的战略选择

农业现代化提升农产品国际竞争力。农业现代化是提升农产品国际竞争力的关键战略，是建设农业强国和增强国家综合实力的重要途径。通过推进农业现代化，增强农产品在国际市场上的竞争力，扩大农产品在全球农业市场的影响力，加快建设农业强国。

先进技术提高产品质量。农业现代化通过引入先进的生产技术和现代管理模式，提高了农产品的质量和附加值，从而提升了国际市场竞争力。通过广泛应用高效农业技术和科学管理方法，提升农产品在质量、安全性和市场适应性方面的优势，满足国际市场对高品质农产品的需求，增强我国农产品在国际市场上的竞争力。

产业结构优化提升农业综合效益。农业现代化推动了农业产业结构的优化升级，增强了农业产业链的竞争优势。通过发展现代农产品加工和流通体系，延长农业产业链，提高农产品的附加值，提升农业综合效益。政府通过制定和实施支持农业产业链发展的政策措施，促进农业产业链的完善和升级，增强农业产业链在国际市场上的竞争力和影响力。

国际合作推动农业现代化进程。农业现代化促进了农业国际化进程，增强了中国在全球农业市场上的竞争力。通过加强国际农业科技合作，推动农业技术的交流与推广，提升农业科技水平和创新能力，扩大农产品的国际市场份额，提升中国在全球农业事务中的话语权和影响力。

综上所述，农业现代化是提升我国农产品国际竞争力的必由之路。通过提升农产品质量和附加值、优化农业产业结构、加快农业国际化进程，中国能够在全球农业发展中占据更有利的位置。未来，持续推进农业现代化将为中国的农业强国战略提供强有力的支撑，确保中国在全球农业领域的长期竞争力与战略地位。

四、农业现代化是保障国家粮食安全的关键手段

农业现代化保障粮食安全。农业现代化是确保国家粮食安全的关键所在，是实现国家战略目标和维护社会稳定的重要基石。通过推进农业现代化，能够显著提升粮食生产、贮藏、流通能力，有效提升粮食品质，从根本上强化国家粮食安全体系，为国家粮食安全提供坚实保障。

技术革新提升粮食生产效率。农业现代化通过引入高效的农业生产技术和现代化的农业管理模式，推动了农业科技创新和技术进步，提高了粮食生产的整体效率和生产力水平。现代农业技术的应用，包括高产作物品种的推广、精准农业技术的应用等，有助于提升粮食单产水平，增强粮食供给的稳定性和持续性。

结构优化增强粮食生产体系韧性。农业现代化促进了农业生产结构的优化调整，增强了粮食生产体系韧性。通过引入科学合理的种植制度和推动农田基础设施建设，可以有效应对自然灾害和市场波动对粮食生产的影响，提升粮食生产的抗风险能力。同时，现代农业技术的推广应用，有助于提高农业资源利用效率，减少资源浪费，促进粮食生产可持续发展。

粮食产业链升级提升综合效益。农业现代化促进了粮食产业链的完善和升级，提高了粮食生产的整体效益。通过发展粮食加工、储备和流通等环节，延长粮食产业链，提高粮食附加值，提高粮食生产的综合效益。政府通过完善粮食储备制度和应急管理机制，确保粮食市场的平稳运行和粮食供应的充足，增强了国家粮食安全保障能力。

综上所述，农业现代化是保障国家粮食安全的关键。通过推进农业现代化，提高粮食生产效率和粮食品质，增强粮食生产体系韧性和可持续发展能力，从根本上保障国家粮食安全，维护国家安全和社会稳定。

第五节　农业现代化理论简述

一、阿瑟·刘易斯的二元经济模型

阿瑟·刘易斯（Arthur Lewis）的二元经济模型通过将经济分为传统农业部门和现代工业部门，解释了发展中国家从农业经济向工业经济转型的过程。

刘易斯在1954年提出了著名的二元经济模型。这一理论被广泛应用于描述发展中国家的经济结构特征，尤其是这些国家在从传统农业经济向现代工业经济转变的过程中所面临的挑战。二元经济模型假设经济分为两个部分，即传统农业部门和现代工业部门。农业部门通常劳动力充足、生产率低下，而工业部门生产率较高，但对劳动力的需求有限。随着工业化的推进，劳动力会从生产率低下的农业部门转移到生产率较高的工业部门。这种转移最初不会引起工资的显著提高，因为农业部门存在剩余劳动力。在经济初期工业化阶段，由于农业部门存在剩余劳动力，工业部门能够以相对较低的工资吸引劳动力。这使得工业部门可以利用低成本劳动力扩大生产和盈利。随着时间的推移，当农业部门的剩余劳动力被工业部门吸收完毕时，劳动力的供给将变得紧张，这将推动工资水平上涨。这一阶段的到来标志着剩余劳动力经济向全面就业经济的转变。

刘易斯的二元经济模型可以很好地解释我国在1978年以后经济的高速增长现象。20世纪70年代末，中国农村的家庭联产承包责任制改革极大地解放和发展了农业生产力，释放了农村过剩劳动力。在市场化制度建设、户籍限制放宽和开放型经济发展等改革开放大背景下，我国城乡出现了大规模的劳动力流动现象。随着大规模的农村过剩劳动力转移到城市，劳动力资源的城乡和产业配置状况得到了改善，人口红利得到了极大的释放，这成为驱动改革开放40余年以来我国经济实现跨越式发展的最重要因素之一。同时，随着农业部门富足的劳动力流入城市，过剩的劳动力对应着非常低的工资水平，导致财富在资本与劳动之间的分配严重不均。

根据刘易斯的观点，现代工业部门将传统农业部门处于隐蔽失业状态的富余劳动力不停地吸收，由此产生的利润再投资到现代工业部门，与此对应的是农业部门比重的降低与工业部门的快速发展，农业部门的现代化远远落后于工业部门的现代化。市场这只“看不见的手”似乎注定了农村的凋敝，乡村社会成为需要国家力量介入改造的对象。因此，进入21世纪以来，随着我国工业化的完成与综合国力的增强，我国及时实施“工业反哺农业”的政策，提出了新农村建设、脱贫攻坚、乡村振兴等帮扶性政策。尽管乡村振兴的工作任务艰巨且繁重，但广阔的农村市场也拥有着巨大的潜力与后劲。

二、埃斯特·博塞拉普的农业转型理论

丹麦经济学家埃斯特·博塞拉普（Ester Boserup）认为，人口增长并不会必然导致资源枯竭和贫困加剧，人口增长是推动农业技术进步和生产方式转型的关键动力。

农业转型理论是20世纪中期由博塞拉普提出的一种解释农业发展与人口增长关系的理论。该理论强调人口增长是推动农业技术进步和生产方式变革的重要动力，而并非如马尔萨斯人口理论所言，人口增长必然会导致资源耗尽和贫困加剧。博塞拉普的这一理论为理解发展中国家农业现代化提供了重要视角，特别是在人口密集的地区，农业转型理论能够解释农业生产方式的变化和技术进步的内在动力。

博塞拉普的农业转型理论以人口增长为核心动力，认为人口密度的增加促使农业劳动者改变耕作方式，并引入新的技术以应对土地等资源的稀缺性问题。在人口稀疏的地区，传统农业往往依赖广阔的土地进行粗放型生产，技术进步较为缓慢。随着人口增长，土地资源的稀缺性上升，农民不得不通过技术创新和更密集的耕作方式来提高单位面积土地的产出率。这种压力推动了农业从传统的、低生产率的方式逐步向更为集约和现代化的生产方式转变。

博塞拉普的农业转型理论对马尔萨斯人口理论提出了不同看法。马尔萨斯认为，人口的无节制增长将导致粮食不足并产生大量的贫困人口。而博塞

拉普则强调技术创新在应对人口压力中的关键作用，认为人口增长所带来的压力可以成为技术进步的催化剂，从而提高生产效率并避免资源耗尽。事实上，历史上许多的农业技术进步正是在面对人口压力和资源稀缺时发生的。

此外，该理论认为农业转型中的技术进步往往是被迫发生的，即技术创新是对特定经济和环境压力的回应。这种技术变革并非由市场自发驱动，而是由资源压力和社会需求推动。例如，当土地资源日益稀缺、人口数量不断增长时，农业技术的革新不仅体现在生产工具的进步上，还涉及更有效的资源管理和农作方式的改进。

在博塞拉普的农业转型理论中，人口增长与农业现代化之间存在着密切的互动关系。人口增长是推动农业现代化的内在动力，而农业现代化反过来也能支持更多人口生存。随着人口密度的增加，农业逐渐从粗放的、劳动密集型的生产方式转向集约的、技术密集型的生产方式，以此提高土地的生产率和农业的整体效率。

博塞拉普的农业转型理论在当代仍具有重要的应用价值，特别是在许多发展中国家人口快速增长、土地资源有限和农业技术落后的情况下。该理论揭示了人口增长、资源压力与农业现代化的动态关系，为这些国家提供了应对挑战的可行路径。通过技术进步和政策支持，农业转型能够缓解资源压力，推动农业现代化进程，实现可持续发展。

三、西奥多·舒尔茨的技术停滞与低水平均衡理论

西奥多·舒尔茨（Theodore Schultz）认为，传统农业的低生产率并非由于农民缺乏理性或能力，而是技术停滞和资源限制所致，传统农业是一种“有效而贫穷”的低水平均衡。

舒尔茨在1964年出版的《改造传统农业》一书中，把传统农业定义为完全以农民世代使用的各种生产要素为基础的农业。农民熟悉自己所依靠的生产要素，而且正是在这个意义上，这些生产要素是“传统的”。传统农业的农民世世代代都采用同样的生产方式，年复一年地耕种同样类型的土地，播种同样的作物，使用同样的生产要素和技术。在传统农业中，新技术的出现

非常缓慢，更多地依靠自然产生的随机事件。因此，舒尔茨认为，在传统农业中，技术是停滞的，即便农民能够花费精力来提高使用这种技术的效率。但是，即使高效率利用变化缓慢的技术，收益也是有限的。因此，传统农业更像是一门通过大量观察与实践并口口相传产生的艺术，而不是一门科学。

由于技术停滞，传统农业的产量增长一般只能依靠两个途径：一是开垦荒地扩大耕地面积，增加土地要素投入；二是增加单位面积土地上的劳动投入，提高土地生产率。但土地与劳动投入总是有限的。一些激进的学者认为，由于农村地区的落后，农民的行为是缺乏理性的，故传统农业中的生产要素配置效率低下。舒尔茨不同意这种观点，认为虽然传统农业的生产率低，但依靠重新配置传统农业的生产要素不会使农业生产有显著的增长，传统农业的资源配置已经达到了最优状态，只是处于一种低水平均衡状态，传统农业是“有效而贫穷的”。

此外，舒尔茨还对刘易斯等人的隐蔽失业理论（又称“零值农业劳动学说”）提出了不同看法。零值农业劳动学说认为传统农业中有一部分人的边际生产率是零，也就是说，尽管这些人在劳动，但实际上对生产毫无贡献。这种就业实际是隐蔽失业，把这些人从传统农业中抽走，并不会使农业产量减少，即上文所讲到的刘易斯的二元经济模型。舒尔茨认为，在传统农业中，农业产量的增减与农业人口的增减之间有着极为密切的关系，农业人口的减少必然导致农业产量下降。

在结合上述所有分析的基础上，舒尔茨认为，传统农业的落后在于资本收益率低下，改造传统农业的关键是引进新的现代农业生产要素，如制度支持、市场调节、技术变革、人力资本投资等。只有通过技术变革，更先进的耕作技术、更好的种子品种、更有效的动力来源、更便宜的植物养料、有意义的增长机会才会成为可能。

舒尔茨的技术停滞与低水平均衡理论不仅揭示了传统农业面临的深层次问题，也为解决这些问题指明了方向。他认为，传统农业的低生产率并非由于农民缺乏理性或能力，而是技术停滞和资源限制所致。正因为如此，舒尔茨强调，仅仅依靠重新配置传统农业的生产要素并不能带来显著的生产增长。要实现农业的突破性发展，必须打破这种低水平均衡，关键在于引进现代化的农业生产要素，而技术变革在这一过程中起核心作用。

四、速水佑次郎和弗农·拉坦的诱致性技术变迁理论

日本经济学家速水佑次郎（Yujiro Hayami）和美国经济学家弗农·拉坦（Vernon Ruttan）提出的诱致性技术变迁理论认为，技术发展是农业增长的内生变量，受资源禀赋和市场需求变化驱动，同时，政府政策和社会结构在农业技术发展中发挥了关键作用。

20世纪70年代，速水佑次郎和拉坦在其合著的《农业发展：国际前景》中，首次提出诱致性技术变迁理论。该理论将技术发展视作农业增长的内生变量，这种内生变量由经济体自身的资源禀赋以及需求变化决定。在诱致性技术变迁理论中，技术发展被视为对特定经济和市场需求的反应。可以把农业生产看成不断消除缺乏弹性供给的土地和劳动对生产施加的制约的一个过程，当一种资源变得稀缺时，其使用成本随之增加。同时，这种成本的增加会造成经济压力，促使企业和研发机构开发新技术以更有效地利用这些资源。例如，农业劳动力成本的增加，会促使技术创新向农业机械化、自动化倾斜，从而减少对昂贵劳动力的依赖。

速水佑次郎和拉坦强调技术不仅在科学上是可行的，在经济上也必须是合理的。这意味着新技术的采纳与否取决于其能否提高生产效率、减少成本或创造足够的经济价值来吸引农业生产者和消费者。因此，拉坦强调，技术创新的成功与否在很大程度上取决于其在市场中的实际应用和经济效益。此外，诱致性技术变迁理论进一步考察了资源的替代性特征。例如，当土地资源成本增加时，可以通过开发让土地利用效率更高的农作方式、改良作物或改进灌溉系统来应对。这种资源替代的动态过程反映了技术创新是如何直接应对特定的成本压力和市场变化的。

速水佑次郎和拉坦认为政策框架和社会结构对于农业技术发展具有重要作用。政府可以通过研发补贴、税收优惠、资金支持等手段，激励特定类型的农业技术开发。此外，规制措施，如环境标准和安全规定，也可以驱动技

术创新，从而达到这些新标准的要求。因此，政策制定者在推动技术发展和提高技术发展速度方面扮演着关键角色。并且，在全球化的经济环境中，技术发展不仅受到本国内部需求和资源的影响，还受到全球市场动态和国际竞争的影响。例如，发达国家和发展中国家之间的技术转移和知识共享为技术创新提供了更广阔的平台，这反映了技术发展是如何适应和响应全球经济挑战的。

五、今村奈良臣的六次产业理论

日本学者今村奈良臣提出的六次产业理论认为，应该通过整合一二三产业，促进农业与非农产业的融合，形成多元化的农村经济结构，从而解决传统农业发展的瓶颈问题，实现农村经济的可持续发展。

20世纪90年代，今村奈良臣首次提出六次产业理论，旨在解决当时日本农业生产后继无人、农村凋敝的问题。今村奈良臣提出的六次产业理论是日本农业领域的一个重要概念，并在日本推进乡村振兴中发挥了关键作用。该理论强调，单纯依赖传统农业已无法满足农村发展的需求，农户应通过多元化经营模式，在农业基础上延伸产业链，进行产业的综合发展。该理论的提出不仅对日本农业现代化有重要影响，同时也为其他国家的农村经济转型提供了借鉴与参考。

六次产业理论的核心在于对传统一二三产业的再次整合与创新，鼓励农户不要局限于传统的农业生产活动，还要通过参与农产品加工、流通和服务业等二、三产业来提高农产品的附加值。例如，在传统的种养业基础上，农户可以通过建设加工厂，进入流通和服务环节，从而延伸农业产业链。这种模式不仅可以增加农户的收入，还能有效应对农村劳动力短缺、农业市场竞争激烈等问题。

具体来说，六次产业理论涉及第一产业（生产）、第二产业（加工）和第三产业（服务）的整合。第一产业指的是传统的农业、林业和渔业等初级产业，即原材料的生产和采集活动，这是产业链的起点，包括种植、养殖等基本农业活动。第二产业则涉及对第一产业的产品进行加工处理，将其转化为更具市场价值的商品。第三产业主要包括销售和市场营销活动，即将加工好的产品通过各种渠道销售给消费者。此外，第三产业也包括提供与农产品相关的服务和体验活动。这种结合不仅能够增强农村的经济活力，还能够吸引城市居民，带动乡村旅游和体验经济的发展。

今村奈良臣主张通过整合农业的上中下游产业链，打破传统农业中单一生产模式的局限，促使农业与二、三产业深度融合，从而形成更为多元的农村经济结构。这种整合不仅能够提升农产品的附加值，开发新的业务模式和产品线，还能够将过去外溢到农业农村外部的利润内部化，帮助农户获得更多收益。这种模式下，农户通过参与更多的产业链环节，不仅可以减少中间商，增加收入，还可以提升市场竞争力。

值得一提的是，今村奈良臣将“第一产业+第二产业+第三产业=六次产业”的概念发展为“第一产业×第二产业×第三产业=六次产业”，这一转换标志着从产业简单相加到产业相互融合的理念深化。这不仅体现了三大产业间的协同效应，更强调了农业在整个产业链中的主体地位和核心作用。这一模型强调了农业在产业链、价值链中的主体地位，因为如果乘积中的第一产业为零，即农业、农村陷入衰退，六次产业将变为零而失去意义。因此，六次产业理论的成功取决于农业的繁荣和农村的活力，只有以农业为基础，通过多产业的融合，才能真正实现乡村振兴与可持续发展。

第六节　世界农业现代化发展趋势

一、产业政策已成为各国农业现代化发展的关键推动力

在全球化的大背景下，各国的农业政策支持与制度改革对于推动农业现代化发展与走向具有决定性作用。当前，世界各国农业政策导向呈现强干预、重保护的特征，并且不同国家之间表现出多样化的特点。发达国家和发展中国家在农业政策的制定和实施上有着显著的差异，这些差异反映了各国

在农业现代化进程中的不同阶段和目标，并且在推动农业向更加现代化和更可持续的方向发展方面发挥关键作用。毫无疑问，政策是推动农业发展的关键杠杆。

发达国家的农业政策重视质量效益与市场化改革。发达国家在农业现代化进程中更加注重质量效益和市场化改革的策略。例如，欧盟通过共同农业政策（CAP）减少对农产品的价格支持，转而增强对农村地区发展和农业可持续发展的支持，促进农业的市场化和质量效益提升，提高农业的国际竞争力。美国则通过逐步减少价格支持和挂钩直接补贴，推动农业市场化，应对国际市场供求变动。美国农业政策的核心是通过市场机制调节农业生产，同时提供农业保险和风险管理工具，帮助农民应对市场波动和自然灾害。

发展中国家的农业政策多以农业增产增收为目标，主要通过价格支持和直接补贴等措施保障国家粮食安全和农民的基本收益。例如，中国、印度等国家实施的粮食最低支持价格政策，为农民提供价格保障，鼓励粮食生产，确保粮食安全。巴西通过农业信贷和直接补贴政策支持农民，提供低息农业贷款，帮助农民购买生产资料、农业保险和生产设备，改善生产条件，确保农民在市场波动中获得稳定收入。

中国的农业产业政策以适应市场需求和提高农业综合竞争力为宗旨。中国的农业产业政策立足于适应市场需求，提高农业综合竞争力。同时，由于农业基础较为薄弱，中国的农业相关政策如新农村建设、脱贫攻坚、乡村振兴等，多以农村基础设施建设为初期目标。通过政府引导和产业支持政策，培育高效率、高附加值、绿色有机、具有地区特色的农产品。同时，中国政府大力支持一二三产业融合发展，推动农业从传统种植业向资源节约型、环境友好型农业转型。

总的来说，在农业现代化进程中，政策支持无疑是重要的推动力量。无论是发达国家还是发展中国家，未来农业现代化的实现都需要持续的政策支持与创新，以应对全球化背景下的多重挑战，实现农业生产效率提升与绿色可持续发展的双赢目标。

二、产业链一体化正逐渐成为农业现代化的主要发展模式

全球农业产业链一体化正逐渐成为推动行业发展的关键模式，不同区域根据自身特点和市场需求，形成了多样化的产业链一体化模式。产业链各环节通过优化资源配置和加强合作，为各国农业的现代化发展提供了广阔的空间和机遇。

在发达国家和地区，如美国和欧盟，农业产业链一体化较为成熟，涵盖从种子研发、种植、收获到加工、分销全过程。这些国家和地区利用生物技术、精准农业技术提升农业生产效率，并构建了高效的农产品加工和物流体系。发展中国家则通过政策引导和国际合作，加速农业产业链的整合和升级，积极拓展农产品加工和流通环节，以提高农产品的附加值。

在中国，以“农业合作组织+龙头企业+小农户”为代表的三元一体化合作模式取得显著成效。农业合作组织与龙头企业通过整合产业链上下游资源，将分散的小农户有效地结合起来，提高了小农户在市场端的议价能力，增强了产业链的竞争力。在农业现代化进程中，农业合作组织和龙头企业不仅缓解了小农户的资金链约束，还通过技术支持和市场拓展，推动了农业产业链的高效运作，提升了整个产业的价值创造能力。三元一体化合作模式助推中国农业产业升级。

中国农业产业链一体化面临挑战。尽管中国农业产业链一体化在快速发展，但也面临一些问题，如产业链条较短、科技支撑不足、资金链不畅通以及环境与资源挑战等。在中国，农业产业链普遍较短，价值链偏低，导致农产品附加值不高。在上游，高端种子技术和深层加工技术方面仍存在依赖进口的问题。此外，人多地少的资源禀赋与土地碎片化的现实背景对中国农业生产构成挑战，影响产业链的稳定性和可持续性。这些问题亟须通过政策引导和科技创新加以解决，科技创新与政策支持仍是未来关键。

总的来说，农业产业链一体化的发展趋势不可阻挡。一体化将继续引领农业现代化进程。发达国家通过技术创新和政策支持在全球竞争中保持优势，而发展中国家则通过国际合作和产业升级追赶步伐。未来，产业链上的

创新与合作将进一步推动农业迈向新的高度。

三、生态农业与农业绿色发展成为农业现代化的主要发展道路

由于资源枯竭、环境退化、气候变化的影响以及对食品安全和人类健康的关注，全球农业正逐步向可持续发展模式转型。在这一背景下，生态农业或者说农业绿色发展作为可持续发展的重要实践，已经在世界不同地区的农业现代化探索中形成多样的案例。

生态农业推动绿色发展。在生态农业领域，有机农产品在欧洲、北美以及中国部分地区成为一种流行的农业模式，该模式避免了化学肥料和农药的使用，提升了土壤质量，促进了生态平衡。例如：中国推广的保护性耕作方式减少了土壤侵蚀并提高了土壤有机质含量，有效提高了农民的收入；绿色农产品认证体系推动了农业市场化和品牌化，提高了农产品品质和国际竞争力，促进了农业产业结构调整与绿色发展的有机结合。

中国高度重视绿色发展。2016年中央一号文件中，“农业绿色发展”首次作为专有名词出现。党的十八大报告提出把生态文明建设放在突出地位。党的十九大报告提出实施乡村振兴战略，按照产业兴旺、生态宜居、乡风文明、治理有效、生活富裕的总要求，开展农村人居环境整治行动，推动乡村振兴。党的二十大报告则明确提出加快发展方式绿色转型，建设宜居宜业和美乡村。

政策引领农业绿色发展。为实现上述伟大目标，中国在农业领域实施了一系列绿色发展政策，包括生态补偿政策、农业面源污染治理政策、农药监管政策等。通过这些政策，中国致力于减少农业对环境的负面影响，提高生态系统的健康水平，推动农业绿色化与生态化发展。这些举措不仅有助于改善农村人居环境，还为实现可持续的农业生产提供了有力支持。

总的来说，未来绿色发展依赖技术创新与多学科协同。未来可持续发展与生态农业发展的趋势将体现在技术创新、循环经济、气候智慧型农业等方面。政府和市场对可持续产品的高需求将继续推动生产方式的转变。公众的环保意识和实践能力将通过教育和培训得到增强。生态农业的发展需要多学

科整合和协同，以实现农业的长期可持续发展，满足人类对食物、健康和环境的综合需求。

四、数字化、智能化的技术应用正为农业现代化发展注入新活力

全球范围内，农业现代化技术正经历着前所未有的快速发展。这些技术的应用不仅提升了农业生产效率和作物质量，也代表了全球农业技术发展的前沿趋势。当下现代农业的发展已经不再仅仅依赖于传统的机械化操作，而是全面融入了物联网、大数据、人工智能等高新技术。农业生产不再是简单的劳作，而是科技与生产力的高度结合。

世界精准农业领域。以德国和美国为代表的农业强国，利用无人机、传感器和大数据优化资源使用，减少了资源浪费。例如，美国Grove Streams提供的基于云的数据分析平台，通过整合农场内的多源数据，为农场管理和经济决策提供支持。以色列的Phytech公司则利用实时监测数据优化灌溉策略，提高作物产量。此外，以色列的滴灌技术通过水肥一体化提高了水肥利用效率。非洲和亚洲的一些地区采用农林复合系统，有效结合了树木和农作物的种植，提升了生物多样性及生态稳定性。

世界智慧农业领域。无人驾驶拖拉机、智能采摘机器人、无人机的应用正变得越来越广泛，这些机械与劳动要素结合，不仅显著提高了农业劳动生产率，还减少了农业对人工的依赖，大大提升了资源利用效率。同时，数字化技术如物联网、大数据分析和云计算的结合，正在推动农业生产向精准管理和智能决策的方向发展。例如，德国在智慧农业领域通过高度数字化的农业机械和系统，实现了农业生产的实时监控和精确管理。

中国精准农业与智慧农业领域。在这一领域，发展中国家也在迎头赶上，中国便是其中的佼佼者。2023年，中国的农业科技进步贡献率已超过63%，农作物耕种收综合机械化率突破73%，安装北斗终端的农机也达到了220万台，极大地提升了农业生产的自动化和智能化水平。此外，阿里巴巴、腾讯、京东等互联网巨头纷纷布局农业产业，推动农业的数字化和智能化进程。例如：阿里巴巴的数字乡村项目将电商运营模式应用到农村，帮助农民

提高生产效率和拓展销售渠道；腾讯的安心平台致力于提高农产品的品牌价值和市场竞争力；京东则通过数智化技术，提高农产品供应链效率，降低成本，提高收益。这些科技和数字化手段为中国农业现代化注入了新活力。

总的来说，全球农业正朝着更加智能化、数字化和更可持续的方向发展。现代农业技术的发展不仅改变了农业的生产方式，也在全球范围内推动了资源利用效率和农业生产率的提高。在此背景下，各国应通过加强科技合作与技术共享，共同应对农业生产中的全球性挑战，推动农业实现更高效、更可持续的发展。

五、农产品贸易全球化正成为我国农业现代化发展的主要机遇和挑战

在全球化与贸易自由化的背景下，全球农业正经历着深刻的变革。中国自加入世界贸易组织以来，农产品贸易额显著增长，已成为世界第二大农产品贸易国。虽然这一增长为中国经济的发展注入了新活力，但中国经济同时面临着贸易壁垒、地缘政治冲突和气候变化等多重挑战。尽管如此，中国农产品贸易的增长和进口结构的转型，预示着未来市场将进一步开放和多元化。

仓廪实则天下安，粮足国稳。一些国家为了追求农产品的经济效益，放弃国家粮食主权，国内农产品种植结构逐步向经济作物倾斜，导致对外依赖性增强。例如，日本2022年谷物及其制品的进口额达到了113.45亿美元，其粮食自给率仅为38%。这种高度依赖进口的结构使得国家在面对国际市场波动和贸易限制时极为脆弱。中国则将农产品供应链韧性、粮食安全放在更加重要的位置。“十四五”规划提出“实施粮食安全战略”，这是中国首次把粮食安全战略纳入五年规划，并将其列在国家三大安全战略（粮食安全战略、能源资源安全战略、金融安全战略）的首位。习近平总书记多次强调，确保谷物基本自给、口粮绝对安全。历年中央一号文件也多次强调，要稳定粮食播种面积和守住耕地红线，确保中国人的饭碗牢牢端在自己手中。

广种沃田，精耕细作，要播种面积也要单位面积产量。中国强调稳定粮

食播种面积和提高单位面积产量的重要性。为了确保粮食安全，中国政府采取了一系列政策措施。通过向各省级人民政府下达粮食生产目标任务，并严格耕地保护和粮食安全责任制考核，调动地方政府和农民的积极性，确保粮食生产目标的实现。例如，通过实施粮食安全省长责任制和“耕地红线”政策，确保粮食生产和耕地保护的有效落实。

五谷丰登，食者无忧，要数量安全也要质量安全。粮食安全不仅仅是数量问题，更是质量问题。在保证粮食安全的同时，中国农业政策的重点正在逐渐从单纯追求数量向提升质量转变，强调在确保重要农产品稳产保供的基础上，提升农产品的品质。

耕者有其田，劳者有其得，要农业效率也要收入公平。在保证粮食安全的同时，中国政府同样注重在效率与公平之间取得平衡。通过一系列经济激励措施，如农业补贴和价格支持政策，保障农民的利益，激励农民积极种粮。例如，国家实施的小麦和稻谷最低收购价政策，有效缓解了市场价格波动对农民收入的影响，确保农民能够获得合理的收益，从而增强其种粮的积极性。

总的来说，中国在全球化背景下，正在努力平衡农业贸易的开放性与粮食安全的保障。面对外部环境的复杂性和不确定性，中国需要在继续推动农业全球化的同时，进一步强化国内农业生产的基础，确保粮食安全在全球市场波动中的稳定性和可控性。

综合篇

第二章

全球代表性国家的农业现代化发展概况*

美国经济学家弗农·拉坦的实证研究表明，不同农业发展模式的形成与劳均土地面积密切相关：劳均土地面积超过30公顷的国家倾向于机械技术型；劳均土地面积为3～30公顷的国家呈现生物技术与机械技术交替发展的特点；而劳均土地面积不足3公顷的国家，则更偏向于生物技术型。就全球农业现代化发展而言，目前世界各国的农业现代化发展模式大致分为以下四种：一是以美国为代表的规模化、机械化及科技化农业发展模式；二是以以色列为代表的集约型、科技创新型农业发展模式；三是以日本为代表的技术密集型、精致型小农经济农业发展模式；四是以德国为代表的数字化、精准化、高标准农业发展模式。

第一节　美国：规模化、机械化及科技化农业发展模式

一、发展阶段：技术主导的现代农业阶段

美国农业现代化过程总体可以概括为四个阶段：（1）农业机械化阶段。美国普遍使用拖拉机耕作，实现了小麦、玉米等主要农作物耕、播、收、打、清的机械化。为了进一步满足家庭农场多样化、规模化发展的需要，农机功率、功能逐渐向大型化和多元化发展。（2）农药密集使用阶段。第二次世界大战后，美国大量使用化肥、杀虫剂和土壤改良剂等实现农业增产。

* 本章第一执笔人为暨南大学产业经济研究院谭绮彤。

（3）农业良种化阶段。20世纪70年代，为了适应不同区域的气候、土壤条件，美国培育了一批新的杂交品种，并通过基因工程、核辐射、空间工程等手段对其进行了改良，极大地改善了农作物的产量和质量。（4）技术主导的现代农业阶段。在计算机技术和生物技术广泛推广的大背景下，精准农业、基因农业等一系列新的农业模式应运而生，并在现代农业中得到了广泛的应用；大型农场已经开始采用“计算机集成自适应生产”，实现喷水、施肥、洒药等精准控制和自适应，农业生产更趋向规模化、自动化。

二、规模化：地多人少，奠定规模化农业发展基础

美国在自然资源方面拥有广袤的土地与相对稀少的人口，这一特点促使其选择规模化的农业发展道路。

一是构建特征鲜明的产业带。美国的农业生产正逐步向专业化与区域化演进，在产业层面进行了更为精细的划分，实现了生产环节的专业化深度解构。例如：东北部地区雨量充沛、气温偏低，适合放牧，因此是乳畜带的重点区域；中部、北部地区地势平坦，土壤肥沃，冬天又长又冷，适宜种植小麦，形成了小麦带。另外，在大湖区周边形成了玉米带，以南部地区为中心形成了棉花带，以太平洋海岸为中心形成了综合性农业带等。

二是实施自动化的大农场模式。根据美国农业部2023年统计数据，美国拥有189万个农场，其中大规模农场贡献了48%的生产份额。大农场模式下，无论是小麦、玉米、棉花还是大豆等作物，都实现了从种植到储存的机械化和自动化。

三、机械化：以工哺农，促进劳动生产率大幅提升

头豹研究院数据显示，2021年美国农场机械化率已超过95%（见表2-1），每100平方千米拖拉机数量为0.48台，处于全球领先水平。当前，美国在种植业、工业化畜禽养殖、设施农业以及农产品加工等多个领域保持全球领先地位，尤其在养鸡与养牛业上。得益于饲料粉碎机、自动挤奶机等先进机械设备的广泛应用，美国畜牧业的生产过程高度机械化和自动化，实现了从饲养到加工的高效、精准管理。

表2-1　2021年全球主要国家和地区农业机械化水平

国家/地区	农业劳动力占人口比例	农业在国民生产总值中的占比	人均耕地面积/公顷	农场机械化率
中国	35.0%	7.4%	0.09	83.7%
美国	2.5%	0.8%	0.48	>95%
欧洲	4.0%	<2.0%	0.36	>95%
日本	2.5%	1.2%	0.03	70%
俄罗斯	14.4%	3.5%	0.84	85%
印度	49.0%	15.4%	0.12	40%
巴西	15.0%	4.4%	0.27	75%

数据来源：头豹研究院。

四、科技化：科技赋能，推动现代农业可持续发展

一是农业科技公司蓬勃发展。首先，国际种业巨头普遍重视生物技术运用，在第三次全球种业并购浪潮中，美国多家公司跻身全球种业前十，其销售总额约占世界十大种子公司总销售额的50%。其次，以AGRI-COLA、AGRIS、Preview等为代表的大型农业大数据企业纷纷出现，其高效的数据库及高新农业技术为美国农业发展提供了强有力的技术支撑与数据保障。

二是信息技术和生物技术广泛应用。首先是将信息化和机械化相结合。美国在农业方面运用了大数据、物联网、空间地理信息系统以及人工智能技术，利用国家支持的信息系统，为农业企业和农户提供及时、准确的农业信息。例如，很多大型农场已经开始向“计算机集成自适应生产”迈进，即整合市场信息、生产参数（气候、土壤、种子、化肥等）信息、资金信息和劳动力信息等，选择最优的种植计划，并且在作物生长期间，根据当地的微气候变化，采取适当的喷水、施肥和喷洒药剂等措施，使农业生产向工厂化和机械化方向发展。其次是农业技术发展实现农业精准化。美国已在联合收割机、播种机等农机上安装了GPS（全球定位系统），实现了精准定位、精确播种和精准施肥。

从前文分析中不难看出，美国在自然资源方面表现为地多人少的特点。美国选择了一条规模化道路，在农业发展过程中，借助工业时代东风逐渐走向大型机械化、规模化以及科技化，极大地提高了土地使用效率和农产品附加值，提升了国际市场竞争力。

第二节 以色列：集约型、科技创新型农业发展模式

一、发展阶段：技术依赖的农业创新发展阶段

以色列的农业现代化是一个充满挑战与创新的历史进程。以色列地处中东，长期以来干旱缺水，人均耕地不足。以色列农业现代化之路大体经历了以下四个阶段：（1）资源依赖的传统耕作阶段。在20世纪初至1948年建国前，以色列地区的农业生产主要依赖传统耕作方式和天然水源，生产效率低下，难以满足日益增长的人口需求。（2）集体劳作的农业合作阶段。1948年以色列建国后，政府大力投资农业基础设施建设，通过发展集体农庄和农业合作社，有效地提高了农业生产效率。（3）结构调整的高质量发展阶段。20世纪70年代开始，随着国际市场的需求变化和对国内自然条件的适应，以色列通过农业生产结构调整，逐渐从以粮食生产为主转向发展高质量、高附加值的农产品。（4）技术依赖的农业创新发展阶段。进入21世纪以来，以色列积极发展现代农业科技，如智能灌溉、无人机、人工智能等，促使农业向数字化和智能化方向发展。

二、集约化：资源制约，转型发展集约农业

耕地资源紧张使得以色列必须不断寻求突破资源制约的方法，科技创新、集中生产资料投入有限的耕地资源就是以色列的农业答卷。一是土地集约使用。以色列所有的土地归国家所有，在基布兹和莫沙夫地区，土地由国家分配至每个家庭，所有的土地不得出售。二是高度集约化的水资源分

配。以色列国土荒漠覆盖率高达67%，水资源极其珍贵。以色列致力于研究水资源综合利用技术，运用滴灌装置、“北水南调”工程等诸多方式，节约35%～50%的水资源，实现水资源利用最大化。

三、设施化：设施先进，突破自然资源限制

以色列大半国土被沙漠覆盖，耕地资源十分有限。为了增加农业生产，以色列通过建造温室向沙漠地区拓展，大力发展设施农业。例如，为了适应昼夜温差大的环境，以色列本·古里安大学和耐特菲姆公司的科研人员共同研发出沙漠太阳能温室。该温室可配备由计算机自动控制的灌溉系统，保证水资源得到充分利用，适合光热资源丰富、昼夜温差大的沙漠、戈壁地区。设施农业突破传统农业生产的季节限制，使农产品反季上市得以实现，工厂化的栽培措施保证了农产品优质、高产。

四、科技化：科技创新，实现农业高效生产

一是独特的温室技术改善了农作物生长环境。以色列温室栽培系统通过对不同农作物所需光照、水分、营养、温度、湿度、栽培方式以及预期产量进行系统性研究，为农作物生产做好数据规划。相关数据表明，使用以色列的温室种植技术，番茄产量可达到480吨/公顷，更昂贵的樱桃番茄产量可达到120吨/公顷，玫瑰产量最高可达320万株/公顷。

二是发达的农业信息技术提高了农业生产效率。以色列的精细农业系统建立在物联网和互联网、计算机相结合的基础之上，以色列所有的农场设施都可以通过移动电话进行远程管理，农场主可以根据传感器监测到的信息及时掌握种植情况，这提高了生产效率，减少了劳动力消耗。

三是先进的育种技术在全球范围推广使用。以色列经过70余年的发展，已经成长为种子研发（其中包含转基因种子的研发）大国。目前以色列研发出的可耐久保存、适应不同气候条件的高抗性幼苗在全球范围内广泛使用，欧洲40%的番茄种植大棚使用的是以色列研发的种子。

总的来说，面对干旱和土地稀缺的挑战，以色列采取了高效的水资源管

理和节水技术，如滴灌系统、温室栽培技术和精细农业技术，提高了农业生产效率和农产品质量。同时，以色列在育种技术方面不断创新，研发出适应性强、产量高的种子和种苗，提高了其农业在国际市场上的竞争力。通过这些措施，以色列成功地将自身的地理和气候劣势转变为农业发展的新优势。

第三节 日本：技术密集型、精致型小农经济农业发展模式

一、发展阶段：老龄化下的农业再现代化阶段

日本是一个人多地少、农业资源（尤其是土地资源）极其紧缺的国家。日本农业现代化进程可分为五个关键的发展阶段：（1）农协重组阶段。1947年日本通过土地改革确立了农业协同组合（农协）的地位，为后续现代化奠定了基础。（2）农业现代化起步阶段。1961年，日本通过立法确立了农业现代化的目标，即农业劳动生产率提高和工人与农民收入差距缩小，这标志着农业现代化立法推动阶段的开始。（3）技术革命与财政支持阶段。进入20世纪70年代，日本政府的大量财政投入，配合以机械化为主体的技术革命，极大地提升了农业装备水平。同时，农业劳动力大量转移和农户通过兼业化提高收入，有效缩小了城乡收入差距。（4）农业可持续发展与多功能性发挥阶段。1999年，日本国会通过新的农业基本法，该基本法强调农业的多功能性发挥和可持续发展。在此期间，日本也注重农业生物化学技术与机械技术的改进，通过培育良种和改良化肥农药，提高土地生产率，并逐渐加大对有机农业和环境友好型农业的支持力度。（5）农业再现代化阶段。当前面对粮食自给率下降、财政负担过重、人口老龄化等新挑战，日本开启了新一轮的农业现代化进程，以适应全球化和国内市场的变化。

二、政策化：政府力量，推动农业现代化发展

一是农业政策推动现代农业发展进程。日本政府通过制定关键政策和法

律，如《农地法》和《农业基本法》，不仅推动了土地制度的改革，还促进了农业经营结构的优化。此外，政府的财政支持和税收优惠政策为农业发展提供了坚实的资金基础。面对农业竞争力低下的挑战，政府采取了一系列措施，如农地集中政策和农协改革，以提高农业生产效率和市场竞争力，推动日本农业现代化进程。

二是农协促进农业市场信息流通。农协通过提供市场信息、技术支持和金融服务，帮助小农户有效对接大市场，解决了小规模生产与市场需求之间的矛盾。农协的政治影响力也保障了农民利益在国家决策中的体现，增强了农民的谈判能力，提高了农民的地位。

三、技术化：人多地少，发展技术型小农经济

面对土地资源有限与人口高度集中的双重挑战，日本采取了技术型小农经济模式。

一是化零为整，土地整合实现作物规模种植。日本的农业政策长期以来致力于推动土地整合，通过政府引导和市场机制的双重作用，鼓励小农户之间的合作与联合。例如，在《农业经营基础强化促进法》等相关法规的支持下，日本的小农户通过土地流转、共同经营、合并小块土地形成大面积的种植基地等方式，提高了土地的使用效率和经济效益，实现了土地的规模化利用。

二是农机渗透，农业技术促进农业效益提升。面对劳动力成本上升的问题，日本农业部门大力推广高效能的农业机械，如自动插秧机、无人驾驶拖拉机等，极大地减轻了农民的体力负担，提高了作业效率。以山梨县的葡萄园为例，其通过引进先进的温室技术和自动化灌溉系统，不但提升了葡萄的质量和产量，而且节约了人工成本，提高了市场竞争力。此外，日本农业的信息化和智能化水平也在不断提升，借助物联网、大数据分析等现代信息技术，日本的农业生产管理变得更加精细化。例如，在静冈县的茶园中，通过安装土壤湿度传感器和气象监测设备，农民能够实时监控茶树的生长环境，精确调整灌溉和施肥计划，确保茶叶高品质产出。

四、精益化：细致管理，提高农产品附加价值

一是农产品细致管理。例如，日本农业的专业分工十分明确，农民专注于1～2个品种的种植，形成了专业户的格局。日本农业通过专业化生产，提高了农产品商品率。此外，日本农户在种植草莓时，会采用严格的生态栽培技术，保证了每粒草莓的品质，无论是色泽、规格还是口味，都力求达到高品质的标准。

二是一二三产业融合。例如，马路村种植有机柚子，对柚子进行深加工，生产柚子果酱、柚子饮料等产品，并开发温泉民宿和农林产品直销店，吸引游客和消费者。

总的来说，面对土地稀缺和人口密集的挑战，日本选择了技术密集型、精致型的小农经济农业发展道路。政府的政策支持和农协的组织作用，为农业现代化提供了坚实的基础。通过农业机械化和自动化的推进，以及物联网和大数据分析等信息技术的应用，日本农业实现了生产效率的极大提升。通过精心培育品种和制定生态种植标准，日本生产出了享誉全球的农产品，提高了农产品的附加值。通过这些措施，日本农业现代化在有限的资源条件下，实现了高效和可持续发展。

第四节　德国：数字化、精准化、高标准农业发展模式

一、发展阶段：数字技术主导的农业4.0时代

作为欧洲农业强国之一，与前文所提及的农业强国相比，德国虽然长期面临人地不足的约束，但是在自然资源禀赋方面却具备明显优势：一是德国主要农业区气候适宜农业发展；二是境内河流湖泊较多、雨水充足，丰富的水资源为德国种植业和渔业的发展提供了良好条件。德国农业现代化主要经历了五个阶段：（1）自给自足阶段。中世纪时期，为满足生存需要，德国农

民以麦类等作物作为主要粮食来源，基本实现自给自足。（2）以工哺农阶段。20世纪初，得益于工业革命，德国农业机械化水平不断提高，农业生产效率大幅提升，新品种和新技术迅速发展。（3）农业恢复阶段。二战后，德国农业受到了严重的破坏，在战后重建时期，德国政府重视农业发展，投入了大量的资金等资源，经过几十年的努力，德国农业逐渐恢复了元气，并实现了新的发展。（4）农业现代化阶段。德国农民采用了先进的生产技术和管理方式，促进了农业现代化发展，德国的农业产品不仅满足了国内需求，还大量出口到海外市场。（5）农业数字化阶段。2015年，德国在工业4.0的基础上提出农业4.0，以网络化、大数据、人工智能、机器人等技术为支撑和手段，发展高度数字化、高度精准化以及高标准化的现代农业形态，发展高产、优质、生态农业，实现本国农业的可持续发展。

二、数字化：数据治理，助力数字农业发展

一是完善机构职能和数字基础设施。自2008年以来，德国一直致力于开展“改善农业结构和海岸保护”任务，为符合条件的数字农业支出提供高达90%的补贴，不断扩大农业数字基础设施覆盖面。截至2022年，德国安排了6000万欧元用于农业部门数字化建设，同时还对部门结构进行调整，强化了涉农数字化领域具体职能，任命数字化专员协调农业数字化领域所有活动，要求其他各部门明确一位数字化官员配合开展工作。此外，德国还组织实施“智能农村计划”，支持选定地区分别在2年内获得100万欧元，自主用于制定农业数字化战略、引入网络平台和改善数字服务等，以推进农村数字基础设施建设。

二是提供数字农业系统性解决方案。政府层面，为提高农业从业者的数字化技能，德国推出“数字战略2025”，明确将数字化教育引入公民各个人生阶段，并将农业作为数字化教育的重要内容。市场层面，德国著名的软件供应商SAP公司在2021年推出了数字农业解决方案，旨在帮助农场主实时掌控土地上所种植的作物接受的光照强度、土壤中的水分和肥料分布情况等多种生产信息，借助云平台为农场提供一对一的解决方案，利用传感器技术实现

机器之间的交流，借助工业4.0技术实现农业生产全流程自动化。

三是创新数字农业信息服务模式。德国普及的数字农业解决方案全球出名，为了便于农业工人零门槛上手，不少公司都制作了可视化交互的应用指导软件。例如，德国PEAT GmbH公司就开发了应用程序Plantix，可以在线指导和帮助农民生产经营，并提出具体的农业生产解决方案。这些方案能以最简单的语言信息展现在电脑终端屏幕，并依托超过1000万下载量和每天上传的5万张图片（18种语言）来实现系统自我优化更新。

四是推进数字农业资源系统集成。例如：在水产养殖领域，德国积极建设养殖在线监测系统，不断健全水产养殖管理系统，打通生产过程管理系统和综合管理保障系统的数据库，以系统集成为基础构建高质量的数字农业公共服务平台；在农田管理领域，德国的拜耳子公司和孟山都子公司研发的数字农业平台Climate FieldView，依靠高分辨率成像技术和多种植物生长数据图像，全面、系统集成了一系列数据，并通过数据和信息跨公司、跨领域共享利用，提升农田管理的科学性和针对性。

三、精准化：有的放矢，推广农业机械运用

一是农机设备精细化。在德国，自动化起垄机、除草机、谷物收割机一应俱全，还有专门用于林业的植树机、伐木机，以及摘葡萄、拔萝卜、削苹果、摘花、摘菜的专门工具车。

二是田间管理精准化。通过计算机自动控制系统控制大型农业机械，使其精准完成播种、施肥、除草、采收、畜禽投料饲喂、奶牛数字化挤奶等多项功能。例如德国著名的博世公司推出的智能喷洒解决方案，不仅具备实时、自动化的出苗前和出苗后杂草识别功能，还实现了昼夜不间断的管理。该方案将博世的高科技摄像传感器技术和软件与巴斯夫xarvio的智能农艺完美结合，能够在毫秒内精确检测作物行间的杂草，并仅在需要的地方喷洒除草剂。

三是数据决策精细化。在数字化分析和科学化管理方面，德国大型的农业机械几乎全部由全球卫星定位系统控制，大量传感器在农场得到广泛应

用。这些传感器收集的田地信息、墒情等数据，经过云平台处理后，将用于指导各类机械进行科学化的作业，从而实现农业生产过程的科学化管理。同时，规模较小的农场可以通过合作来降低数字化成本，以使用最先进的技术。

四、高标准：品质追求，打造农产品高标准

一是食品政策助力打造“德国标准”。德国是世界食品法规最为严格的国家之一。早在1516年，德国的《啤酒纯净法》就对酿造啤酒的成分作了明确规定，这也是德国啤酒几百年来一直保持醇厚口感的重要缘由。1879年，德国制定了《食品法》，确立了商品从原材料采购、生产、包装到运输、消费等各个方面的规范。为了全面保障农产品质量安全，德国对化肥、农药、兽药、饲料等进行了全面监管，并制定了食品追踪、饲料快速预警等多项食品安全法规。迄今，德国涉及食品的立法及相关条例有200余个，逐步形成了健全的食品安全监管机制，在食品质量和安全管理体系方面体现出典型的德国特色，形成了严苛的“德国标准”。

二是有机认证体系创造“有机强国”。食品安全优势是德国农业发展的重要根基，德国人依靠严格的质量追溯体系和有机产品认证制度，创造了极高的食品安全标准。1928年，德国首创了全球有机农业生产质量体系标准——德米特（Demeter），该标准从生产、加工到包装均有严格规定；2001年，德国政府实行了国家统一的农产品有机标志。随着有机认证体系的完善，德国有机农业面积不断增加，有机食品市场健康发展，有机食品贸易的比重不断上升，成为名副其实的“有机强国”。

三是追溯监测制度遏制食品安全问题。德国政府通过施行严苛的追溯监测制度，对每个产品设置编码，以便监测人员寻根溯源，极大地保证了农产品的质量。食品的可追溯性从原材料采购开始，贯穿生产、流通和消费各个环节，从源头上解决了农产品质量安全问题。

总的来说，德国虽然农业用地和人口较少，但是在其优越的自然禀赋条

件下逐渐形成了数字化的现代农业发展模式。依托工业强国积累的优势，德国在农业数字化基础、数字化治理、农机设备精细化、田间管理精细化以及食品标准方面精益求精，极大地提高了农业发展的数字化水平。

第三章

中国代表性地区的农业现代化发展概况*

第一节　五常市：聚焦稻米产业品牌化发展

黑龙江省五常市是全国单季水稻生产第一大县，水稻栽培历史悠久，稻米产业经济效益全国第一，水稻收购均价和大米销售价格均高于周边地区。五常大米素有“千年水稻，百年贡米”的美誉，是中国品牌化进程最早、品牌化程度最高的农产品之一。2023年，五常大米市场价值高达713.10亿元，年产值约为160亿元，销售价格为20～30元/千克，2021年官方主销渠道累计销售额达1.55亿元。五常市作为全国大米类地理标志保护产品中唯一的品牌示范区，正加快品牌运营建设，开启品牌资源核聚变发展新模式。

一、加大品种研发力度，全面推进生态智慧种植

坚持科技创新，加大研发力度。五常市有近190年的水稻栽培历史，成功研发并应用了智能化浸种催芽等先进育苗技术体系，以及针对寒地特点的土壤测试配方施肥法，有效推广了旱作少苗的精密水稻种植技术。同时，五常市建立了水稻育种研发中心，加强原种繁育、种子提纯复壮和新品种研发工作，确保种源纯正和良种全覆盖。与中国科学院、中国农业科学院等科研院所深度合作，采用先进分子育种技术，对五常稻花香等原种进行提纯复壮并研发出一批高产、优质、抗逆、适应性强的新品种，如“五优稻4号”，从源头保障大米的口感和品质。

大力保护黑土地，全面推行绿色种植。五常市实施黑土地保护提升工

* 本章第一执笔人为暨南大学产业经济研究院谭绮彤。

程，推广秸秆翻埋、原茬旋耕等还田模式，增加土壤有机质含量，培肥地力，为水稻生长提供肥沃的土壤环境。同时，五常市广泛实施水稻的“三用三不用”生态种植策略，结合传统农耕智慧与创新的鸭稻共生模式，积极推广水稻地膜覆盖及无人机植保等先进技术，确保“三减”（化肥、农药、除草剂减量）措施覆盖所有水稻田区，显著提升全市水田土壤的有机质含量，使其普遍达到4%以上的标准。此外，五常市制定《五常大米原产地保护提升规划》，合理划分引领示范的先导区域、逐步转型的过渡区域以及潜力巨大的发展区域，旨在通过实施分区管理、差异化品种定价策略，全方位推广绿色、有机水稻的标准化生产技术，以全面促进五常大米的品质升级与可持续发展。

推动产业链升级，实现高质量发展。五常市在生产端推动水稻种植由增产导向向增产提质导向转变，在加工端培育引进稻米精深加工项目，在销售端开发胚芽米、粥米、功能米等多元化产品，实现稻米产业从种植到加工再到销售的全链条发展，持续推动价值链重构和供应链优化。五常市汇聚了超过3000家农民专业合作组织，以及300多家专注于水稻加工的企业。其中，有31家行业领军企业，包括1家国家级龙头企业和6家省级龙头企业。这些稻米加工企业全面实现了生产流程的自动化转型，智能化与自动化设备的普及率达到了100%。此外，五常市还有270余家企业成功获得了官方核准，得以使用地理标志产品专用标志。在绿色食品领域，有55家企业通过了权威认证；而在有机食品领域，更是达到了278家企业的认证规模，彰显了五常市在生态农业方面的深厚底蕴与广泛实践。

二、注重一体化管理，大力推动品牌创新

地理产品认证，品牌价值领先全国。五常大米先后获得地理标志产品认证、原产地证明商标认定、中国驰名商标认定等，被列入中国农业品牌目录及中欧地理标志协定保护名录。在2023年度中国品牌价值评价榜单上，五常大米品牌价值达到了713.10亿元（见图3–1），连续多年稳居全国地标产品大米类第一。这一成就彰显了五常大米品牌持续增长的强劲势头与无可撼动的市场领导地位。

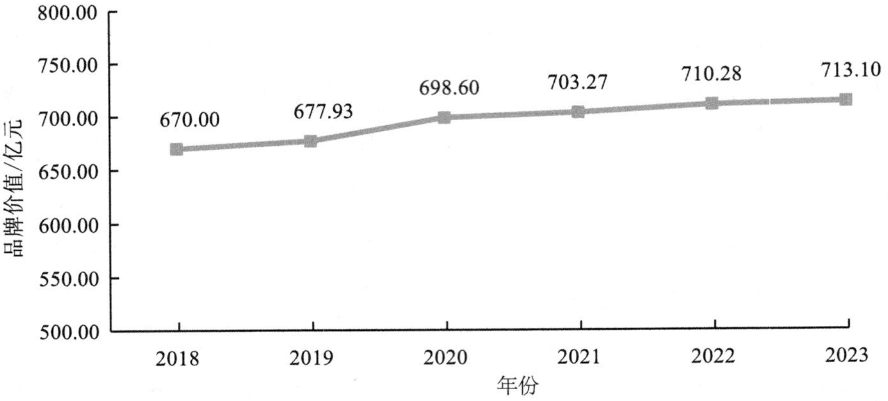

图3-1　2018—2023年五常大米品牌价值

数据来源：历年中国品牌价值评价信息。

高度重视品牌管理，以市场营销为重要抓手。五常市成立工作领导小组，统筹推进品牌培育、包装、运营、管理、推介、监管和保护等工作。每年，五常市至少投入400万元作为专项基金，精心策划并资助溯源认证企业广泛参与各类展销盛会与博览会。同时，通过举办五常大米节、五常大米百锅宴、水稻精品拍卖会等一系列创意活动，全方位、多角度推广五常大米品牌，旨在不断提升其品牌知名度与品牌美誉度。同时，五常市发布《五常大米品牌建设与保护工作实施方案》等系列文件，明确品牌保护的具体措施。此外，五常市在天猫、京东等电商平台开设官方旗舰店，在北京、上海和深圳等城市开设官方体验店，拓宽销售渠道，实现由“种得好”向“卖得好”转变。

建立严格监管体系，保护品牌健康发展。五常市发布《地理标志产品质量要求 五常大米》及《五常大米溯源防伪管理规定》等系列文件，构建全面、严格的监管体系。该体系清晰界定了五常大米证明商标的授权条件与使用范围，并依托先进的物联网技术，构建了全程可追溯的溯源防伪系统，确保每一粒五常大米都能追根溯源。针对市场上存在的假冒、仿冒、贴牌及盗用品牌等不法行为，五常市采取了“行政与司法双轨并行，线上监管与线下执法同步推进”的策略，积极开展打击假冒伪劣商品及清理网络侵权信息的专项行动，坚决维护五常大米的品牌声誉与消费者合法权益。

三、实施新合伙品牌模式，强化新零售品牌运营

引入多元合伙体，增强品牌运营的专业性和竞争力。五常大米市场化发展历经产品时代、商标时代、包装品牌时代和整合品牌时代，最终进入合伙品牌时代（5.0时代）。其主要特点是融合多种专业资源，通过深度捆绑的平台理念，实现资源的最优配置。在合伙品牌模式下，五常大米企业不再仅仅依赖自身的资源，而是通过股权和价值观的深层次战略捆绑，引入渠道商、智业机构、基地以及优秀员工等多元合伙体。这种模式不仅可以稳定原材料供应，还可以提升品牌运营的专业性和市场竞争力。

加强“四层链接”合伙模式的深度捆绑。新合伙模式不再是简单的供货关系，而是多元化捆绑。一是渠道捆绑。通过让渡股份的形式，将渠道商与品牌深度绑定，实现销售渠道的顺畅和资源的最大化倾斜。二是智业捆绑。与专业智业机构合作，从价值提炼到运营模式打造，再到后端渠道模式设计和传播落地，确保战略方向和落地的精准把控。三是基地捆绑。稳定原材料供应，确保产品力形成长效支撑。四是员工捆绑。通过股权激励，稳定核心员工，提升团队凝聚力和品牌价值。

强化新零售时代的品牌运营。新零售强调社交元素，通过社交媒体、社群等平台与消费者建立紧密联系，提升品牌忠诚度。五常大米企业利用社群营销，打造IP，增强用户黏性，并通过口碑传播扩大品牌影响力。姜丰团队通过易拉罐包装和微商模式，成功将五常大米推向市场。易拉罐包装不仅保证了大米的新鲜度和安全性，还降低了物流成本。微商模式则通过返现和社交裂变，迅速积累大量会员和销售额。新零售的核心是数据驱动和智能化。五常大米企业利用大数据、云计算等技术，精准分析消费者需求，为其提供个性化的产品和服务。同时，通过智能货柜、无人超市等智能化手段，提升购物体验和运营效率。此外，新零售打破了传统零售的地域限制，实现了线上线下的无缝融合。

第二节　寿光市：加快蔬菜大棚数字化发展

山东省寿光市是著名的“中国蔬菜之乡”，蔬菜大棚种植产业在国内享有盛誉，拥有中国最大的蔬菜生产基地。2023年，寿光市蔬菜大棚基地占地面积达70万亩（1亩≈666.67平方米），拥有蔬菜大棚15.7万个，年种植面积达60万亩，年产量高达457.5万吨（见图3-2）。党的十九大以来，寿光市积极响应国家农业现代化战略，主动融入潍坊国家农业开放发展综合试验区建设，坚持以数字技术与设施农业深度融合为主攻方向，加快蔬菜大棚数字化发展，推动农业由设施化向数字化转变。

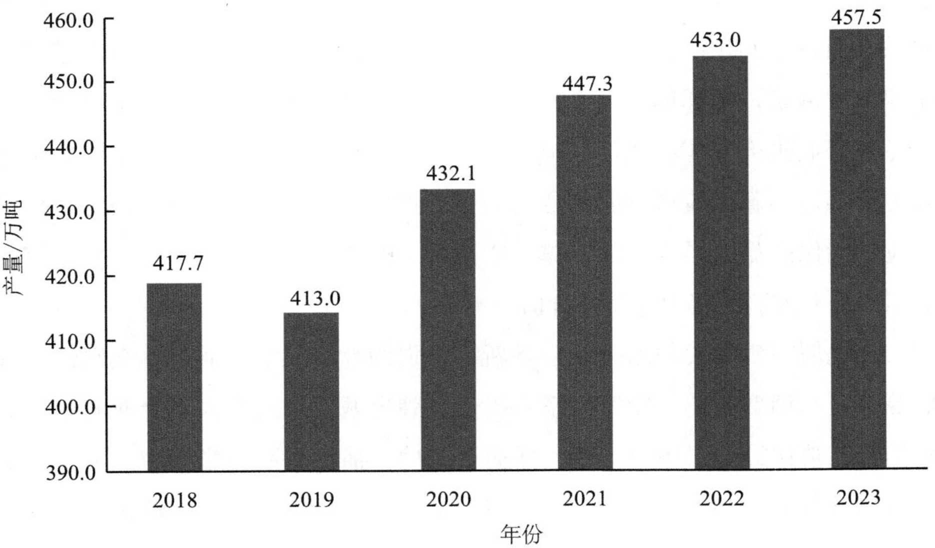

图3-2　2018—2023年寿光市蔬菜产量

数据来源：潍坊市统计局。

一、完善数字基础设施建设，推行智能化管理

加快数字化装备应用，推动智能化全覆盖。寿光市已成功构建起现代农业高新技术试验示范基地、丹河设施蔬菜标准化生产示范园等一批数字农业园区，这些园区广泛集成了大型水肥一体化系统、智能温控及自动化补光

等前沿科技。数字化技术的深度融入，极大地简化了大棚的管理流程。据统计，寿光市约有16000个蔬菜大棚率先采用现代数字化管理体系与智能化设备，节约了约40%的劳动力成本，并增长了30%的经济效益，传统蔬菜大棚转型升级为高效运作的“绿色车间”。2023年，寿光市约有50000个大棚应用了物联网装备，安装普及率达到80%。智能放风机、智能植保机和智能卷帘机等智能装备极大地提高了蔬菜生产的自动化和智能化水平。

构建物联网平台，实现全程数字化管理。寿光市开发了寿光蔬菜产业互联网平台，依托大数据、云计算和物联网技术，实现了对蔬菜生产全过程的数字化管理。通过该平台，农户可以远程操控大棚内的各项设备，进行放风、补光、加湿、浇水和施肥等操作，大大降低了人力成本，提高了生产效率。同时，该平台具备蔬菜生产全链条追溯功能，确保了蔬菜产品的质量安全。随着物联网、人工智能和大数据等技术的不断进步和应用推广，寿光市蔬菜大棚的数字化水平将进一步提升。未来，寿光市将继续加大技术研发投入，推动智慧大棚技术的集成与创新，提高生产效率和产品质量。

二、坚持科技创新，强化数据赋能

加强科研合作，提升科技含量。寿光市主动与中国农业科学院、中国农业大学等多家顶尖科研院所与高校达成战略合作，携手引入数字农业领域的领军企业，共同推动新技术研发应用探索与实践新技术的研发与应用。借助分子育种精准筛选、智能化精密播种及种子自动化分类等前沿技术，寿光市已成功培育出多达178个蔬菜品种，进一步提升了蔬菜产业的科技含量和竞争力。

应用智能化平台，精准提升蔬菜品质。寿光市利用智能数据采集传感器系统，全面监控大棚环境中的空气与土壤温湿度、二氧化碳浓度、光照强度等贯穿生产周期的各项关键指标，随后依据不同蔬菜品种的特性，构建起针对单一蔬菜品种的全方位植物保护数据模型。此模型作为科学依据，精准指导从基础肥料配置、土壤优化到生长阶段管理、水肥精准调控的全链条生产流程，实现了蔬菜生产每一环节的精细化与科学化管控，进而显著提升了蔬菜产品的品质标准与食用安全性。此外，寿光市还构建了从田间到餐桌的全方位、无死角的质量监控网络，依托智慧化监管平台，对蔬菜生产的每一阶段实施严密监督与管理，确保蔬菜产品质量的绝对安全。年抽检蔬菜样品数量超过15万批次，部省抽检蔬菜合格率均为100%，寿光市蔬菜品质得到市场的广泛认可。

三、创新生产新模式，探索双通道销售模式

应用新技术新模式，推动产业链重塑。寿光市通过“数字+”撬动蔬菜产业升级，推动经验种植向智慧种植转型。寿光市结合自身发展情况开发了寿光蔬菜产业互联网平台，建立智慧物联网平台，监控蔬菜产业基地的全产业链动态以及环境、温室等详细情况。同时，寿光市与世界500强企业合作，引入国际先进的蔬菜自动化分等分级、机械化包装和信息化储运等装备，有效融合了包括立体种植、无土培育、椰糠基质栽培等在内的超过30种创新栽培模式，极大地推动了蔬菜产业的升级与模式创新。

实行融合销售，推动品牌高端升级。寿光市积极探索线下销售与线上商铺双通道运行模式，以电商平台为基础，将产品铺向全国各地，开通寿光到北京、上海、哈尔滨的“绿色通道”，寿光到韩国、日本的海上“蓝色通道”。目前，寿光市已经有5000多种蔬菜、种苗实现了网上销售，贝贝南瓜等10多个农产品全网销量第一，寿光蔬菜已占据北京蔬菜市场份额的30%。这些举措不仅拓宽了销售渠道，还提升了寿光蔬菜的品牌影响力和市场竞争力。

第三节　昆明市：推动花卉电商融合化发展

云南省花卉产业历史悠久，昆明斗南花卉市场是亚洲第一大、世界第二大鲜切花交易市场，昆明市鲜切花生产面积和产量连续30年居全国首位。2018—2023年，昆明市鲜切花年产量最高为75.71亿枝（见图3-3）。2023年，

昆明斗南花卉产业园区交易量高达135.41亿枝，交易额达135.7亿元。为进一步提升花卉产业竞争力，昆明市人民政府办公室印发《加快花卉电商融合业态发展实施意见》，旨在通过电商的加持，推动花卉产业与电商深度融合，实现花卉产业的转型升级和提质增效。

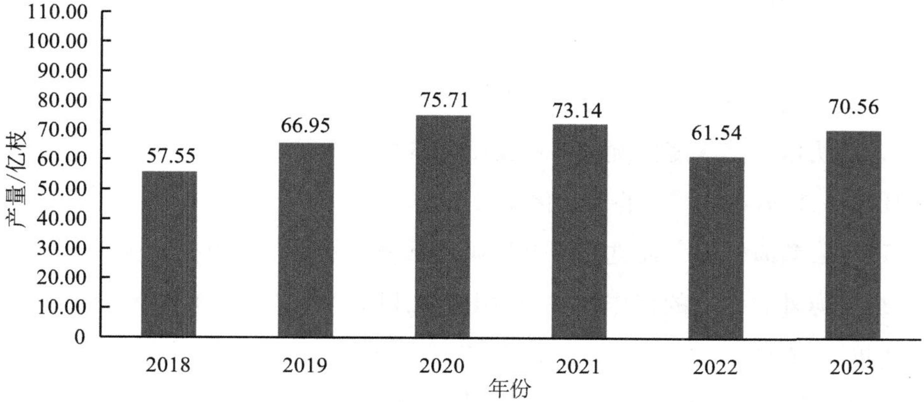

图3-3　2018—2023年昆明市鲜切花产量

数据来源：昆明市统计局。

一、推进产业集聚发展，持续促进业态升级

加强政策引导与资源集中，推进集聚发展。昆明市支持加快建设集花卉撮合交易电商平台、花卉零售批发电商平台（自建或入驻第三方）、花卉场景直播带货平台等于一体的多功能、多业态的花卉电商产业园区（基地）。花卉电商产业园区（基地）不仅能提高公共资源的共享利用水平，还能在花卉选品、采摘处理、物流配送、直播展示和服务保障等方面提供完善的配套设施和服务，从而吸引更多花卉电商企业入驻，促进整个花卉电商产业的繁荣发展。

推动花卉电商业态升级，提升核心竞争力。一是引进高水平、专业化、有竞争力的花卉电商企业到昆明发展，通过全球招商引资，吸引更多优质企业落户昆明；二是促进花卉电商企业向专业化、规模化和特色化发展，通过政策扶持和市场引导，鼓励企业加大投入，提升服务能力和运营效率。同时，昆明市以新型花卉经营主体引进落地和重大花卉项目建设为抓手，加大有效投资和财政扶持力度，不断增强昆明市花卉电商的核心竞争力。

二、创新推动业态融合，大力发展跨境电商业务

推进三次产业协调发展，创新推动业态融合。昆明市支持花卉电商企业加大产品精深加工力度，延长产业链，优化供应链，提升价值链。同时，昆明市还积极推进花卉产业与关联产业深度融合，打通设计研发、生产制造、品牌打造和仓储物流等产业链各环节，形成全价值链协同发展的良好局面。此外，昆明市还将深度挖掘花卉在文旅、食品、饮品、保健品和化妆品等方面的价值，拓展花卉产业的多元化发展路径。

建设公共海外仓，促进跨境电商业务发展。昆明市积极推动国内花卉出口基地与海外仓企业的合作，对跨境电商出口的花卉产品提供便利化通关举措。同时，昆明市支持花卉企业参加国内外优质展会，通过线下参展线上接单及跨境电商选品会等模式进行数字化、集群式营销推广。此外，昆明市鼓励花卉企业创立自主品牌、打造海外品牌，推动花卉产业国际化发展。

三、完善流通体系建设，助推品牌提档升级

加强冷链物流基础设施建设，提高流通效率。昆明市通过推进花卉物流配送服务体系标准化、专业化、规范化建设以及推动花卉主体与电商企业、流通企业建立花卉联合直采基地、前置仓等，形成“自有+渠道”的多层次销售流通体系，促进花卉仓储物流与网络交易的有效衔接，优化完善流通环节，提高流通效率并降低流通成本。

鼓励研发特色产品，提升产品附加值及竞争力。昆明市鼓励研发生产具有自主知识产权、引领科技和消费潮流、符合消费习惯的特色花卉产品和服务内容。同时，昆明市加强地理标志产品认定、管理和保护，充分挖掘花卉资源优势和春城文化底蕴。此外，昆明市围绕花卉产业开展内容创作、视频制作、电商形态创新等活动，促进形成电商与实体经济发展良性互动机制，发挥对本地企业和产品的辐射带动作用。

第四节　荆州市：深化渔业绿色现代化发展

湖北省荆州市被誉为"中国淡水渔业第一市"，地处江汉平原腹地，拥有长江径流里程483千米，湖泊众多，水域面积广阔，为淡水渔业的发展提供了得天独厚的自然条件。据统计，2023年，荆州市水产养殖面积达到187万亩，淡水产品产量达到127.7万吨（见图3-4），占全国淡水产品总产量的3.76%，面积和产量连续30年居全国地市第一。党的二十大以来，荆州市积极响应国家农业现代化和乡村振兴战略的号召，以渔业绿色发展为主线，大力推进淡水渔业的现代化转型，取得了显著成效。

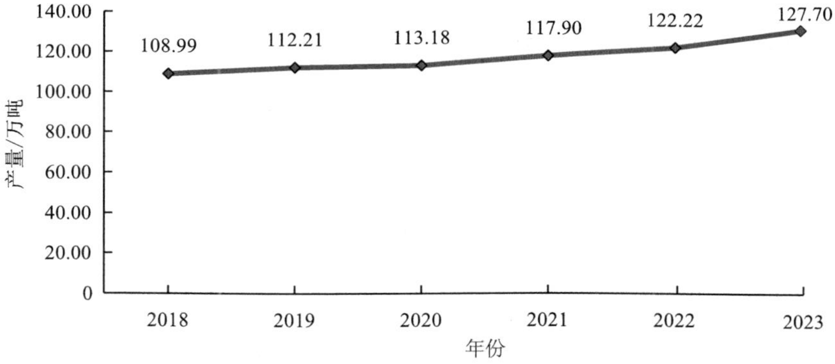

图3-4　2018—2023年荆州市淡水产品产量

数据来源：荆州市统计局。

一、加快科技创新，推广绿色养殖

强化科研合作，推动成果转化。科技创新是荆州市淡水渔业现代化发展的关键动力。荆州市成立了全国唯一的水产业技术创新战略联盟，与多个国家级科研院所和知名大学建立了紧密协作关系，开展多项技术攻关和成果转化工作。例如，洪湖河蟹苗种本土化繁育的成功，改变了蟹苗长期依赖从外地引进的历史；稻鳅共作、虾鳜轮养等新型养殖模式得到快速推广应用，黄鳝全人工繁殖、池塘富氧水槽高品质养殖等，为渔业高质量发展提供了有力支撑。

创建健康养殖示范区，推进绿色生态养殖。公安县作为荆州市渔业绿色循环发展试点的代表，成功入选全省试点，并得到总投资约2.08亿元。试点项目涵盖公安县8个乡镇，包括鱼塘标准化改造工程、泵站工程、闸坝工程、田间道路工程、输配电工程、水质监测设施和尾水生态治理工程等。这些项目的实施，助力公安县全面提升渔业基础设施、完善渔业配套服务工程，打造了全国渔业绿色循环发展样板和水产养殖业绿色高质量发展示范区。同时，荆州市重点推广公安县“月湖模式”等6种典型绿色生态健康养殖模式，成功创建多个国家级和省级健康养殖示范区。通过实施科学的水质监测和调控，荆州市加强水域生态监管，确保渔业资源的可持续利用，并积极推动水产加工向环保、高效方向发展，提升水产品附加值。此外，荆州市积极推广集约化、生态化养殖发展模式，引进和选育优质种苗，提升养殖效益。荆州市将继续坚持绿色发展理念，推广绿色生态健康养殖模式，推动渔业资源可持续利用和生态环境保护。

二、转变发展方式，促进结构调整

荆州市正积极推进水产产业转型，实现从追求数量到注重品质的深刻变革，致力于优化渔业结构，踏上规模化、标准化、集约化的现代渔业发展道路。荆州市目前已构建起总面积接近190万亩的规模化水产养殖基地，在标准化升级、区域化规划、集约化生产及产业化链条构建上取得显著成效。此外，荆州市还建立了一个结构健全、功能强大的水产品流通网络，包括超过30个大型及中型水产品集散交易中心，以及上百个水产流通中介组织和超过2万名水产经纪人，不仅有效提高了本地水产品的流通效率，还实现了销售网络的广泛覆盖，产品远销全国各地，并拓展至东南亚、欧美、日韩等国际市场，彰显了荆州市水产品在全球市场的强劲竞争力和影响力。荆州市将继续推动淡水渔业全产业链发展，从种苗生产、养殖、加工到销售各个环节实现紧密衔接和高效协同，通过建设现代化的种苗生产体系、养殖设施设备以及加工生产线，提升整个产业链的现代化水平。

三、深化精细加工，加强品牌建设

荆州市水产品加工企业数量增加，规模以上企业占比提高，水产品加工产值显著增长，为渔业全产业链高质量发展提供了有力支撑。2022年，全市水产品加工企业87家，其中规模以上企业36家，全年用于加工的水产品共计70.7万吨，加工成品43.8万吨，水产品加工产值达到220亿元。荆州市积极引导和鼓励水产企业和重点养殖大户创建精品水产品品牌，进一步加大水产品品牌建设力度，先后打造出公安县“陆逊湖”“淤泥湖”“崇湖”等多个知名水产品品牌，以及全市重点建设的“荆州鱼糕”和“洪湖莲藕”两大区域公用品牌。同时，荆州市通过举办节会、展览等各类活动提升品牌知名度和影响力，通过线上线下相结合的销售模式拓宽销售渠道，加强与国内外市场的交流合作，推动荆州水产品走向更广阔的市场空间。

第五节　通辽市：打造肉牛产业现代化发展高地

内蒙古自治区通辽市被誉为“中国黄牛之乡”。截至2023年末，通辽市肉牛饲养量超过520万头，存栏量达到385.8万头，出栏量达到140万头，能繁母牛存栏量超过200万头，牛肉产量达到27万吨（见图3–5）。通辽市是科尔沁肉牛的集散地和中国西门塔尔牛的核心养殖区，凭借得天独厚的自然条件、悠久的畜牧业传统和丰富的养殖经验，成为我国重要的肉牛养殖基地。近年来，通辽市积极响应国家乡村振兴战略和畜牧业高质量发展要求，将肉牛产业作为富民产业重点培育，全力推进肉牛全产业链集群化发展，致力于打造全国肉牛产业现代化发展高地。

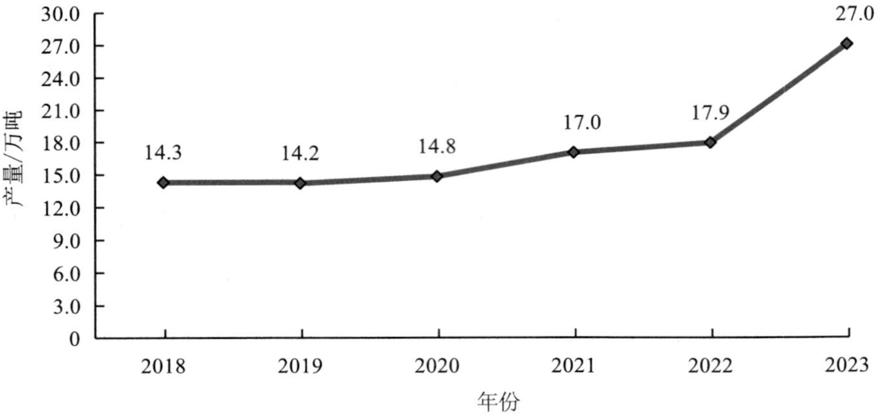

图3-5　2018—2023年通辽市牛肉产量

数据来源：通辽市统计局。

一、强化种业机制创新，推动集群化发展

建设联合育种机制，打造优质种源基地。通辽市以内蒙古科尔沁肉牛种业股份有限公司为核心，联合高林屯种畜繁育中心、嘎达苏种畜繁育中心及市级核心育种场，共同推进肉牛种质创新工作。通过持续推进“3+N”联合育种机制建设，形成“传统育种+分子育种+胚胎移植生物技术+信息技术”的种业科技创新体系。这一体系不仅提高了育种效率，也确保了种源质量的稳步提升。通辽市将种源建设作为产业发展的核心工程，持续推动肉牛良种繁育体系建设，打造全国优质肉牛种源核心基地。通辽京缘种牛繁育有限责任公司作为国家级种公牛站，拥有大量优质种公牛，年生产优质冻精数百万支，满足了全市肉牛良种繁育的冻精需求。同时，通辽市还积极从国内外引进优秀种公牛，不断提升种公牛站的综合实力。此外，通辽市在肉牛新品种培育方面也取得重大突破。通过引进北美肉用型西门塔尔牛的胚胎和冻精，利用科尔沁牛品种资源，应用现代生物工程和繁殖技术，成功培育出了“科尔沁肉牛”新品种。这种新品种具有生长速度快、肉用性能优良、繁殖性能高、抗逆性强等特点，为通辽市肉牛产业的发展注入了新活力。

建设规模繁育场，推动标准化养殖。通辽市坚持“小规模、大群体”的发展模式，大力扶持肉牛养殖专业镇村、合作社和家庭牧场发展。通过制定推广通辽市肉牛饲养管理技术规程等地方标准，通辽市引导养殖场（户）按标生产，重点支持建设规模化母牛繁育场和标准化育肥牛场，不断提升肉牛养殖标准化、规模化水平。目前，全市肉牛养殖专业合作社达到741个，肉牛规模养殖场（户）达到2038家。此外，通辽市组织相关专家制定了通辽市科尔沁肉牛地方标准，涵盖品种要求、产地环境和饲养管理等多个方面，并通过推广标准化养殖技术和管理模式，提高了肉牛养殖的规范化和科学化水平。

二、完善屠宰加工体系，提升精深加工能力

建设加工产业园区，提升屠宰加工能力。通辽市积极建设科尔沁区肉牛食品及副产品精深加工产业园区、科左后旗肉牛屠宰及精深加工产业园区、科左中旗花吐古拉肉牛屠宰加工园区等多个肉牛屠宰及精深加工产业园区。这些园区的建设不仅整合了屠宰加工资源，还带动了相关配套产业的发展。通过政策扶持和招商引资，通辽市吸引了一批具有先进屠宰加工技术和市场开拓能力的企业入驻园区，如内蒙古科尔沁牛业股份有限公司、通辽市明清肉制品有限公司等8家规模化肉牛屠宰加工企业，年屠宰能力达120万头以上。企业的入驻有效提高了园区屠宰加工能力，推动屠宰加工技术升级改造。此外，通辽市鼓励屠宰加工企业与肉牛养殖场（户）建立稳定的合作关系，形成“户繁企育、龙头加工、多元联结”的利益联结机制。通过订单带动、利润返还和股份合作等方式，实现繁育屠宰一体化发展，降低养殖和屠宰加工环节的风险和成本。同时，通辽市加强对屠宰加工企业的监管和指导，确保屠宰加工过程符合卫生标准和安全要求。

加强科技研发，发展精深加工。通辽市积极引导和支持肉牛加工企业向精深加工方向发展，开发高附加值产品。通过引进先进加工技术和设备，提升牛肉制品的品质和口感。同时，结合市场需求和消费趋势，研发新品种、新口味的牛肉制品，满足消费者的多元化需求。鼓励企业参加国内外各类展会和评奖活动，展示通辽市肉牛精深加工产品的优势和特色。此外，通辽市重视肉牛精深加工技术研发和人才培养工作，加强与高校、科研机构等的合

作，建立产学研用紧密结合的技术创新体系。通过开展联合攻关、技术培训等方式，提升企业的技术创新能力和人才队伍素质。支持企业建立技术研发中心和创新平台，加强与国内外同行的交流合作，引进消化吸收再创新先进技术。

三、加强冷链物流建设，拓展产品销售渠道

推动基础设施建设，完善冷链物流链条。通辽市以项目运营主体为核心，以农产品生产基地为依托，基本建成“321”冷链物流运行体系。通辽市通过投资建设标准智能库和分拣、配送智能管理体系，重点推动以绿色农副产品批发市场为核心的冷链物流基地建设，整合集聚科尔沁区、开发区等地分散的冷库、冷藏车等存量设施资源，推动冷链物流集群式发展，大幅降低物流成本，提升冷链物流的承载能力和效率。同时，完善规模屠宰、预冷排酸、低温分割、保鲜包装和冷链储运链条，推动冷链物流与现代农业、商贸流通等产业的深度融合，形成产运销一体化的冷链物流运作模式。此外，通辽市加强冷链物流园区建设，提升园区水、电、暖、路、网等基础设施水平，为冷链物流企业提供良好的发展环境。推动航空冷链建设，利用中欧国际货运班列、大连港集装箱及冷藏班列等运输资源，形成公铁空多式联运的冷链物流网络。

发展线上经济，开拓海外市场。通辽市高度重视电子商务产业发展，成功打造科尔沁电子商务产业园。该园区不仅吸引了众多电商企业入驻，还通过举办培训会、座谈会等各类活动提升电商从业者的技能水平，促进电商产业的快速发展。为了进一步提升电商产业园的承载能力和服务水平，科尔沁区还计划打造科尔沁电商小镇项目。该项目将为企业提供基础设施建设、电商代理运营、数据分析、产品展示和人才培养等多项服务，为企业打造一站式直播电商基地，助力电商经济高质量发展。同时，通辽市积极利用直播电商这一新兴业态，推动特色产品销售。科尔沁电子商务产业园内的多家企业已成功入选东方甄选团队，通过直播销售科尔沁牛业、荞行健、霍林西山香等品牌农产品，取得了显著的销售业绩。此外，通辽市聚焦“建设国家向北

开放重要桥头堡”的目标任务，扎实推进外贸进出口工作，推动牛肉产品走向国际市场，通过政策扶持和市场开拓等手段，鼓励和支持牛肉加工企业参与国际竞争，开拓海外市场。同时，通辽市还积极探索跨境电商等新型贸易方式，与国内外同行开展产业合作，为牛肉产品出口提供更加便捷和高效的渠道，共同开拓牛肉市场，实现互利共赢。

第四章
广东省农业现代化发展成就与突出问题*

第一节　广东省农业现代化发展环境

一、中美经贸摩擦重塑农产品供需格局

（一）中美经贸摩擦深刻影响农业布局

中国长期是农产品净进口国。2023年中国主要进口的大类农产品如图4-1所示。中国农产品进口需求旺盛且呈刚性增长，进口需求较大的品类有大豆、水果、肉及杂碎等，其中大豆占比超过一半。美国是中国重要的农产品进口来源地，在2018年中美经贸摩擦影响下，美国输华大豆规模下降。在此背景下，中国积极推动作物结构优化和转型升级，粮食产业竞争力持续提升。另外，中国积极拓展其他进口来源渠道，农产品进口来源地集中度显著降低。

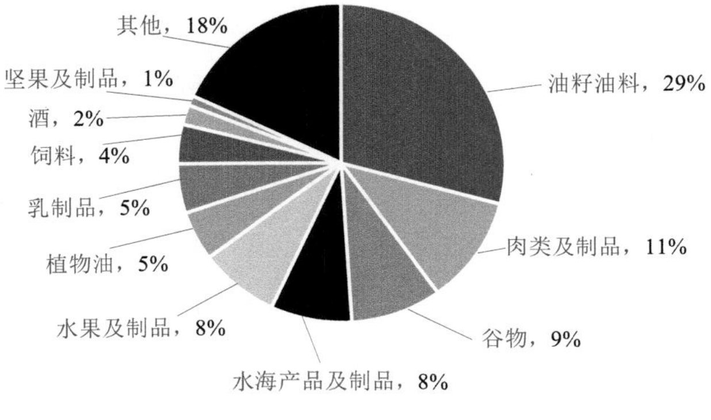

图4-1　2023年中国主要进口的大类农产品

数据来源：中国农业国际合作促进会。

* 本章第一执笔人为暨南大学产业经济研究院谭绮彤。

中国对美国贸易依存度高。2015—2023年，中国从美国进口农产品的金额从246.54亿美元增长至328.93亿美元。2018年中美经贸摩擦及中美第一阶段经贸协议实施深刻影响了中美农产品生产和全球农产品贸易格局，中国从美国进口农产品的年均复合增长率降至-32.76%，直至2020年才有所回升（见图4-2）。

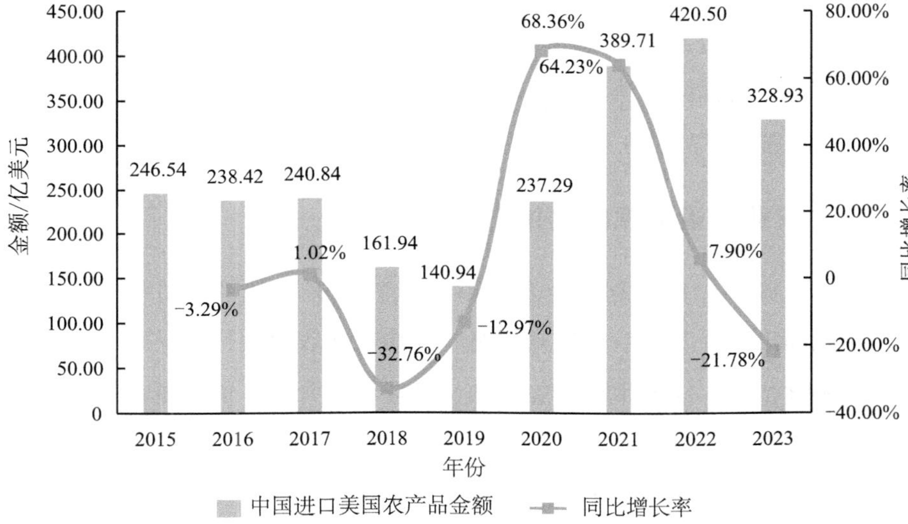

图4-2　2015—2023年中国进口美国农产品金额变化情况

数据来源：海关总署。

（二）国际政策变革触发农业领域多维挑战

《区域全面经济伙伴关系协定》（RCEP）的实施为中国农业带来了发展机遇。2020年，中国与文莱、柬埔寨、老挝、新加坡等9个国家签署了RCEP。得益于RCEP降低关税和非关税壁垒的措施，广东省的农产品能够更便捷地进入成员国市场，从而扩大了农产品的出口规模。这种开放的市场环境给广东省农业带来了更广阔的发展空间，推动了广东省农业现代化发展。广东省采取多项措施（包括创建农产品国际采购交易中心、农业对外开放合作试验区等）利用RCEP带来的机遇，推动农业产业高质量发展和农产品出口增长。

逆全球化趋势的演进对中国农业产生了深远影响。逆全球化趋势下，贸易保护主义抬头很可能导致贸易壁垒增加，影响广东省农产品的国际市场准入。如果中美脱钩形势加剧，美国作为中国农产品的重要出口市场之一，其政策调整可能对广东省农产品出口造成直接影响。广东省农产品出口可能面临更高的关税、更严格的检验检疫标准等，导致出口成本上升，竞争力下降。逆全球化可能导致全球供应链重构，广东省农业作为供应链中的重要一环，可能面临供应链中断的风险。这种风险不仅来自国际贸易政策的不确定性，还可能来自国际物流、金融等环节的波动。供应链的中断或不稳定将直接影响广东省农产品的生产和销售，增加农业企业的经营风险。

二、农业政策引领现代化发展

《广东省国民经济和社会发展第十四个五年规划和2035年远景目标纲要》明确提出全面实施乡村振兴战略，加快农业农村现代化。政策措施包括了稳定粮食生产、保障生猪产能、加快渔业转型升级、创建畜禽养殖标准化示范场等，这些都有助于提高广东省的农业综合生产能力和农产品质量安全水平。同时，政策还强调了农业科技创新的重要性，以及通过财政、金融等手段支持农业发展，如建立农业供给侧结构性改革基金，引导社会资本投资农业领域。

三、农业科技取得里程碑式进展

科技创新，促进农业现代化前行。近年来，我国在农业科技基础研究、应用基础研究、关键核心技术攻关等方面取得了一系列突破，农业科技进步贡献率从2012年的54.5%提高到2023年的63.2%，提升了8.7个百分点。核心种源“卡脖子”问题得到缓解，畜禽核心种源自给率超过75%，水产核心种源自给率超过85%，农作物良种覆盖率超过96%。科技创新有效提升了我国农业机械化水平，推动了农业现代化进程，增强了农业的整体竞争力和可持续发展能力。

科技创新平台建设，促进成果落地与转化。通过实施“粤强种芯”工程，广东省增强了农业科技创新能力。此外，广东省推动数字农业发展，通过建设农业人工智能装备研究中心和数字农业试点县，推动了智慧农业的发展，提高了农业生产效率和管理水平。科技创新还体现在农机装备的更新和智能化上，广东省通过农机装备工程化协同攻关，补齐了烘干仓储、冷链保鲜等装备短板，推进了水稻生产全程机械化，有效提升了农业生产的机械化水平。这些措施有助于提高广东省农业的整体竞争力，促进农业可持续发展，并为农民带来更多的经济效益。

第二节　广东省农业现代化发展成就

广东省人均农业生产总值呈现总体上升趋势。"十二五"时期人均农业生产总值稳步上升，但增速相对平缓，年均复合增长率为3.23%。而"十三五"时期人均农业生产总值则呈现显著增长趋势，在2020年达到了6259.44元（与其他省份相比仍有上升空间）；尤其在2017—2019年人均农业生产总值迅速增加，虽然增速在2019年达到峰值后逐渐放缓，但年均复合增长率达到了8.10%，高于"十二五"时期（见图4–3）。

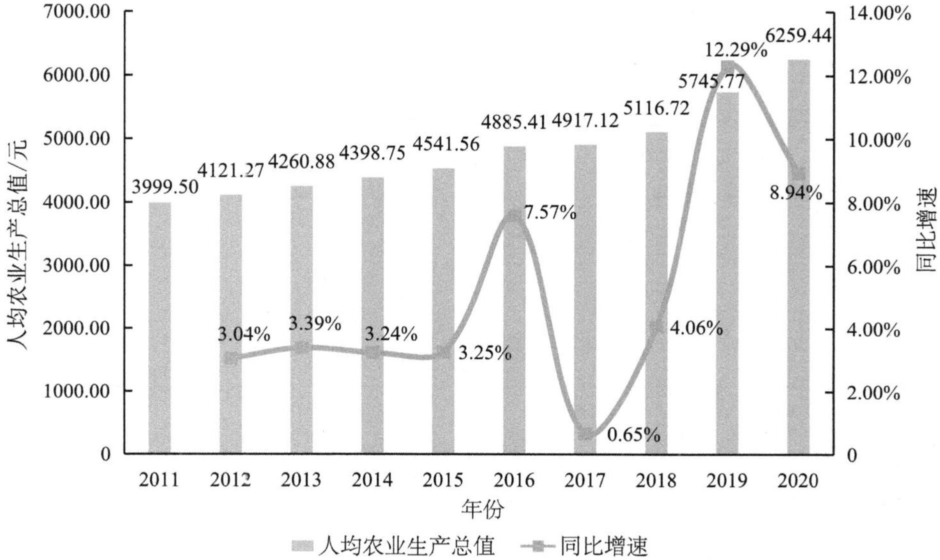

图4–3　2011—2020年广东省人均农业生产总值及增速变化

数据来源：中国统计年鉴、广东统计年鉴。

一、农业机械化成效显著

“十三五”期间，广东省认真贯彻落实党中央、国务院及农业农村部有关工作部署，全省现代农业建设显著提速，主要农作物耕种收综合机械化率达65.7%，转型升级动能强劲，为现代农业的发展奠定了坚实的基础。

农机装备实力显著提升。广东省农机装备总量稳步增长，农机总动力跃升至2495.5万千瓦，相较于“十二五”期末，实现了8.6%的显著增长。与此同时，大中型、高性能及新型特色农机的保有量持续增加，信息化智能化农机装备的应用进程明显加快，进一步优化了农机装备的整体结构布局。在农作物生产机械化领域，广东省主要农作物耕种收综合机械化率达65.7%（见图4–4），居全国中等偏上行列，水稻耕种收综合机械化率更是达到75.3%。此外，广东省已成功打造3个农业生产全程机械化示范县（市、区），树立了行业标杆。甘蔗生产机械化领域亦取得新进展，畜牧水产养殖、设施种植以及农产品初加工等领域的机械化水平均呈现加速提升态势。

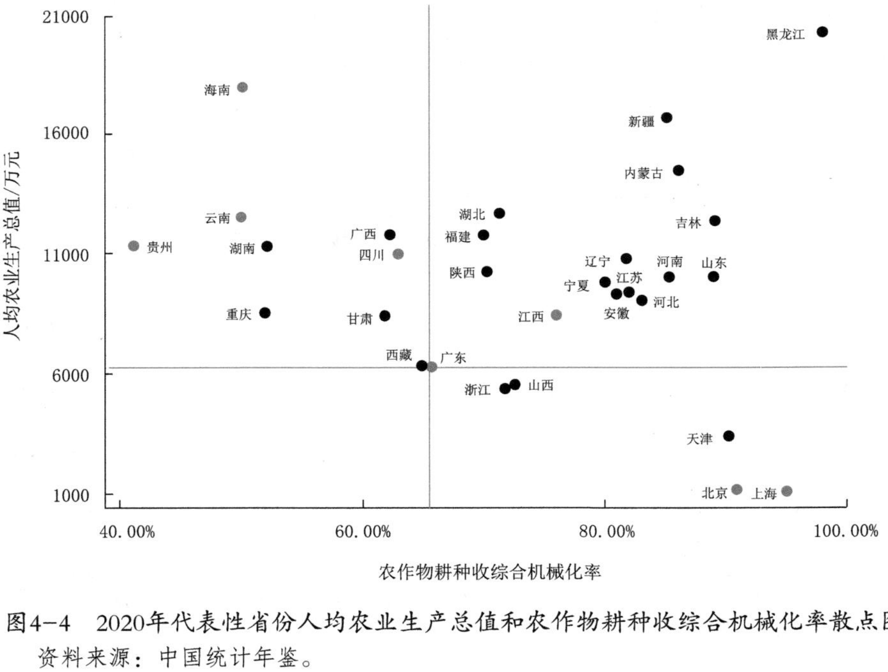

图4–4 2020年代表性省份人均农业生产总值和农作物耕种收综合机械化率散点图

资料来源：中国统计年鉴。

注：标灰省份使用的数据是主要农作物耕种收综合机械化率。

农业机械化综合发展实力稳步提升。农机科研创新活力四射，不断取得新突破。水稻精量穴直播技术与机具荣获国家技术发明奖二等奖，农用无人机研发生产领跑全国，在农机无人驾驶、山地运输、粪污资源化利用、水产品加工等领域，创新产品层出不穷，缓解了农机供给难题。同时，农机鉴定效能显著提升，为植保无人机等新兴装备提供高效鉴定服务，促进其快速投入生产。此外，农机化新技术加速普及，水稻、花生、甘蔗等农作物机械化生产模式以及无人机播种新方式得到深入探索。另外，智能农机化试点遍地开花，水稻生产无人农场、智慧果园等项目相继落地，展现了现代农业的智能化、自动化新面貌。

二、科技支撑力显著增强

"十三五"期间，广东省农业科技创新工作成效显著，农业科技进步贡献率达到70.2%（见图4-5），走在了全国前列。科技创新对农业产业的支撑能力实现了大幅提升，农业发展由要素依赖加速向创新驱动转变。

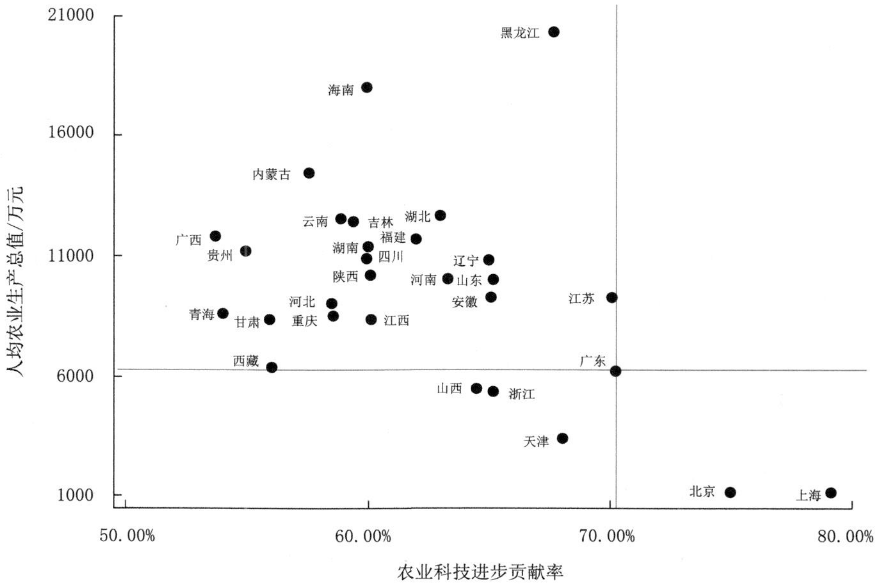

图4-5　2020年代表性省份人均农业生产总值和农业科技进步贡献率散点图
资料来源：中国统计年鉴。

人才团队培育成效显著。为打造国家实验室预备队，2017年起广东省完成了3批共10家省实验室布局。其中，岭南现代农业科学与技术广东省实验室聚焦生物种业革新、智能农机与精准农业融合、农产品加工技术创新，依托岭南农业优势，推动现代农业发展。同时，着力打造农业种业共性关键技术创新团队、现代农业产业技术体系岭南水果创新团队等20个农业科技创新团队，几乎涵盖全省农业主导产业和重点领域。此外，还评选了广东和利农生物种业股份有限公司、广东海大集团股份有限公司、温氏食品集团股份有限公司等“十三五”广东省二十强农业科技创新企业，涉及种植、水产、畜牧等多个产业。

农业科技取得标志性成果。广东省评选了早中晚兼用型广适性优质稻新品种黄华占的选育及其应用、淡水池塘环境生态工程调控与尾水减排关键技术及应用、岭南特色水果综合加工关键技术创新与应用等“十三五”广东省农业科技十大标志性成果。其中，广东省农业科学院水稻研究所精心研发出集优异品质、高产潜力、强大抗逆性及广泛适应性于一身的新稻种——黄华占，有效攻克了传统高产水稻品质欠佳、易倒伏的难题，黄华占被认定为我国晚籼优质稻期货基准品种。

科技赋能现代农业产业园区建设。广州市从化区携手华南农业大学及广东省农业科学院，通过签署合作协议，构建高效技术团队，成功在花卉产业园内孕育出超过20个拥有自主知识产权的花卉新品种，其科技成果转化率高达九成以上，彰显了科技对农业产业创新的强大驱动力。此外，广州市南沙区渔业产业园内的广州市诚一水产养殖有限公司，已成功实现养殖精准化、管理可视化及决策智能化，跃居智慧渔业领域的领军地位，为农业现代化转型树立了新标杆。

三、农业产业化发展迅速

“十三五”期间，广东省现代农业产业园蓬勃发展，推动农产品加工业产值增长，使其与农业总产值之比高达2.45：1。休闲农业与乡村旅游繁荣发展，2020年接待游客超1.35亿人次。农产品短视频营销崭露头角，为农业现代化增添新动力。

产业园建设深入推进。2018—2020年，省级财政年度拨款25亿元，专项助力现代农业产业园建设，聚焦“一县一园”战略。历经3年耕耘，省级园区实现了农业大县全覆盖，形成了从国家到省市的递进式发展态势，并初步确立了“跨县集群、一县一园、一镇一业、一村一品”的现代农业发展蓝图。至2020年11月末，园区内农业企业总数跃升至3299家，品牌（含企业自创品牌）总数达2459个，新增品牌更是高达493个，彰显了强大的发展活力与品牌塑造能力。

农产品加工业势头强劲。现代农业产业园的建设将农产品加工列为重点，明确要求每个产业园区内必须设立一个农产品加工与物流区域，该区域面积不得低于50亩，并作为园区的核心功能区。负责产业园区管理的县级政府，需每年划拨或协调50亩以上的土地，或直接利用市场主体已有的土地资源，用于建设农产品加工与物流区域，以确保园区的顺利发展。例如，大埔蜜柚产业园依托政府规划的专门加工物流区，助力入驻企业柚通柚美进行柚果的精深加工，成功将鲜果价值从每吨4000元提升至每吨13万元，实现了约30倍的附加值增长，延长了现代农业产业链。截至2020年底，全省拥有6773家农产品加工企业，农产品加工业营业收入达到1.72万亿元，其中农产品加工业产值与农业总产值之比高达2.45：1。

农村新型服务体系建设方兴未艾。广东省深化“互联网+农村休闲旅游”，推出“粤休闲农业”小程序，构建便捷服务体系。同时，成功创建了10个全国休闲农业与乡村旅游示范县、32个中国美丽休闲乡村及554个省级休闲农业与乡村旅游示范点。据统计，2020年全省的休闲农业与乡村旅游共吸引游客1.35亿人次。“十三五”期间，农林牧渔服务业增加值达到了358亿元，平均每年增长11.6%。此外，随着互联网技术的蓬勃兴起，短视频营销、农产品基地与消费者之间的实时连线直播，以及网红带货等多元化网络销售模式实现了井喷式增长，使得农产品网络零售额成功突破590亿元大关，助力农业转型升级。

四、可持续发展能力较强

“十三五”期间，广东省减少化肥农药施用量，高效利用秸秆农膜，推广绿色技术以提升粪污资源化利用率，加强水产养殖环境生态修复，森林覆盖率和湿地保护率分别提升至58.66%和50.27%，可持续发展能力显著增强。

农业绿色发展迈出新步伐。“十三五”期间，在农业投入品管理方面，广东省化肥和农药的使用量连续4年下降，秸秆综合利用率和农膜回收率分别为91%和90%，有效减轻了农业废弃物对环境的压力。在农产品质量安全方面，持续加强检测与监管，广东省农产品质量安全抽检合格率连续5年保持在97%以上，为全省人民的粮食安全提供了有力的保障。在种植业生产方面，南药、花卉及盆景园艺产品播种面积持续扩大，分别达到5.31万公顷和7.76万公顷，“十三五”时期年均分别增长17.0%和6.7%，较“十二五”时期分别提高了0.5个百分点和1.6个百分点，推动农业向更加绿色、更可持续方向发展。

畜牧业绿色发展取得显著成效。“十三五”期间，省政府办公厅印发《广东省畜禽养殖废弃物资源化利用工作方案》，积极建立第三方收集处理机构，推进源头减量、过程控制和末端利用，总结推广了“超大容量薄膜沼气”“高床发酵”“异位发酵床”等新型实用技术。2020年，全省畜禽粪污综合利用率为77.9%，规模养殖场粪污处理设施装备配套率达到了95.1%，大型养殖场粪污处理设施装备配套率实现100%，2017—2020年连续4年达到或超过国家年度考核要求，2017年被国家评为优秀等级。

林业生态文明建设工作全面展开。广东省积极推进“粤港澳大湾区建设林业三年行动”“绿美南粤三年行动”等一系列林业活动，在森林资源管护力度持续加码的同时，森林资源保护水平也在持续提升。“十三五”期间，广东省的森林覆盖率从原来的56.92%上升到58.66%；全省森林储量从5.02亿立方米增加到了5.84亿立方米，跻身全国前列；全省湿地面积达175.34万公顷，湿地保护率为50.27%；全省完成6286.11公顷的退化湿地修复和3071.9公顷的红树林恢复营造，湿地面积居全国第七位，占全省总面积的9.75%。

第三节　广东省农业现代化面临的突出问题

一、土地流转与规模化经营受阻

作为中国经济较为发达的地区，广东省在农业方面不断地进行现代化转型，土地规范化流转形成规模化经营是其转型的必由之路。但广东省存在土地流转发展缓慢和土地流转不规范的现象，导致土地经营规模难以扩大。许多农户仍然保持着小块土地的分散经营模式，无法形成规模经营效应，从而限制了农业生产效率的提高。

（一）小农经济模式阻碍规模化经营

受地形限制及历史土地改革影响，广东省农业形成了以家庭为单位的小农经济模式。广东省地处中国南方，其多山地、丘陵的地形特征限制了大型机械化作业的普及，从而促使以家庭为单位的小农经济模式在广东省快速发展。历史上，从屯田制到均田制，多次土地改革不仅重塑了土地分配格局，也进一步巩固了这种以家庭为单位的小农经济模式。

农业规模化经营影响农村现代化的总体模式与发展趋势。广东省为实现农业规模化经营颁布了一系列政策，对农村新产业、新业态进行扶持，推动新型集体经济发展，推动农民专业合作社多样化发展，支持家庭农场转型升级。《广东省农业机械化“十四五”发展规划（2021—2025年）》提出，要推动农业机械化加快转型升级，实现全面跟进补齐，为广东省农业农村现代化发展提供坚强有力的支撑。规划强调了农机农艺互相匹配、机械化信息化智能化加快融合、农机服务模式与农业适度规模经营相适应、机械化生产与农业发展相适应的路径。

保障小农户在农业现代化进程中的权益，促进规模化经营。规模化经营与小农户的矛盾，主要体现在规模化经营导致的资源重新分配问题上。规模化经营虽然能提升经济效益，但其收益不一定能够公平分配给所有参与者。尤其对小农户而言，可能无法获得相应的利益，市场空间被压缩，影响生计。小农户受限于规模与资源，难以享受成本效益与市场机遇。同时，农业规模化经营往往需要较高的技术含量和管理水平，这对小农户来说也是一个挑战。此外，规模化经营者因成本优势更容易融入大市场，而小农户产品则可能在市场上缺乏竞争力。综上所述，农业规模化经营对小农户影响复杂，政府需要通过适当的政策支持，保障小农户在农业现代化进程中的权益。

（二）土地流转容易造成农民收益受损

土地流转市场化促进农业规模化经营。土地流转作为广东省农村土地管理制度的创新手段，利用市场化机制高效配置农村土地资源，不仅显著提升了农业生产效率，而且有效促进了农民增收。广东省的土地流转以转包和入股为主，通常由集体统一组织，流转过程日益集中化、规范化。土地流转机制使农民能够将土地流转给专业的农业企业或农业合作社，通过收取租金实现稳定的土地收益，同时推动了农业规模化经营，进一步提高了农业生产效能。

土地流转过程中容易损害农民收益。首先，在土地流转过程中，农民可能会因为缺乏足够的信息和谈判能力，导致流转价格偏低，无法获得合理的收益分配。并且承租方可能因为经营不善或其他原因拖欠农民租金，造成农民收入不稳定。其次，由于市场不健全和制度不完善，土地流转市场可能存在混乱现象，缺乏有效的监管机制。市场信息的不对称导致农民往往只能被动接受土地流转的条件，无法在流转过程中充分维护自己的利益。除此之外，在土地流转后，如果缺乏有效的监管，土地可能会遭受不同程度的损害，如土壤肥力下降、水源污染等，从长远来看会影响农民未来的收益。

确保农民在土地流转过程中的合法权益，并平衡好土地流转与农民利益的关系，是土地流转政策得以顺利推进的关键。

二、农业科技水平相对滞后

广东省将科技创新视为农业发展的核心驱动力，致力于构建强大的农业科技创新体系。《广东省农业科技发展“十四五”规划》提出，到2025年农业科技创新供给能力显著提升，到2035年农业科技创新体系更加完善。同时，广东省通过“中非农业科技创新联盟”“FAO-CAAS创新平台”等合作机制，搭建起农业科技国际交流的桥梁，促进知识共享与技术合作。尽管广东省在农业科技领域取得了初步成就，但其整体创新水平仍有待提高，科技创新体制尚需进一步完善，以充分释放农业科技创新的潜力与效能。

（一）应用型科技创新不足

创新资金、人才和物质资源投入不足。当前，广东省农业科技创新的投入尚显不足，不仅体现在政府层面的农业科技创新投入不足，也反映在企业和农户对农业科技创新的投资意愿与力度不足。以广州为例，作为广东省农业科技发展的前沿阵地，其第一产业固定资产投资额仅占全市总量的0.19%，远低于第二产业的15.01%和第三产业的84.80%，凸显了农业领域投资比例的严重失衡与投入资金的不足。

农业科技创新研发成果转化率低。目前广东省研发成果转化难的问题比较突出，对应用型创新的重视不足会使得该领域的研究相对滞后，进而阻碍农业产业化的深入发展，难以显著提升农业科技创新的整体效能。具体而言，科研机构在成果转化方面的能力短板、企业及农户对科研成果应用价值的认识不足，以及农业科技研发与农业生产实践之间的脱节，共同构成了成果转化应用的重重障碍。因此，提高对农业应用型科技创新的重视程度，促进科研成果与市场需求的有效对接，成为推动农业科技创新成果高效转化的关键。

（二）生产端数字化转型迟缓

数字农业基础设施建设缓慢。具体表现在：广东省农业大数据平台与农村数据资源体系的建设尚处于萌芽阶段，数据共享开放机制不健全，数据资源的深度挖掘与应用尚显不足。此外，农业生产基地仍存在4G信号覆盖盲区，5G基站、光纤宽带网络及物联网设施等新型基础设施建设落后于城市发展。

农业生产端数字化转型迟缓。一大原因是广东省农业信息数字化采集的广度和深度不足，直接限制了农业生产过程中数据的全面收集、精准分析、高效管理及创新应用，进而阻碍了农业生产的精准化与智能化升级。同时，农业大数据、物联网、人工智能等前沿技术在农业生产实践中的渗透率不高，限制了农业管理的精细化水平和决策效率的提升。

产业链上下游数据孤岛现象严重。农产品从生产、加工到流通、消费的各环节信息流通不畅，导致市场供需信息错位，价格波动剧烈，库存积压问题频发。由于缺乏及时、准确的市场信息支撑体系，农业经营者难以把握市场动态，作出科学合理的生产决策，进而陷入农产品增产不增收的困境。

上述因素共同制约了广东省农业生产端数字化与智能化转型。因此，需要广东省人民政府采取有效措施，全面加强数字农业基础设施建设，深化农业数据资源的开发利用，推动农业全产业链的数字化融合，以实现农业生产的精准化、智能化和高效化，促进农业现代化的高质量发展。

三、农产品质量安全保障问题

作为农业重地，广东省农产品质量安全问题是社会各界普遍关注的焦点。广东省农业农村厅发布的2023年度监督抽查通报显示，在对1718批次食用农产品的抽样检测中，发现不合格的样品8批次，问题涉及蔬菜农药残留超标、畜禽产品常规药品残留违规，以及水产品中存在违禁药物等。针对此系列问题，广东省迅速响应，制定并实施了一系列强化农产品质量安全的政策措施，出台《广东省农产品质量安全信用体系建设采信及评价工作方案（试行）》，旨在从源头上确保农产品安全，守护公众健康，同时激发农业与乡村经济的活力与潜力。

（一）农产品流通体系建设有待加强

农产品流通环节监管体系不健全。广东省内区域经济发展不均衡现象突出，各乡镇在构建农产品质量安全监管体系方面也暴露出明显短板。众多乡镇的农产品质量安全监管部门往往停留于名义上的设立，缺乏专设的快速检测场地及先进的检测仪器设备。此外，部分乡镇的农产品质量安全检测部门面临专业人才匮乏的困境，难以独立承担起质量安全检测的重任，不得不将检测工作转包给外部第三方检测机构。然而，这些检测机构的资质认证、操作流程及监管体系的健全性尚存疑问，给农产品质量安全监管工作带来了不确定性和潜在风险。除此之外，目前省内的农产品质量安全信息共享平台不完善、信息交流不畅通，导致监管部门难以及时获取第一手信息，发现问题和解决问题存在滞后现象。

农产品市场流通体系建设不完善。农产品流通环节多、成本高、效率低，导致农产品在流通过程中损耗大、品质下降，不仅增加了农民的经济负担，也影响了消费者的购买体验。虽然广东省经济发达、交通便利，但农产品运输体系还不健全，冷链物流发展滞后。一般的中小型企业并不具备保鲜技术与能力，导致出口成本增加，国际市场竞争力减弱。构建健全的农产品市场流通体系需要投入大量资源，但由于农产品流通领域的特殊性——长回报周期伴随高风险，众多投资者望而却步，这导致资金投入不足。

（二）农产品深加工质量参差不齐

实施乡村振兴战略以来，广东省高度重视以农产品加工业为重点的现代农业产业发展。广东省农产品加工业不断发展壮大，已成为农业农村经济的支柱产业。

农产品加工业质量控制缺乏统一标准。在农产品加工领域，原材料市场的波动与质量的参差不齐，直接影响最终产品的质量。目前农产品质量控制领域尚缺乏统一的标准化体系，基层的网格化管理与日常巡查缺乏明确的标准与操作指南，地域间的标准差异更加剧了质量评价的不一致性，使得质量控制与监督难以高效执行。此外，农产品质量监测机构在数量和质量上存在不足，尤其在农村地区，监测机构稀缺且能力有限，导致监测网络存在盲区，无法全面渗透至加工链的每一环节，从而难以确保农产品的质量安全。农产品质量安全对消费者健康、权益及农业产业可持续发展具有深远影响，需要各级政府与相关部门携手合作，加大监管力度，同时推动农业产业向更加绿色、高效的方向发展。

第五章
广东省农业现代化发展思路与对策*

第一节　广东省农业现代化发展思路

一、基本原则

坚持党的全面领导。党的领导是农业现代化发展的根本保证，要坚定不移强化党对农业农村发展的全面引领，完善党领导“三农”工作的组织体系，通过科学规划、政策引导与资源调配，引领农业向智能化、绿色化、高效化转型，确保农业现代化进程与国家发展战略相契合，促进农村繁荣、农民增收，实现乡村振兴的宏伟目标。

坚持农业农村优先发展。深刻领会农业农村优先发展战略的深远意义，秉持大局观，从政治高度扎实推进新阶段“三农”工作，通过优先配置资源、强化政策支持，推动农业现代化进程，提升农业生产效率与质量，促进农业农村的全面振兴。

坚持农民主体地位。充分尊重农民意愿，激发农民首创精神，鼓励农民积极参与现代农业建设，发挥其在乡村振兴中的主体作用，通过技术培训、政策扶持等手段，提升农民自我发展能力，让农民共享农业现代化成果。

坚持科技支撑作用。落实创新驱动发展战略，以高新技术为支撑，推动产学研深度融合，加强关键技术攻关和新技术、新成果转化应用，引导农业全产业链各类主体共建共享大数据平台，进一步提高农业的标准化和产业化水平，实现乡村产业的改造升级。

---

* 本章第一执笔人为暨南大学产业经济研究院谭绮彤。

坚持绿色引领作用。深刻理解并遵循“绿水青山就是金山银山”的发展理念，保护农村生态环境，实现资源高效利用与循环发展，让良好生态环境成为农业农村可持续发展的支撑点。

二、发展目标

到2025年，农业实现质量与效益的显著提升，农业机械化水平大幅提高，农产品供给能力稳步增强。同时，龙头企业培育取得积极成果，农民素养全面提升，农民获得感、幸福感、安全感显著增强，为推进乡村振兴和农业农村现代化提供坚实支撑。具体目标如下：

农业现代化稳步发展。全面确立精准农业经营模式，通过建立农业现代化示范区，进一步完善特色农业产业集群、现代农业产业园以及“一镇一业、一村一品”协同发展格局。粮食等关键农产品供给能力持续增强，粮食产量超过1200万吨，主要农作物耕种收综合机械化率提升至76%，农业科技进步贡献率达到75%，农业面源污染防控成效显著，率先构建农业高质量发展体制机制。

精勤农民培育取得显著进展。精勤农民队伍建设加速，职业教育培训体系不断优化，农民素质与风貌显著提升，创业就业热情高涨，增收渠道持续拓宽，农村居民人均可支配收入达到3万元，消费模式转型升级，绘就一幅奔小康、稳增收、享生活的共同富裕新图景。

农业龙头企业建设成效显著。打造一批创新引领、规模效益兼优、辐射效应强劲的龙头企业，省级农业龙头企业增至1400家；拓宽融资渠道，助力600家农业企业上市或挂牌融资，并扶持12家农业企业迈入百亿级行列，同时培育一批国际化农业跨国公司。

第二节　广东省现代农业发展重点领域

打造粮食产业核心保障区与优势产业带。在粮食产业领域，依托优质稻生产重镇和超5万亩的粮食生产功能区，构筑全省水稻生产供给核心保障区，并着力打造丝苗米优势产业带。通过品种优化、机械化改造和绿色技术运用，规划构建超150万亩的糖料蔗生产基地。同时，推广宽行密植与套种、高值高效农林复合模式，增强胶园功能，优先发展特种胶园、生态胶园及超高产示范胶园。此外，支持粤西、粤北等花生优势产区建设200万亩绿色高效花生生产示范基地，支持河源、梅州、清远、茂名等地建设110万亩高效油茶种植标准化示范基地。重点加强城郊型商品蔬菜基地、粤西北运蔬菜基地、粤北夏秋蔬菜基地、粤东精细加工蔬菜基地的建设。

构建水产种业“南繁硅谷”和“粤海粮仓”。在水产业方面，规划推动水产种质资源共享平台、基础研究平台及应用研究与成果转化平台建设，打造广东省水产种业“南繁硅谷”。布局珠三角百万亩鱼塘整治提升工作，建设鲜活水产品冷链物流基地、国家级远洋渔业基地，服务粤港澳大湾区，连接国内外水产市场。同时，规划珠三角沿海及粤东粤西深水网箱产业集聚区、海洋牧场示范区，构建“粤海粮仓”，并强化渔港建设、管理及区域经济联动，推动渔港经济区一体化发展。

打造水果产业优势品种精品园区和标准化基地。在水果产业方面，优化岭南水果产业布局，重点提升荔枝、龙眼、香蕉、菠萝、柑橘、柚子等优势品种的种植水平。在粤西、粤东、珠三角地区创建万亩精品园区、千亩标准化基地、百亩示范片，形成热带、亚热带水果优势产区。

扶持茶叶产业优势品种和建设五大优势产区。在茶叶产业方面，积极扶持英德红茶、客家绿茶等优势品种，引导建设粤东单丛乌龙茶区、粤西大叶种绿茶区、粤北优质红茶区等五大优势产区。

建立岭南中药材良种繁育和生产基地。在南药产业方面，强化化橘红、阳春砂、广陈皮等重点品种，扶持发展道地药材，建设云浮、肇庆、茂名等南药优势产区。支持肇庆南药市场建设，建立岭南中药材良种繁育和生产基地。

着力发展花卉产业优势品种。在花卉产业方面，发展盆景、观赏苗木、兰花等优势产业，建设珠三角高档盆花、城市绿化苗木产区，以及粤北珍稀苗木、花卉产区。以国兰、蝴蝶兰为重点，打造粤东粤西盆花、盆景及红树林树种苗木产区。

第三节　广东省现代农业空间布局

构建珠三角引领带动，粤东、粤西重点提升，粤北生态优化的农业稳定生产和保障供应格局。基于广东省农业生产力布局，《广东省推进农业农村现代化“十四五”规划》提出构建“一核一带一区”区域发展格局，旨在强化珠三角的引领作用，促进粤东、粤西发展，并优化粤北的生态环境。

珠三角核心区引领带动。作为核心区的珠三角，将以粤港澳大湾区建设和深圳建设中国特色社会主义先行示范区为契机，加快成为全省农业农村现代化引领带动区。珠三角核心区主要农业产业与重点市、县（市、区）如表5-1所示。

表5-1　珠三角核心区主要农业产业与重点市、县（市、区）

优质水稻大县（11个）	惠州市博罗县、惠州市惠东县、肇庆市封开县、肇庆市高要区、肇庆市广宁县、肇庆市怀集县、江门市恩平市、江门市开平市、江门市台山市、江门市新会区、广州市增城区
生猪大县（12个）	惠州市博罗县、惠州市惠城区、惠州市惠东县、肇庆市高要区、肇庆市广宁县、肇庆市怀集县、肇庆市四会市、江门市恩平市、江门市鹤山市、江门市开平市、江门市台山市、江门市新会区
蔬菜重点县（9个）	广州市增城区、广州市南沙区、佛山市三水区、佛山市高明区、肇庆市高要区、惠州市博罗县、惠州市惠东县、惠州市惠阳区、江门市台山市
肉鸡重点市（3个）	江门市、肇庆市、惠州市
柑橘重点县（8个）	惠州市龙门县、肇庆市德庆县、肇庆市封开县、肇庆市广宁县、肇庆市怀集县、肇庆市高要区、肇庆市四会市、江门市新会区
香蕉重点县（2个）	广州市南沙区、惠州市龙门县
荔枝重点县（6个）	广州市从化区、广州市增城区、东莞市、惠州市惠阳区、惠州市惠东县、惠州市博罗县
茶叶重点县（2个）	惠州市博罗县、肇庆市怀集县

续表

花卉重点县（8个）	广州市从化区、广州市花都区、佛山市南海区、佛山市顺德区、中山市、珠海市斗门区、珠海市金湾区、肇庆市四会市
南药重点县（8个）	江门市新会区、肇庆市高要区、肇庆市广宁县、肇庆市德庆县、肇庆市鼎湖区、肇庆市四会市、惠州市惠东县、惠州市博罗县
水产大县（18个）	广州市南沙区、广州市花都区、广州市增城区、广州市番禺区、珠海市斗门区、佛山市顺德区、佛山市南海区、佛山市三水区、佛山市高明区、惠州市惠东县、东莞市、中山市、江门市台山市、江门市鹤山市、江门市新会区、江门市开平市、肇庆市四会市、肇庆市高要区

资料来源：《广东省推进农业农村现代化“十四五”规划》。

沿海经济带东西两翼重点提升。依托区域资源与产业优势，东西两翼将加强与粤港澳大湾区和海峡西岸城市群的联系，打造粤港澳大湾区与海南自由贸易港的战略联动走廊，全面融入国家发展大局。沿海经济带西翼将突出粮食等重要农产品的生产保障功能，加强与海南自由贸易港的联动发展，建设稳产保供核心基地和城乡区域协调发展重点推进区，建设粤西热带亚热带农业现代化示范区、粤西特色精美乡村，推动区域联动发展。沿海经济带西翼主要农业产业与重点市、县（市、区）如表5–2所示。沿海经济带东翼将聚焦精细特色农业的发展，发挥粤台农业合作的优势，挖掘潮汕文化底蕴，建成具有显著岭南特色的农业农村高质量发展示范区，建设潮汕平原精细农业功能区、潮汕特色精美乡村、粤台农业合作先行区。沿海经济带东翼主要农业产业与重点市、县（市、区）如表5–3所示。

表5–2　沿海经济带西翼主要农业产业与重点市、县（市、区）

优质水稻大县（13个）	茂名市电白区、茂名市高州市、茂名市化州市、茂名市茂南区、茂名市信宜市、湛江市雷州市、湛江市廉江市、湛江市遂溪县、湛江市吴川市、湛江市徐闻县、阳江市阳春市、阳江市阳东区、阳江市阳西县
生猪大县（13个）	茂名市电白区、茂名市高州市、茂名市化州市、茂名市茂南区、茂名市信宜市、湛江市雷州市、湛江市廉江市、湛江市坡头区、湛江市遂溪县、湛江市吴川市、阳江市阳东区、阳江市阳春市、阳江市阳西县
蔬菜重点县（10个）	湛江市廉江市、湛江市雷州市、湛江市徐闻县、湛江市遂溪县、茂名市电白区、茂名市化州市、茂名市高州市、茂名市信宜市、阳江市阳春市、阳江市阳西县

续表

肉鸡重点市（2个）	湛江市、茂名市
花生重点县（7个）	湛江市雷州市、湛江市廉江市、湛江市遂溪县、茂名市电白区、茂名市化州市、茂名市高州市、阳江市阳春市
柑橘重点县（3个）	湛江市廉江市、阳江市阳春市、茂名市化州市
香蕉重点县（6个）	湛江市徐闻县、湛江市雷州市、湛江市廉江市、湛江市遂溪县、茂名市高州市、茂名市信宜市
荔枝重点县（9个）	湛江市廉江市、茂名市高州市、茂名市电白区、茂名市信宜市、茂名市茂南区、茂名市化州市、阳江市阳东区、阳江市阳西县、阳江市阳春市
菠萝重点县（2个）	湛江市徐闻县、湛江市雷州市
茶叶重点县（1个）	湛江市廉江市
花卉重点县（3个）	湛江市麻章区、湛江市遂溪县、阳江市江城区
南药重点县（8个）	湛江市徐闻县、湛江市雷州市、湛江市遂溪县、茂名市化州市、茂名市高州市、茂名市电白区、茂名市信宜市、阳江市阳春市
甘蔗重点县（6个）	湛江市雷州市、湛江市遂溪县、湛江市徐闻县、湛江市廉江市、湛江市麻章区、茂名市化州市
橡胶重点县（9个）	湛江市雷州市、湛江市廉江市、湛江市徐闻县、茂名市高州市、茂名市化州市、茂名市电白区、阳江市阳东区、阳江市阳西县、阳江市阳春市
水产大县（14个）	阳江市阳西县、阳江市阳东区、阳江市江城区、阳江市海陵区、湛江市遂溪县、湛江市雷州市、湛江市廉江市、湛江市麻章区、湛江市吴川市、湛江市坡头区、湛江市徐闻县、茂名市电白区、茂名市化州市、茂名市高州市

资料来源：《广东省推进农业农村现代化“十四五”规划》。

表5-3　沿海经济带东翼主要农业产业与重点市、县（市、区）

优质水稻大县（6个）	揭阳市惠来县、揭阳市揭西县、揭阳市普宁市、汕尾市海丰县、汕尾市陆丰市、潮州市饶平县
生猪大县（4个）	揭阳市揭西县、揭阳市普宁市、汕尾市陆丰市、潮州市饶平县

续表

蔬菜重点县（3个）	汕头市澄海区、汕尾市陆丰市、汕尾市海丰县
花生重点县（1个）	汕尾市陆丰市
荔枝重点县（2个）	揭阳市惠来县、汕尾市陆丰市
茶叶重点县（5个）	揭阳市揭西县、揭阳市普宁市、揭阳市揭东区、潮州市饶平县、潮州市潮安区
花卉重点县（2个）	汕头市濠江区、揭阳市普宁市
南药重点县（2个）	揭阳市普宁市、潮州市饶平县
橡胶重点县（1个）	揭阳市普宁市
水产大县（8个）	汕头市南澳县、汕头市潮阳区、汕头市澄海区、汕尾市城区、汕尾市陆丰市、汕尾市海丰县、潮州市饶平县、揭阳市惠来县

资料来源：《广东省推进农业农村现代化“十四五”规划》。

粤北生态区优化发展。粤北生态区坚定不移秉持生态保护屏障的区域战略定位，致力于构建粤北山地生态农业现代化示范区，在农业农村领域积极探索并实践绿色发展的新路径与新机制。精心打造粤北山地生态精美乡村，依托得天独厚的绿水青山生态环境与绿色高品质的农产品资源，积极对接并融入粤港澳大湾区这一庞大的城市群与市场体系，旨在引领创造一种绿色、健康、安全的新型消费模式，为区域经济的绿色发展注入新的活力与动力。粤北生态区主要农业产业与重点市、县（市、区）如表5-4所示。

表5-4　粤北生态区主要农业产业与重点市、县（市、区）

优质水稻大县（23个）	河源市东源县、河源市紫金县、河源市和平县、河源市龙川县、河源市连平县、梅州市大埔县、梅州市丰顺县、梅州市兴宁市、梅州市五华县、梅州市梅县区、韶关市乐昌市、韶关市南雄市、韶关市曲江区、韶关市仁化县、韶关市乳源瑶族自治县、韶关市始兴县、韶关市翁源县、清远市阳山县、清远市连州市、清远市英德市、清远市清新区、云浮市新兴县、云浮市罗定市

续表

生猪大县（13个）	韶关市乐昌市、韶关市曲江区、韶关市南雄市、清远市阳山县、清远市英德市、清远市连州市、清远市清城区、清远市清新区、河源市龙川县、梅州市梅县区、梅州市五华县、梅州市兴宁市、云浮市新兴县
蔬菜重点县（5个）	清远市阳山县、清远市连州市、清远市英德市、清远市清新区、梅州市兴宁市
肉鸡重点市（3个）	云浮市、清远市、梅州市
花生重点县（3个）	清远市英德市、韶关市南雄市、云浮市罗定市
柑橘重点县（10个）	韶关市仁化县、韶关市乐昌市、清远市英德市、清远市阳山县、清远市佛冈县、梅州市梅县区、梅州市大埔县、河源市紫金县、云浮市云安区、云浮市郁南县
荔枝重点县（2个）	云浮市郁南县、河源市紫金县
茶叶重点县（19个）	梅州市丰顺县、梅州市大埔县、梅州市五华县、梅州市兴宁市、梅州市梅县区、梅州市平远县、梅州市蕉岭县、梅州市梅江区、河源市东源县、河源市紫金县、河源市龙川县、河源市和平县、河源市连平县、韶关市乐昌市、韶关市仁化县、清远市英德市、清远市清新区、清远市连州市、云浮市罗定市
花卉重点县（3个）	韶关市翁源县、云浮市云城区、云浮市云安区
南药重点县（13个）	云浮市罗定市、云浮市郁南县、云浮市云城区、云浮市云安区、清远市连州市、清远市英德市、清远市连南瑶族自治县、清远市阳山县、梅州市平远县、梅州市五华县、梅州市丰顺县、梅州市梅县区、韶关市南雄市
水产大县（10个）	韶关市南雄市、河源市龙川县、梅州市梅县区、梅州市五华县、梅州市兴宁市、清远市清城区、清远市清新区、清远市英德市、云浮市罗定市、云浮市新兴县

资料来源：《广东省推进农业农村现代化“十四五”规划》。

第四节　广东省现代农业发展对策

一、优化整合创新主体，推动农业科技深度融合

一是优化整合农业科技创新平台。在城市农业现代化进程中，有计划地建设各种重点实验室、企业研发中心和综合服务中心，促进传统农业科技实现现代化。积极发掘探索岭南特色农畜产品的营养功效及其开发利用对策，研究开发有营养功能、安全优质的加工产品与加工制造技术，推动广东省特色农产品加工业持续健康发展。

二是打造一批农业生产示范基地。开展花卉种质资源创新、荔枝精确化和数字化栽培管理体系构建，建设其他特色优势产品的物联网和大数据管控平台，推动建设广东省丝苗米种质资源库和繁育基地、智能机械化技术集成创新与示范基地，以及渔业、花卉、蔬菜、荔枝、畜禽等农业生产基地。

二、分门别类精准施策，推进农产品稳产保供

一是提高耕地质量。采取耕地数量、质量、生态“三位一体”的保护措施，确保粮食生产功能区面积稳定在1350万亩以上，并实施最严格的耕地保护制度。同时，全面落实耕地占补平衡制度，加快耕地恢复和补充耕地建设，并推进耕地质量保护与提升工程，以提升全省土壤有机质含量和耕地质量等级。

二是巩固粮食生产。强化粮食安全政治责任，确保永久基本农田重点用于粮食生产，水稻播种面积稳定在2600万亩以上，产量稳定在215亿斤（1斤=0.5千克）以上。重点建设水稻生产供给核心保障区和丝苗米优势产业带，实施绿色高质高效提升行动，并巩固双季稻种植面积。同时，拓展特色旱粮，做强冬种马铃薯产业，提升鲜食玉米产业，力争薯类作物种植面积达350万亩，鲜食玉米面积达200万亩。

三是强化战略资源保障。大力推动全省糖料蔗、天然橡胶、油料作物等重要农产品生产基地建设，改善基础设施条件，增强综合生产能力。建设糖料蔗生产基地，确保全省糖料蔗产量稳定在1460万吨以上。同时，提升天然橡胶产能，建设油料作物基地，确保全省花生作物产量稳定在100万吨以上，油茶籽产量稳定在15万吨以上。

三、大力发展精细农业，提高农业效益和竞争力

一是打造核心增长极，提升现代农业产业园水平。广东省计划打造跨县集群产业园，覆盖优势特色产业，如粮食、生猪、家禽、岭南水果、蔬菜等。同时，广东省还将健全跨县协作机制，提升产业链供应链的协同性、安全性和自主性，推动形成千亿级和数百亿级现代农业产业集群。

二是强化产业链条，提升农业全产业链现代化水平。广东省将支持新型农业经营主体改善初加工设施装备条件，实施农产品加工业提升行动，培育功能性食品与养生保健食品产业，完善现代商贸物流体系，全面实施“快递进村”工程，打通“工业品下乡”和“农产品进城”双向流通渠道。

三是促进国内国际双循环，打造农业对外开放新高地。广东省计划培育农产品贸易新动能，加强农产品贸易促进工作，创新贸易促进方式，稳定提升特色优势农产品出口，促进紧缺农产品进口多元化。同时，广东省还将深度参与“一带一路”建设，加快培育农业国际合作新优势，支持广州市建设全球人道主义应急仓库和枢纽，提升农业对外开放水平。

四、创新农民培养模式，推进高素质“三农”人才培养

一是大力培养高素质农民。构建“四位一体”高素质农民培育制度体系，包括教育培训、评定管理、人才服务和政策扶持。创新培训方式，如“田间学校”“产学合作”“职业培训包”“互联网+”等，提高培训的便利性和可及性。建设全省高素质农民培训机构数据库和共享师资库，形成高素质农民培训体系，同时拓宽人才服务渠道，提升人才驿站作用，强化跟踪服务，组织技能大赛，明确扶持政策向高素质农民倾斜。分层分类实施教育培

训计划，重点面向从事适度规模经营的农民，开展全产业链培训，实施农业经理人、农技人员、合作社带头人等的轮训，壮大新一代乡村企业家队伍。

二是加快提升农民精神风貌。打造展现精勤农民风貌的文化名片，深入挖掘农耕文化内涵，传承发展岭南特色乡土文化，增强农民的文化认同感。重点打造海丰歌谣、封开山歌、龙川杂技等非物质文化名片，支持乡村工匠、乡村艺人创建非遗传承基地，发掘乡村历史文化资源，建设农民文化博物馆。多形式开展群众性文体活动，完善乡村公共文化服务设施，常态化开展乡村节庆、农民健身、科普宣传等活动，组织具有岭南特色的体育赛事和文化活动，持续开展文化惠民行动，促进优秀文艺作品创作，丰富农民精神文化生活，提升农民参与度和获得感。

行业篇

第六章

广东省种业现代化发展研究*

种业是农业的关键支柱，以提供优质商品化种子为核心，整合种子研发、生产、加工、销售与管理等环节，对农作物产量、品质和抗性起决定性作用。种业包括农作物、畜禽、水产和农业微生物四大领域，其中农作物种业产业链上游为种子研发、选育和采摘环节，中游为生产和销售环节，下游为应用环节，如种植业、林业等领域（见图6-1）。

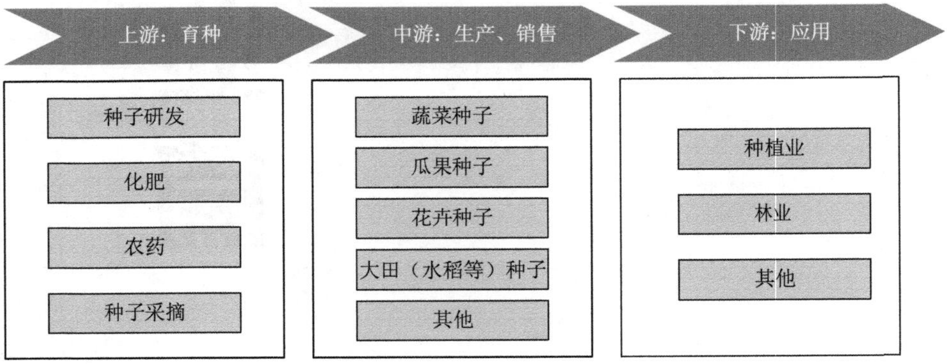

图6-1　农作物种业产业链全景图

第一节　种业发展环境

一、政策环境

自2021年提出种业振兴行动以来，我国种业现代化就步入全面深化阶

* 本章第一执笔人为暨南大学产业经济研究院刘容。

段，一系列政策密集出台，旨在支持优势企业，强化种质资源保护，推动技术攻关并加强市场监管，打好种业翻身仗。广东省则持续聚焦科技前沿，响应国家需求，陆续发布多项种业支持政策，实施“粤强种芯”工程，全面振兴种业。

（一）注重种质资源的保护与高效利用

2020年底中央经济工作会议明确提出加强种质资源保护与利用，并开展种源“卡脖子”技术攻关。随后，2021年《种业振兴行动方案》审议通过，将种质资源安全提升至国家安全战略层面。为此，国家制定了一系列政策，以促进种质资源的普查、保护和开发。广东省则发布《2021年广东省种业工作要点》，提出实施“粤强种芯”工程，从开展种质资源收集鉴评、健全农业资源保护体系、开展资源保护单位确定和登记这三个方面，强化种质资源保护，夯实种业发展基础。近来年种业种质资源相关重点政策如表6–1所示。

表6–1　近年来种业种质资源相关重点政策

时间	部门	政策文件	相关内容
2023年3月	农业农村部农作物种质资源保护与利用中心	《农作物种质资源共享利用办法（试行）》	各国家级中期库和种质圃负责农作物种质资源的共享分发。国家农作物种质资源长期库和复份库保存的种质资源不直接提供共享利用，未经农业农村部批准，任何单位和个人不得动用
2023年2月	农业农村部	《农业农村部关于落实党中央国务院2023年全面推进乡村振兴重点工作部署的实施意见》	加快资源普查。全面完成全国农业种质资源普查，构建开放协作、共享应用的种质资源精准鉴定评价机制
2021年7月	中央全面深化改革委员会	《种业振兴行动方案》	全面加强种质资源保护利用。要对标目标任务，进一步加大资源普查力度，年（2021年）内农作物要完成最后707个县普查征集任务，及时将新发现的资源保护起来，统筹布局种质资源库圃（场区）建设
2021年3月	国务院	《中华人民共和国国民经济和社会发展第十四个五年规划和2035年远景目标纲要》	加强种质资源保护利用和种子库建设，确保种源安全

续表

时间	部门	政策文件	相关内容
2021年3月	广东省农业农村厅办公室	《2021年广东省种业工作要点》	实施“粤强种芯”工程。强化种质资源保护，夯实种业发展基础。开展种质资源收集鉴评。健全农业资源保护体系。加强种子库建设，支持农作物种质资源库（圃）建设和运行，建立原位保护与异位保护相结合的作物种质保护体系。开展资源保护单位确定和登记

（二）推动良种技术攻关和育种产业化应用

《种业振兴行动方案》强调启动种源关键核心技术攻关，并实施生物育种重大项目，以有序推进其产业化应用。随后，《国家级转基因大豆品种审定标准（试行）》《国家级转基因玉米品种审定标准（试行）》发布，标志着我国转基因商业化政策的正式实施。而2023年的中央一号文件则进一步明确提出，要加快玉米大豆生物育种产业化步伐。2024年的中央一号文件更是强调推动生物育种产业化扩面提速，并加大种源关键核心技术攻关。广东省农业农村厅办公室则发布《2021年广东省种业工作要点》，提出实施“粤强种芯”工程，从打造种业科技创新平台、开展作物良种联合攻关等方面，强化创新体系建设，提升品种创新能力。近年来种业技术攻关相关重点政策如表6-2所示。

表6-2　近年来种业技术攻关相关重点政策

时间	部门	政策文件	相关内容
2024年1月	中共中央、国务院	《中共中央　国务院关于学习运用“千村示范、万村整治”工程经验有力有效推进乡村全面振兴的意见》	优化农业科技创新战略布局，支持重大创新平台建设。加快推进种业振兴行动，完善联合研发和应用协作机制，加大种源关键核心技术攻关，加快选育推广生产急需的自主优良品种。推动生物育种产业化扩面提速

续表

时间	部门	政策文件	相关内容
2023年1月	中共中央、国务院	《中共中央　国务院关于做好2023年全面推进乡村振兴重点工作的意见》	全面实施生物育种重大项目，扎实推进国家育种联合攻关和畜禽遗传改良计划，加快培育高产高油大豆、短生育期油菜、耐盐碱作物等新品种。加快玉米大豆生物育种产业化步伐，有序扩大试点范围，规范种植管理
2022年6月	农业农村部	《国家级转基因大豆品种审定标准（试行）》《国家级转基因玉米品种审定标准（试行）》	审定标准对转化体、目标性状及回交转育品种均作了相关的界定：转化体需满足耐除草剂或抗虫性中至少一个条件；且回交转育品种的增产幅度需≥0%，与受体品种差异位点数＜2个
2021年7月	中央全面深化改革委员会	《种业振兴行动方案》	国家将启动种源关键核心技术攻关，实施生物育种重大项目，有序推进产业化应用。各地要组建一批育种攻关联合体，推进科企合作，推动要素聚合、技术集成、机制创新，促进种质资源、数据信息、人才技术交流共享，加快突破一批重大新品种
2021年3月	广东省农业农村厅办公室	《2021年广东省种业工作要点》	实施“粤强种芯”工程。打造种业科技创新平台。积极开展现代生物技术创新研究及其选育新品种的生物安全评价，有序推进生物育种产业化运用，全面提升种业核心竞争力。开展作物良种联合攻关。加快培育并审定（评定）一批优良新品种

（三）培育和支持优势种业企业

《种业振兴行动方案》明确提出要扶持优势种业企业发展，并分类型筛选出重点龙头企业名单，强化具体指导和重点支持。2022年《农业农村部办公厅关于扶持国家种业阵型企业发展的通知》强调，引导资源、技术、人才、资本等要素向重点优势企业集聚。广东省则发布《2021年广东省种业工作要点》，提出实施“粤强种芯”工程，加强种业主体建设，培育壮大种业企业，推动产业健康发展。近年来种业主体建设相关重点政策如表6-3所示。

表6-3　近年来种业主体建设相关重点政策

时间	部门	政策文件	相关内容
2022年9月	农业农村部办公厅	《农业农村部办公厅关于加快推进种业基地现代化建设的指导意见》	深入实施种业基地提升行动，强化基地属地责任，发挥企业主体作用，推动有效市场和有为政府更好结合，加快建设现代化种业基地，健全良种繁育和应急保障体系，实现重要农产品种源自主可控，确保农业生产用种安全
2022年7月	农业农村部办公厅	《农业农村部办公厅关于扶持国家种业阵型企业发展的通知》	实现种业科技自立自强、种源自主可控，必须把扶优企业作为打好种业翻身仗的关键一招，摆上种业振兴行动的突出位置，强化企业创新主体地位
2022年5月	国家发展改革委	《“十四五”生物经济发展规划》	发展原创育种技术，支持建设一批育繁推一体化企业，着力打造具有国际水平的基础性科研和商业化育种体系，改善科研创新条件，推动产研深度融合，促进创新要素高效配置
2021年7月	中央全面深化改革委员会	《种业振兴行动方案》	扶持优势种业企业发展。着力培育一批具有较强研发能力、产业带动力和国际竞争力的种业重点龙头企业，发展一批具有差异化竞争优势、专业化服务能力强的“专精特新”企业
2021年3月	广东省农业农村厅办公室	《2021年广东省种业工作要点》	实施“粤强种芯”工程。加强种业主体建设，推动产业健康发展。加快推动广东种业集团组建，支持育种能力强、市场占有率高的种子企业申领有效区域为全国的“育繁推一体化”种子生产经营许可证

（四）加大种业市场的监管与规范力度

《种业振兴行动方案》强调要严厉打击套牌侵权等违法行为，推动农业行政执法与刑事司法有机衔接。为了保障种子质量和市场秩序，政府强化了市场监管，2021—2024年连续4年发布种业监管执法年活动方案，旨在全面净化种业市场，营造有利于种业振兴的良好环境。广东省则发布《2021年广东省种业工作要点》，提出实施“粤强种芯”工程，从优化行政许可服务、强化种业市场监管等方面，优化市场发展环境，提升依法治种能力。近年来种业市场监管相关重点政策与法律法规如表6-4所示。

表6-4　近年来种业市场监管相关重点政策与法律法规

时间	部门	政策文件	相关内容
2022年1月	农业农村部	《农作物种子生产经营许可管理办法》	明确种子生产经营许可证的申请条件，受理、审核与核发，管理以及监督检查等方面事项
2022年1月	农业农村部等七部门	《农业农村部 最高人民法院 最高人民检察院 工业和信息化部 公安部 市场监管总局 国家知识产权局关于保护种业知识产权打击假冒伪劣套牌侵权营造种业振兴良好环境的指导意见》	将保护种业知识产权、打击假冒伪劣和套牌侵权等工作列入种业振兴党政同责、全国打击侵犯知识产权和制售假冒伪劣商品工作考核，强化责任落实
2021年7月	中央全面深化改革委员会	《种业振兴行动方案》	严厉打击套牌侵权等违法行为。推动农业行政执法与刑事司法有机衔接，对套牌侵权、制假售假等违法行为重拳出击，加强转基因非法种植监管
2021年3月	广东省农业农村厅办公室	《2021年广东省种业工作要点》	实施“粤强种芯”工程。优化行政许可服务。强化种业市场监管。压实属地监管责任，开展种子质量监督检查和种畜禽质量监测，借助生物技术手段开展种业监管
2000年7月	全国人民代表大会常务委员会	《中华人民共和国种子法》	禁止生产经营假、劣种子。农业农村、林业草原主管部门和有关部门依法打击生产经营假、劣种子的违法行为，保护农民合法权益，维护公平竞争的市场秩序

二、市场环境

全球种业市场规模显著增长。2016—2022年，全球种业市场规模从432亿美元扩大到531亿美元（见图6-2），年均复合增长率约为3.5%，至2026年，全球种业市场有望实现更大的规模，预计将达到578亿美元，年均复合增长率预计为3.0%，显示出种业市场持续稳健的扩张态势。

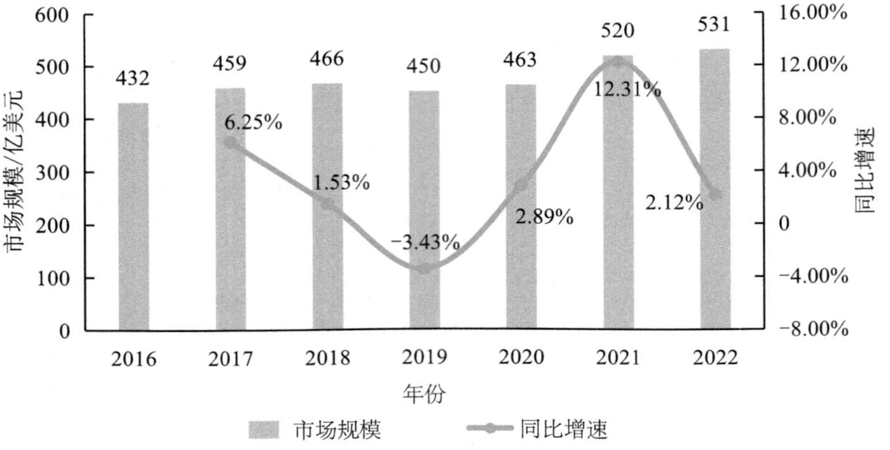

图6-2 2016—2022年全球种业市场规模

数据来源：Kynetec、先正达集团股份有限公司招股说明书、亿渡数据。

中国种业市场规模位居全球第二。据Kynetec统计，中国种业市场规模从2016年的489亿元增长到2022年的701亿元（见图6-3），年均复合增长率约为6.2%，目前已经是全球第二大种业市场，仅次于美国。预测到2026年，中国种业市场规模将进一步增长至893亿元，年均复合增长率预计为6.2%。未来，推动中国种业市场增长的主要因素包括生物育种技术进步、消费升级带动高品质蔬菜种子需求增加等。

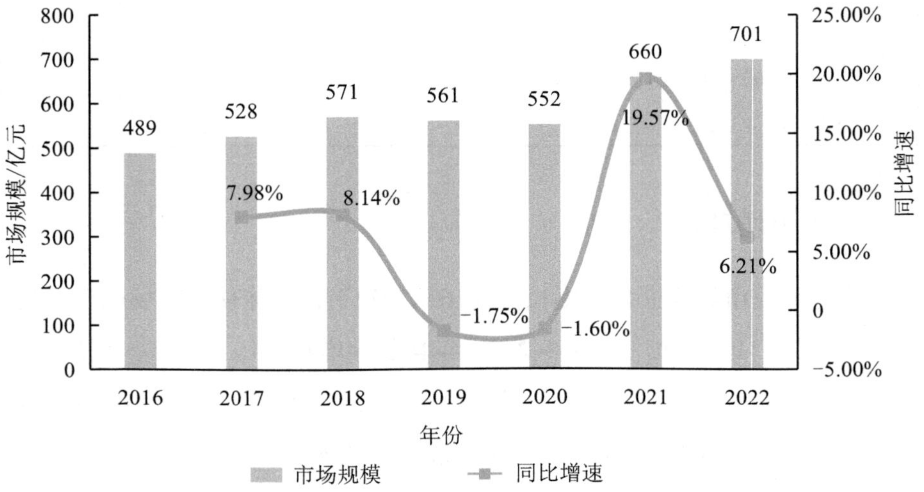

图6-3 2016—2022年中国种业市场规模

数据来源：Kynetec、先正达集团股份有限公司招股说明书、亿渡数据。

三、国际环境

种子领域贸易逆差显著。对2017—2023年中国农作物种子贸易差额的深入分析显示，中国农作物种子连续几年呈现贸易逆差，逆差额介于132348.59万元至181690.66万元之间。具体来看，谷类作物种子、豆类作物种子及薯类作物种子维持着贸易顺差，尤其是谷类作物种子，其顺差规模呈现出波动上升的趋势；而牧草种子、蔬菜类种子、经济作物种子和花卉类种子则处于贸易逆差状态，特别是蔬菜类种子，其逆差规模呈现出波动上升的趋势（见表6-5）。

表6-5 2017—2023年中国农作物种子贸易差额

单位：万元

年份	豆类作物种子贸易差额	谷类作物种子贸易差额	薯类作物种子贸易差额	经济作物种子贸易差额	牧草种子贸易差额	花卉类种子贸易差额	蔬菜类种子贸易差额	合计
2017	3756	32452	741.51	-19265	-77486	-15678	-57611	-133090.49
2018	4590	43174	1050.53	-35482	-81557	-15149	-69893	-153266.47
2019	3284	40271	971.00	-27710	-74400	-15074	-73775	-146433.00
2020	2923	53777	1303.94	-26355	-72023	-9128	-83554	-133056.06
2021	3190	57653	630.38	-41286	-104740	-7251	-82707	-174510.62
2022	3722	52641	477.34	-19535	-119158	-7316	-92522	-181690.66
2023	3373	61834	710.41	-17649	-77098	-6211	-97308	-132348.59

数据来源：海关总署。

注：正数表示贸易顺差，负数表示贸易逆差。

种业竞争力较弱。中国种业的发展相对较晚且发展不均衡，导致国内优质种子的生产成本高于国际平均水平。此外，中国在种子管理法律法规的执行上存在不足，对优质种子的保护措施不够完善。尽管种子企业在新品种研发上投入了大量资金，但这些科技成果往往未能有效转化为经济收益，从而影响种子企业研发的积极性。在国际市场上，大量外国种子涌入中国市场，导致中国农作物种子贸易长期处于逆差状态。

种子严重依赖进口。进口方面，美国、智利和丹麦是中国农作物种子进口的前三大来源国，占中国农作物种子总进口额的50%（见图6–4）。出口方面，巴基斯坦、荷兰、美国以及菲律宾是中国农作物种子主要出口国家（见图6–5）。2022年，前十大出口目的国中，巴基斯坦等国以水稻种子为主，而荷兰等国则更偏向于蔬菜类种子和草本花卉类种子。从结构来看，水稻种子出口量最大，蔬菜类种子出口额最高。2022年水稻种子出口量为2.30万吨，占出口总量的74%，主要流向亚洲国家如巴基斯坦、菲律宾、越南；蔬菜类种子则在出口额上领先，达到1.34亿美元，同比增长16.6%，主要出口至荷兰、美国、韩国等国家。

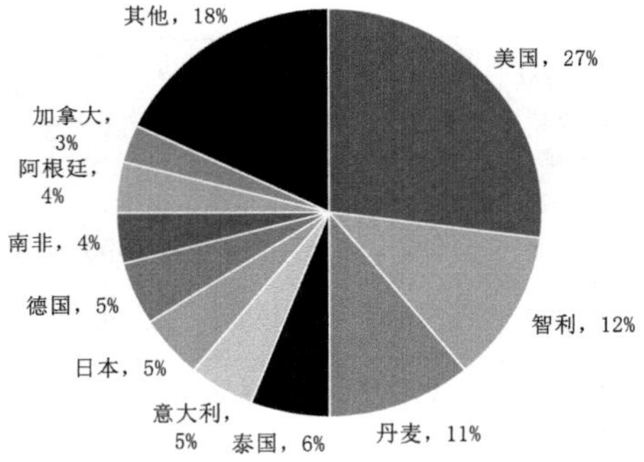

图6–4　2022年农作物种子主要进口来源国

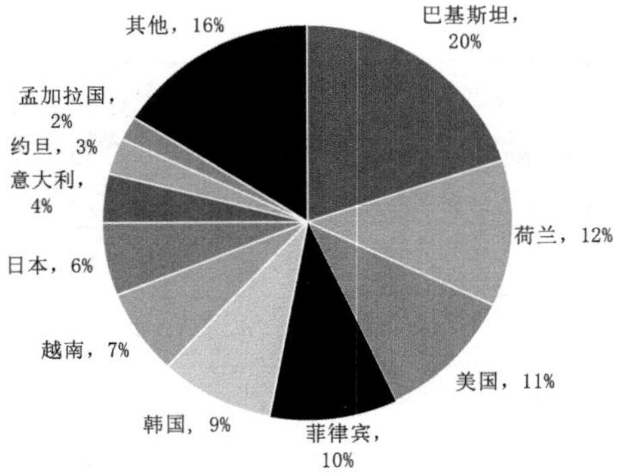

图6–5　2022年农作物种子主要出口目的国

数据来源：《2023年中国农作物种业发展报告》、海关总署。

第二节　种业发展模式

一、种业育种模式

种业育种技术的演进历程分为四大阶段：最初为1.0时代的传统农家育种；随后步入2.0时代，实现了常规育种，如杂交育种、诱变育种等多种方式；到了3.0时代，迎来分子育种（又称“基因工程育种”）的革新，涉及分子标记、转基因及基因编辑等高级技术（见图6–6）；随着基因编辑、合成生物学及计算生物学等多学科融合，发达国家正迈入智能育种的4.0时代，整合生物技术、人工智能技术与大数据技术。我国虽然整体上仍处于2.0时代至3.0时代的过渡阶段，但在分子育种的底层科研技术领域，与国际先进水平的差距并不大。

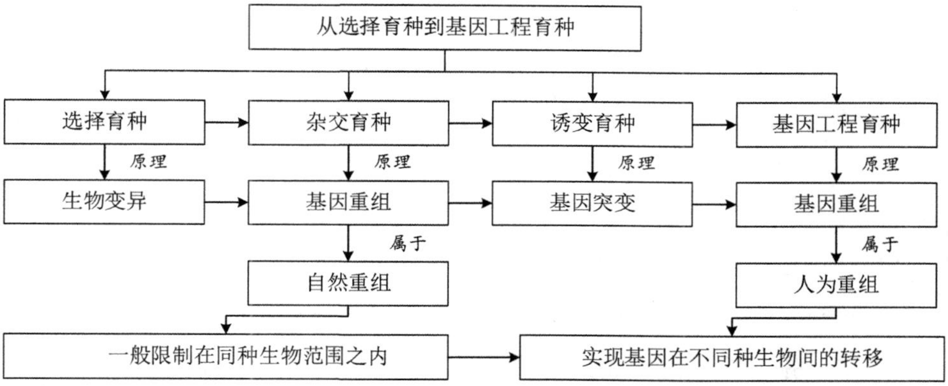

图6–6　从选择育种到基因工程育种技术路线图

（一）分子育种优势显著

传统农作物育种（2.0时代）以杂交育种为主，依赖经验与技术成熟度。而3.0时代的分子育种基于全基因组序列设计，通过优化亲本组合、转基因、基因编辑及分子标记等技术，聚合有益基因，培育出高产、优质、抗病、高效的新品种。由表6–6可知，与传统育种相比，分子育种实现了从“经验”到“精确”的跨越，减少了盲目性，提高了育种效率。

表6-6　几种常用育种方法对比

常用育种方法	杂交育种	诱变育种	单倍体育种	多倍体育种	基因工程育种
原理	基因重组	基因突变	染色体数目变异		DNA重组技术
处理方法	先杂交后连续自交，选优	用化学或物理方法处理生物	花药离体培养，染色体加倍	用秋水仙素处理萌发的种子或幼苗	运用基因工程将目的基因导入受体细胞并得以表达
优点	将优良性状集中到一起	能提高突变率，加速育种进程	可获得纯合体，明显缩短育种年限	器官巨大、营养价值高等	目的性强，育种时间短，克服了远缘杂交不亲和的障碍
缺点	育种年限长，需及时发现优良性状	需处理大量生物材料	技术难度大	发育迟缓，结实率低	有可能产生一些负面影响，如生物安全受威胁
应用	杂交水稻、杂交玉米等	太空椒等	矮秆抗病小麦等	三倍体无籽西瓜、八倍体小黑麦等	转基因棉花、转基因玉米等

（二）先进技术育种成果显著

杂交水稻育种贡献巨大。我国的杂交水稻育种技术在国际上处于领先水平，经历了从三系法杂交水稻技术到两系法杂交水稻技术，再到第三代杂交水稻技术的发展历程。50年来，我国杂交水稻在国内累计推广面积达90亿亩，累计增产稻谷超8000亿千克。广东省培育了多种优质的杂交水稻品种，造就了“中国籼稻，广东种芯”的“粤稻现象”。例如，广东省农业科学院水稻研究所选育或合作选育的8个水稻品种进入了全国推广面积前十名，其中黄华占连续多年领跑全国籼稻推广面积排行榜。

转基因技术研究成果显著。转基因技术已成为全球范围内生物育种领域的核心技术，其中美国处于领先地位，实现了转基因作物的广泛商业化应用。中国是第二转基因技术研发大国，早期推动转基因棉花种植，然而，自2010年以来，国内对转基因玉米的商业化态度变得谨慎，导致我国转基因商业化进程减缓。不过，近年来我国在转基因技术研究方面取得了显著进展，已有多个转基因玉米和大豆品种获得了生产应用的安全证书（见表6-7）。另外，2023年我国玉米大豆生物育种产业化试点范围进一步扩大，涵盖河北、内蒙古、吉林、四川等省区，转基因作物商业化进程正稳步向前推进。

表6-7　2023年农业转基因生物安全证书（生产应用）批准清单（部分）

序号	申报单位	项目名称	有效区域
1	北京大北农生物技术有限公司	转cry1Ab和epsps基因抗虫耐除草剂玉米DBN9936生产应用的安全证书	全国
2	杭州瑞丰生物科技有限公司	转cry1Ab/cry2Aj基因抗虫玉米瑞丰125生产应用的安全证书	北方春玉米区、西北玉米区、黄淮海夏玉米区
3	中国种子集团有限公司	聚合cry1Ab、pat、mepsps基因抗虫耐除草剂玉米Bt11×GA21生产应用的安全证书	全国
4	北京大北农生物技术有限公司	转epsps和pat基因耐除草剂大豆DBN9004生产应用的安全证书	全国
5	隆平生物技术（海南）有限公司	转cry2Ab、cry1Fa、cry1Ab和epsps基因抗虫耐除草剂玉米LP026-2生产应用的安全证书	全国
6	浙江新安化工集团股份有限公司	转cry1Ab和am79epsps基因抗虫耐除草剂玉米WYN041生产应用的安全证书	全国
7	新疆国欣种业有限公司、中国农业科学院生物技术研究所	转gr79epsps和gat基因耐除草剂棉花GGK2生产应用的安全证书	黄河流域、西北内陆

资料来源：农业农村部。

基因编辑技术育种取得新突破。基因编辑技术研究作为生命科学领域的尖端研究，近年来备受瞩目，其中美国和中国处于技术前沿。如美国的抗磺酰脲类除草剂油菜SU Canola是首个商业化种植的成功案例，并在美国大面积推广。中国科学院遗传发育所和微生物所的研究人员通过多重基因组编辑，对小麦感病基因MLO的遗传点位进行精准操控，成功赋予主栽小麦品种广谱抗白粉病的优异性状（见表6-8），给作物育种领域带来了新的突破。

表6-8　国内外基因编辑技术部分研发及应用情况

国家	研发及应用情况
美国	抗磺酰脲类除草剂油菜SU Canola是全球第一个商品化的基因编辑作物，2015年在美国4000公顷的土地上进行了商业化种植
	总部位于北卡罗来纳州的Pairwise，已成功展示了多种作物的编辑成果，其中玉米、大豆和绿叶蔬菜新品种这3种基因编辑作物已经完成了田间试验
	宾夕法尼亚州立大学的研究人员使用CRISPR-Cas9技术在水稻中进行单核苷酸编辑，而不引发DNA双链断裂
中国	中国农业科学院应用基因编辑技术，推动第三代作物杂交育种技术的发展，将选育新的核不育杂交种的时间从传统的6～8年缩短到1～2年
	中国科学院遗传发育所和微生物所的研究人员通过多重基因组编辑，实现对小麦感病基因MLO相关遗传点位的精准操控，使主栽小麦品种快速获得广谱抗白粉病的优异性状
日本	2021年日本公司Sanatech Seed推出了经过基因编辑的番茄，研究者敲除了番茄中分解γ-氨基丁酸的酶对应的基因，从而使得番茄中的γ-氨基丁酸含量提高

（三）智能育种潜力巨大

智能育种融合了生物技术、人工智能技术与大数据技术，具有提高育种效率、精准选择与设计等优势，是未来发展趋势。2020年拜耳在美国亚利桑那州设立的自动化温室实现数字化育种流程整合，加速玉米新品种研发；2024年中国农业科学院与阿里巴巴达摩院共同推出的智慧育种平台，已助力全球23家科研机构，推动育种数据处理的全流程革新；广东省则通过种业大数据管理中心，运用大数据和云计算技术，全面梳理种质资源数据，为种业发展提供决策支持。

二、种业组织模式

种业公司在现代种业组织模式中处于核心地位。种业公司是整个产业链的龙头和核心，主要负责种子的研发、选育和引进，确保种子的质量和适应性。研发方面，种业公司利用自身的技术优势和市场信息，开发出符合市场需求的新品种，并通过专利权或品种权保护其研发成果。市场推广方面，种业公司通过建立品牌、营销网络和售后服务体系，将种子产品推向市场，同时，与合作社建立合作关系，通过合作社将种子产品和种植技术传递给农户。此外，种业公司还负责制定种子的收购标准和价格，确保农户的种植成果能够得到合理的回报。

合作社在现代种业组织模式中扮演桥梁角色。合作社作为连接种业公司和农户的桥梁，其运作过程主要是组织和协调农户进行种子的生产和种植。一是组织作用。合作社根据种业公司提供的种子和技术指导，组织农户按照标准化、规模化的方式进行种植，确保种子的质量和产量。二是反馈作用。合作社还负责收集和反馈农户在种植过程中遇到的问题和需求，与种业公司进行沟通，协助种业公司改进种子产品和种植技术。三是协助作用。在收获季节，合作社协助种业公司进行种子的收购、加工和包装，确保种子能够顺利进入市场。四是信息服务。合作社还为农户提供种植技术培训、市场信息和金融服务，帮助农户提高种植效率和抵御风险的能力。

农户在现代种业组织模式中发挥执行作用。农户在种业中的运作过程是按照合作社的组织和种业公司的技术指导进行种子的种植和管理。一是种植和田间管理。农户利用自身的土地和劳动力资源，根据种业公司提供的种子和种植技术，进行播种、施肥、病虫害防治和田间管理。二是确保种子质量和符合种植标准。在种植过程中，农户需要严格按照种业公司和合作社的要求，保证种子质量和符合种植标准。三是加工和包装。在收获季节，农户将收获的种子按照种业公司的标准进行初步处理后，交给合作社进行进一步的加工和包装。农户通过种植种子获得的收入，不仅包括种子的销售收入，还可能包括合作社提供的种植补贴等额外收益，在种植过程中积累的经验和技能也有助于提高自身的种植水平和市场竞争力。

三、种业营销模式

“互联网+种业营销”正成为行业新运营模式。在“互联网+”的浪潮下，电子营销正深刻改变我国种业销售的传统格局，成为推动企业盈利增长的新动力。种子企业面对这一机遇，纷纷将互联网作为重要的营销平台，选择自主运营或委托运营进行营销（见表6-9）。种子企业需审慎评估自身的发展阶段、资源状况及资金实力，以选取最匹配的网络运营模式，确保品牌品种的广泛传播和种植全程服务方案的有效实施。这种转型不仅有助于提升企业的市场竞争力，也是实现可持续发展的重要途径。

表6-9 种子企业企业互联网营销模式

模式	定义
自主运营	由企业搭建网络运营平台，以种子企业为运营载体，搭建以企业官网、App、微信公众号、视频号等为主的整体交易及管理平台，辅助种植全程服务方案的推广，也可与淘宝、天猫、京东、拼多多和微商等公众平台联合，通过公众平台提升入口引流的影响力和辐射力
委托运营	主要授权委托第三方网络服务推广平台来推广种子企业的种植全程服务方案，利用第三方平台在目标区域市场需求明晰、物流配送方便、团队服务人员能力高等优势来实现自身推广的目的。在利用第三方平台时，要提升自身资源整合能力及系统化管理水平

电商营销应用正成为行业新趋势。越来越多的种子企业在电商营销的实际应用中取得成功。通过不断创新和利用新技术，这些公司能够更好地满足客户需求，提高销售效率，并在竞争激烈的市场中保持竞争力。例如，先锋种业（Pioneer Hi-Bred）积极采用电商营销模式，建立了一个在线平台，为农民提供种子产品和专业建议。通过该平台，农民可以轻松查找适合其地区和需求的种子，并在线下单。这一举措大大提高了客户满意度，同时也增加了销售额。中种国际利用“飞翔的迪卡玉米”公众号、视频号、小程序等平台，建立了品牌产品库与知识库，在多个媒体平台发起田间观摩直播，通过视觉化和专业度结合的方式，让受众获得对种子种植过程及种植效果的亲身体验。借助互联网平台，中种国际覆盖全国90%的玉米种子市场，拥有1.8亿亩农田、15000家零售网点，服务4000万种植农户。种子企业互联网营销成功案例如表6-10所示。

表6-10　种子企业互联网营销成功案例

公司	案例
先锋种业	积极采用电商营销模式，建立了一个在线平台，为农民提供种子产品和专业建议。通过该平台，农民可以轻松查找适合其地区和需求的种子，并在线下单。这一举措大大提高了客户满意度，同时也增加了销售额
先正达集团（Syngenta）	利用社交媒体和数字广告来宣传品种，并与农民建立联系。这种数字化的营销策略帮助Syngenta更好地理解市场需求，提高了品牌知名度
拜耳作物科学（Bayer Crop Science）	通过移动应用为农民提供种子选择建议和生长指南。这一应用不仅提供实时的农业信息，还允许农民直接与公司互动，提出问题和反馈建议
中种国际	利用“飞翔的迪卡玉米”公众号、视频号、小程序等平台，中种国际建立了品牌产品库与知识库；在多个媒体平台发起田间观摩直播，通过视觉化和专业度结合的方式，让受众获得对种子种植过程及种植效果的亲身体验。借助互联网平台，中种国际覆盖全国90%的玉米种子市场，拥有1.8亿亩农田、15000家零售网点，服务4000万种植农户

四、种业盈利模式

开发“免耕农业”配套模式。众多国际农业巨头普遍采用将转基因种子与特定农药相结合的策略，形成了“除草剂+耐除草剂种子”的“免耕农业”配套模式。在这种模式下，耐除草剂特性成为转基因种子不可或缺的属性，这也使得科迪华和孟山都的转基因种子与农药业务相得益彰。

开创“基因收费”新模式。该模式由孟山都开发，将转基因技术的使用权与种子销售相结合，种子价格由种子成本和基因使用费两部分组成。孟山都通过向农民销售转基因种子并收取额外的基因使用费来实现盈利。在阿根廷和巴西等南美市场，这种模式为孟山都带来了显著的经济效益。此外，孟山都要求购买者签署协议，不得私自留存种子，违反者将面临高额赔偿和法律诉讼。这种模式不仅改变了种业市场的传统运作方式，也引发了关于种子所有权和农民权益的广泛讨论。

第三节　种业产业链SCP范式研究分析

种业作为农业的“芯片”，其种子质量直接影响经济效益，种子的研发选育和采摘作为种业上游是重中之重，同时涉及化肥和农药产品的使用，研究院、高校研究所以及种子研究企业等为主要参与者；种业中游为种子的生产和销售；种植业、林业等行业领域的应用为种业下游。

一、种业市场结构分析

（一）上游：中国农药和农机市场集中度低

全球农药市场呈寡头垄断格局，中国农药市场集中度较低。2022年全球农药市场CR5[①]高达75%，中国农药市场CR5仅约为16%。安道麦股份有限公司（简称“安道麦”）、江苏扬农化工股份有限公司（简称“扬农化工”）、山东潍坊润丰化工股份有限公司（简称“润丰化工”）、中农立华生物科技股份有限公司（简称“中农立华”）和嘉和生物药业有限公司（简称“嘉和生物”）等公司是我国农药行业主要企业。其中，安道麦在国际市场上的竞争力较强，全球市场份额占比为6.5%，国内市场份额占比超7%，扬农化工、润丰化工等其余4家公司国内市场份额各在2%左右，营业额超过10亿元的农化企业数量在稳步增加。2022年中国农药市场结构如图6–7所示。

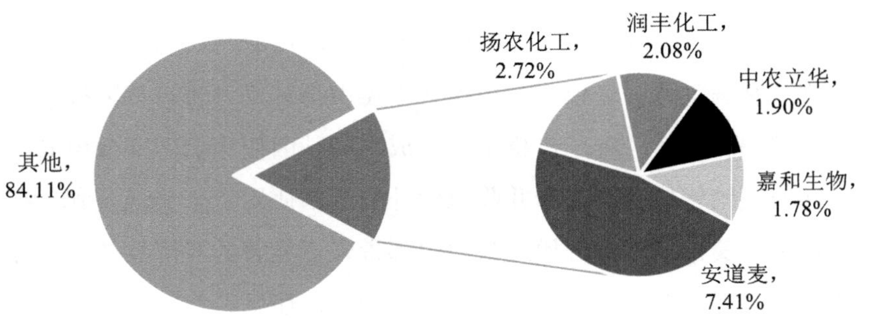

图6–7　2022年中国农药市场结构

① CR5指行业内业务规模前5名的公司所占的市场份额。

全球农机市场集中度呈上升趋势，中国农机市场集中度比较低。全球农业机械行业已形成巨头规模化竞争和中小企业专业化竞争并存的局面。总体来看，行业集中度近10年来呈上升趋势，全球农机市场由约翰迪尔、凯斯纽荷兰环球、爱科、克拉斯和久保田等五大农机跨国公司巨头主导，这五大厂商在全球农机市场的占有率高达约48%，前四大农机生产巨头（约翰迪尔、凯斯纽荷兰环球、爱科、克拉斯）的市场占有率甚至高达40.8%或更多，显示出市场的高度集中。目前，我国农业机械制造企业数量超过8000家，市场整体呈现小、散、乱的格局，生产企业数量较多且竞争激烈，市场集中度较低。具体来看，潍柴雷沃重工股份有限公司的市场份额占比最高，约占5%，吉峰三农科技服务股份有限公司的市场份额仅为1%左右，市场竞争激烈。

（二）中游：中国种企竞争充分，广东蔬菜种子竞争力强

全球种企市场集中度高，中国种企市场集中度低。早在2020年，全球种业中前5名龙头企业（拜耳、科迪华、先正达、巴斯夫、利马格兰）的市场份额合计占比已达52%，中国前7名种业企业市场占有率在2022年仍低于10%。2022年国内种子经营利润前5名的企业实现利润8.9亿元，较2021年增加0.98亿元；前10名企业实现利润13.7亿元，较2021年增加2.01亿元，市场集中度呈上升态势，但仍远低于全球平均水平。当前，我国种业国际地位低，充分竞争局面仍未改变。全球农作物种业企业排名中，仅有先正达和袁隆平农业高科技股份有限公司（简称“隆平高科”）两家中国企业跻身前十，大部分国内种业企业在规模与竞争力上存在明显不足。与全球种业龙头企业相比，中国种业企业在研发投入方面存在明显差距。研发投入的不足限制了企业技术创新能力和市场拓展速度，进而影响了市场集中度的提升。

中国种企总体规模偏小，龙头企业数量较少。广东鲜美种苗股份有限公司（简称“鲜美种苗”）、绿亨科技集团股份有限公司（简称“绿亨科技”）、隆平高科、合肥丰乐种业股份有限公司（简称“丰乐种业”）和安徽荃银高科种业股份有限公司（简称“荃银高科”）等企业是我国种业主要代表性企业。目前，隆平高科、北大荒农垦集团有限公司（简称“北大荒集

团”）和江苏省农垦农业发展股份有限公司（简称“苏垦农发”）等第一梯队企业注册资本超过10亿元；荃银高科、丰乐种业、甘肃省敦煌种业集团股份有限公司（简称“敦煌种业”）和山东登海种业股份有限公司（简称“登海种业”）等企业注册资本在5亿～10亿元之间，位于第二梯队；新疆塔里木农业综合开发股份有限公司（简称“新农开发”）等企业注册资本少于5亿元，位于第三梯队，其余中小企业注册资本不足5亿元。2022年中国种业前5名企业销售额占比情况如图6–8所示，CR5仅为10.62%，市场集中度较低，众多小规模企业占据89.38%的市场份额。其中，隆平高科销售额全国第一，占市场销售总额的4.27%，广东省企业鲜美种苗因蔬菜瓜果种子业务表现突出，销售额占比达1.52%，居全国第四位。

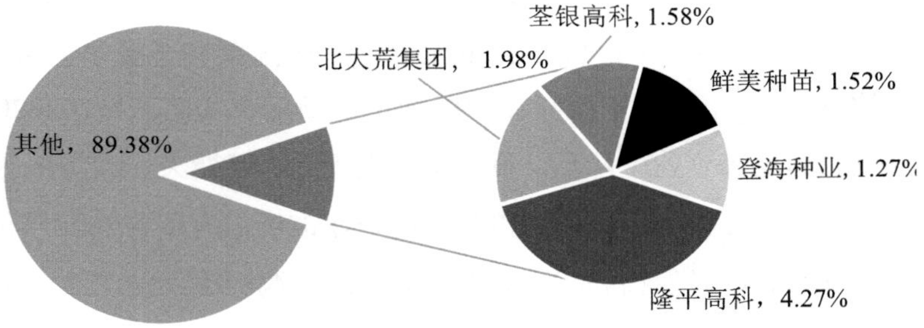

图6–8　2022年中国种业前5名企业销售额占比情况

数据来源：中商产业研究院。

全球蔬菜种子市场集中度相对偏低，广东种企具有一定的竞争优势。蔬菜种子市场前三大公司（利马格兰、拜耳、先正达）占据全球蔬菜种子销售额的29%左右，拜耳蔬菜种子业务收入占其总收入的比重为8%左右，科迪华蔬菜种子业务收入占比则不足4%，因而该细分市场对于国内种子企业仍有较大的竞争机会和空间。广东省企业鲜美种苗是国内蔬菜种业的龙头企业和主要蔬菜种子供应商，蔬菜和花卉种子等高附加值产品的收入占据其全部业务收入的八成左右。因此，广东省可以充分借助其在蔬菜种子市场具有的竞争力，凭借得天独厚的自然条件，着力发展蔬菜种子业务，投入研发一批具有差异化竞争力的蔬菜种子，进而在国际市场中占据更多市场份额。

（三）下游：玉米种植集中度下降，水稻种植集中度稳中有升

玉米种植市场集中度呈下降趋势。玉米作为我国种植面积最广的农作物，其2022年的推广种植总面积达到4.4427亿亩。近20年来，玉米种植集中度（CR5）呈现出明显的阶段性变化趋势。具体来说，2001—2010年，玉米种植集中度连续波动上升，其间平均集中度达到32.4%。自2010年起逐年下降，直至2022年降为15.56%，达到近20年来最低水平（见图6-9）。这一变化反映了玉米种植市场竞争格局的动态演变。

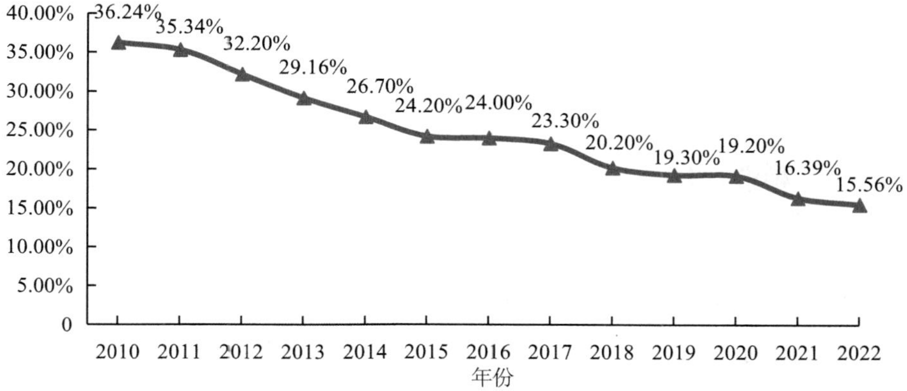

图6-9　2010—2022年中国玉米种植集中度（CR5）

数据来源：《2023年中国农作物种业发展报告》。

水稻种植市场集中度稳中有升。2022年，杂交水稻品种的推广种植总面积为1.5585亿亩，常规水稻品种的推广种植总面积为1.3882亿亩。党的十八大以来，杂交水稻种植集中度（CR5）稳定在8.30%～12.50%内，近两年有所上升，2020年为10.00%，2022年上升至12.49%；相对于杂交水稻，常规水稻种植集中度（CR5）整体偏高。自2010年后，常规水稻种植集中度呈现波动增长趋势，并在2017年达到历史峰值26.20%。2017—2020年总体呈下降趋势，2020年下降至21.20%，随后波动上升，2022年上升至23.67%（见图6-10）。

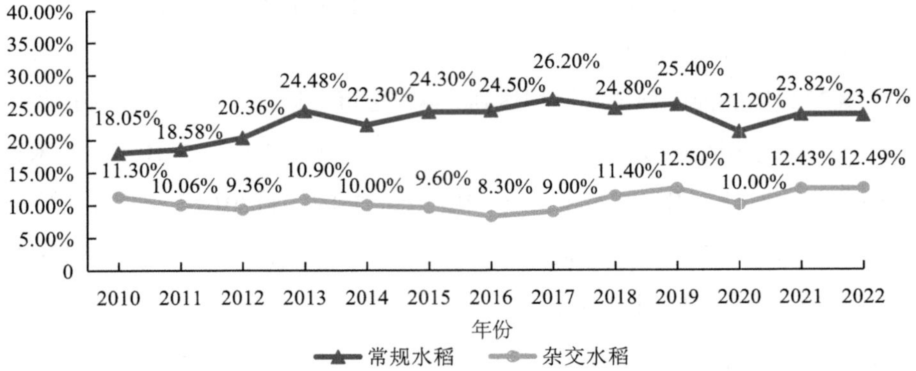

图6-10　2010—2022年中国水稻种植集中度（CR5）

数据来源：《2023年中国农作物种业发展报告》。

二、种业市场行为分析

（一）持续加大科研投入，深耕种子研发创新

产品研发创新是企业在市场中得以保持高竞争力的重要因素。拜耳研发投入位居前列，国内种企投入相对较低。从全球四大农化巨头的研发投入来看，排在首位的拜耳年研发投入达20亿欧元，研发投入总额占营业收入的比例达10.6%，其中，种子与性状的研发投入超过12亿欧元，折合人民币约为93.6亿元。而国内种业上市公司中，唯有研发投入总额占营业收入比例最高的隆平高科能与跨国种业公司相比，研发投入长年平均占比10%左右，超过国内同行水平，其余国内主要上市公司的研发投入占比大多在8%以下。登海种业专注紧凑型杂交玉米研发，成功完成五代杂交种的更新换代，两次刷新世界夏玉米产量纪录。该公司作为育繁推一体化的先行者，拥有6个国家级和3个省级研发平台、3000多亩育种试验田、2万多平方米温室以及100多套仪器设备。在研发投入上，登海种业2019—2023年的年平均研发投入接近7000万元（见图6-11），展现了其持续的创新能力。

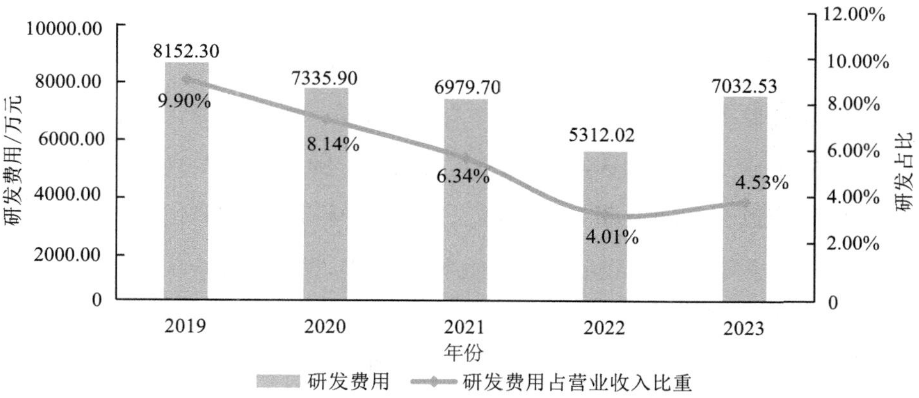

图6-11　2019—2023年登海种业研发费用投入情况

数据来源：登海种业年报。

（二）聚焦产业链建设，布局海外共研共育

隆平高科专注农作物种子与产业链服务，在水稻、玉米和蔬菜等种子领域表现突出。该公司拥有一个由中国种业十大杰出人物领衔的育种团队，团队有450余人，占员工数量的17.5%；在巴西、美国、巴基斯坦和菲律宾等多个国家建有水稻、玉米、蔬菜、谷子和食葵育种站超过50个，试验基地总面积达1.2万亩。在研发投入方面，隆平高科近5年研发投入占比稳定在10%左右，显著高于国内同行，已累计获得授权植物新品种权600余件，主要农作物种子的研发创新能力居国内领先水平。同时，隆平高科积极响应“一带一路”倡议，坚定推进国际化战略，在东南亚、南亚、南美等地区的多个国家布局海外研发中心，形成了以隆平高科（三亚）海外研发中心为中心，辐射菲律宾、越南、巴基斯坦等国家的杂交水稻研发网络。这些海外研发中心利用当地的优异种质资源，开展杂交水稻本地化研究，探索和培育适合当地种植的杂交水稻新品种。通过“研发先行，产业跟进”的战略，隆平高科在目标国选育出优良的品种后再逐步开展商业化布局，有效推动了杂交水稻在全球范围内的推广和应用。此外，我国种业企业正积极与国际同行开展合作与交流，通过共建研发中心、联合育种和技术引进等方式，提升自身在全球种业市场的竞争力。中种国际已在孟加拉国建立了作物适应性研发中心，标志

着其出海战略落地的重要一步。

（三）整合市场优质资源，提升区域竞争优势

实施兼并收购，巩固市场地位。“数量众多、规模偏小、分散经营”的困境迫使种业企业并购加速。党的十九大以来，随着种业振兴行动的深入实施，我国种企掀起并购浪潮。2022年，北京创种科技以6.885亿元收购云南大天；2023年，荃银高科通过收购新纪元种业67.9%股权，进一步巩固其在玉米种子市场的地位；2023年7月，国投集团斥资40亿元成立的国投种业与合肥建设签署协议，成为丰乐种业的控股股东，进一步深度布局种业市场。这些并购事件不仅推动了种业的整合发展，也为中国种业市场的未来格局注入了新的活力。此外，隆平高科通过收购巴西的特定玉米种子业务，成功引入南美热带亚热带种质资源，并在国内建立育种站进行新品种的研发和推广。目前，隆平高科的巴西玉米种子业务占巴西市场份额的20%，在巴西位居前三，且正积极开拓其他南美市场。

整合优质资源，加速市场扩张。隆平高科积极响应“一带一路”倡议，加大海外市场拓展力度。公司通过收购巴西等海外资产、建立海外研发中心等方式，积极融入全球种业市场。为实现进入世界种业前五强的目标，隆平高科于2007年全资收购湖南亚华种业，实现扭亏为盈。此后，通过控股湖南隆平种业，收购天津德瑞特、广西恒茂农业、河北巡天农业及北京联创种业等公司，持续扩大市场份额。进入“十四五”时期，该公司采用内生增长与外延并购双轨并行策略，进一步加快市场扩张步伐。2022—2023年，隆平高科完成多起重要并购，控股隆平发展并与北京联创种业重组上市，收购福建科力种业等。2023年8月，为加强西南玉米种子市场布局，隆平高科收购云南宣晟种业51%股权，持续巩固区域竞争优势。隆平高科主要并购事件如表6–11所示。

表6-11 隆平高科主要并购事件

年份	主要并购事件
2015	收购天津德瑞特，进一步扩充其在蔬菜瓜果领域的实力
2017	完成对国内惠民农业、优至种业、三瑞农科、巡天农业等优秀企业的并购，参与投资巴西玉米种子业务（启用LP Sementes品牌），进一步拓展企业品牌矩阵，提升和丰富公司国际化品牌形象
2018	收购联创种业90%股权，强化公司国内玉米种子业务布局
2022	与北京联创种业实现战略重组上市
2023	收购福建科力种业51%股权，收购隆平发展7.14%股权，收购云南宣晟种业51%股权，拓展公司在西南区域的战略布局

资料来源：隆平高科公司公告、西部证券研发中心。

三、种业市场绩效分析

随着农业科技的进步和现代农业技术的广泛应用，我国种业市场绩效得到了进一步提升。从质量层面来看，农作物的产量和质量得到了提高，满足了日益增长的市场需求；从技术层面来看，转基因生物技术在育种方面的应用不断强化，我国转基因作物商业化进程逐渐提速；从市场层面来看，种子企业盈利能力和市场集中度不断提升。

（一）国际种业巨头营收超过千亿元，广东种企营收在10亿元徘徊

全球十大种企营收超90%，国内玉米、水稻等领域表现出色。自2015年以来，国际种业市场迎来新一轮整合并购潮，目前已形成德国、美国、中国三足鼎立之势，全球排名前十的种子企业销售额占据全球种子销售额的90%以上。在综合类种子方面，拜耳、科迪华、先正达、巴斯夫、利马格兰等企业凭借其在种子领域的卓越表现，稳居行业前列。在蔬菜种子方面，瑞克斯旺、泷井、坂田种苗、科沃施等企业营业收入表现强劲；在大米、小米、葵花籽等领域，隆平高科表现亮眼。2022年全球种子行业前十企业销售情况如表6-12所示。

表6-12　2022年全球种子行业前十企业销售情况

企业	所属国家	销售额/亿美元	产品类型
拜耳	德国	97.71	玉米、大豆、小麦、蔬菜种子等
科迪华	美国	89.79	玉米、大豆、蔬菜种子等
先正达	中国	47.00	玉米、大豆等
巴斯夫	德国	19.74	玉米、大豆、蔬菜、花卉种子等
利马格兰	法国	16.73	大豆、棉花、蔬菜种子等
科沃施	德国	16.24	小麦、玉米、蔬菜种子等
丹农种子	丹麦	13.08	甜菜、玉米、谷类种子等
坂田种苗	日本	5.97	蔬菜、花卉种子及各类草种
瑞克斯旺	荷兰	5.63	蔬菜、花卉种子等
隆平高科	中国	4.45	蔬菜种子等

资料来源：种业商务网。

国际种业巨头营收超千亿元，国内种企有望突破40亿元。科迪华在种子业务上位列第二，2023年科迪华总销售额为172.26亿美元（约1240.27亿元人民币）[①]，其种子业务销售额为94.5亿美元（680.4亿元人民币），较2022年增长5%；隆平高科作为国内最大的种业龙头，长期致力于水稻种子培育工作，世界种企排名第十，2018—2022年营业收入从35.80亿元增长至36.89亿元，年均复合增长率为0.75%，预计未来有望突破40亿元；登海种业作为玉米种子引领者，相较于国际种业巨头以及隆平高科，2022年营业收入突破10亿元，达到13.26亿元，2018—2022年的年均复合增长率高达14.89%，具有较强的成长潜力。科迪华与隆平高科、登海种业营收入情况对比如图6-12所示。

① 以1美元=7.2元人民币换算。

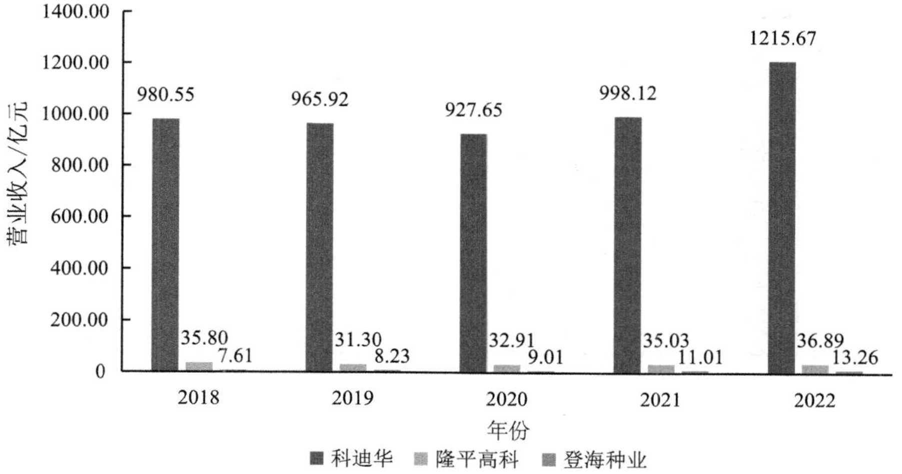

图6-12　2018—2022年科迪华与隆平高科、登海种业营业收入情况对比

数据来源：各公司公告。

广东种企营收增长乏力，营收规模长期低位徘徊。鲜美种苗是国内瓜果蔬菜种子领域的龙头企业之一，2018年营业收入为8.49亿元，2022年营业收入为10.49亿元，年均复合增长率为5.43%，与其他龙头种企相比，区域影响力不足，未充分发挥其区域科研优势和种质资源优势，营收规模小；绿亨科技专注于农药产品和蔬菜种子研发，由于成立时间较晚，营收规模仍处于较低水平，销售增长较为缓慢，2018—2022年营业收入维持在3亿元左右（见图6-13）。

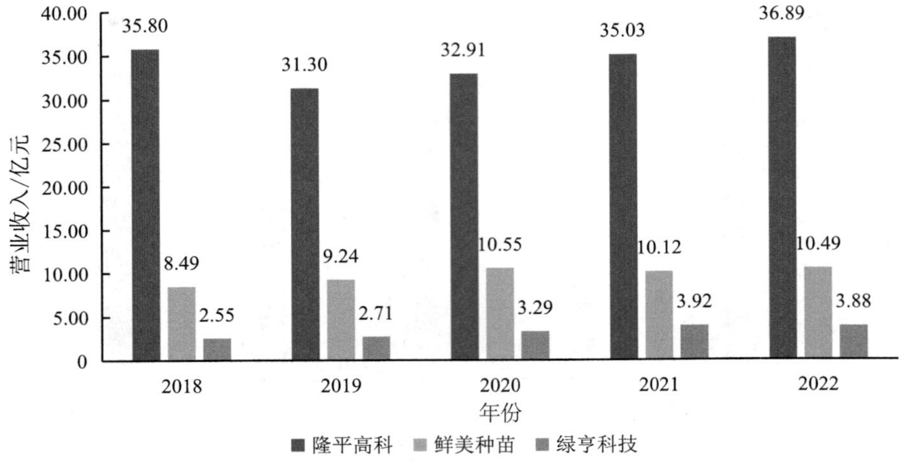

图6-13　2018—2022年鲜美种苗、绿亨科技与隆平高科营业收入情况对比

数据来源：各公司公告。

（二）龙头企业毛利率高，广东绿亨科技业绩出色

国际龙头科迪华凭借其强大的研发实力、国际影响力，业务拓展至全球各地，具有强劲的竞争优势；而国内龙头隆平高科毛利率从2018年的45%左右下降至2022年的33.31%，登海种业2022年毛利率为31.89%，几乎与隆平高科持平，这主要是因为国内众多种子企业崛起，市场竞争较为充分（见图6-14）。从广东省来看，绿亨科技种子毛利率表现亮眼，超过隆平高科和登海种业，增长势头强劲。

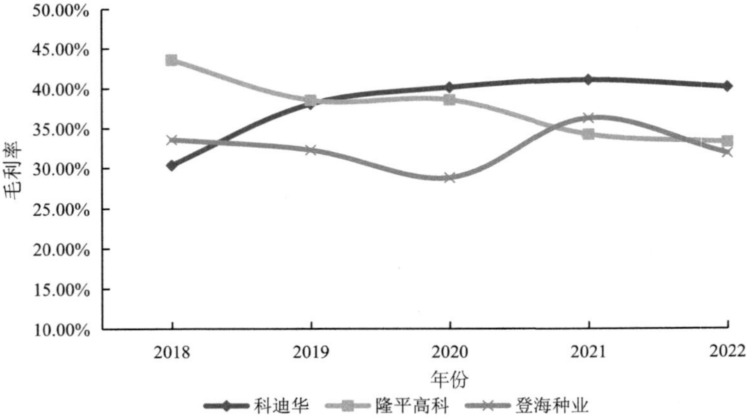

图6-14　2018—2022年国内外龙头种企盈利能力对比

数据来源：各公司公告。

（三）全球育种技术持续突破，创新品种培育进程加速

国际龙头育种技术先进，种子性状持续改善。拜耳、先正达等国际企业致力于通过先进育种技术培育出提高作物产量和品质、增强作物抗逆性和适应性的种子品种，在育种方面投入大量资本和人力。例如：拜耳的大豆种子AG43X8采用了Roundup Ready 2 Xtend®技术，提高了产能和出苗率；先正达的玉米杂交品种Golden Harvest® G10A20-3120 E-Z Refuge®具有Agrisure® 3120性状堆栈，不仅可以防止地上和地下昆虫，还能增强对多种除草剂的耐受性；巴斯夫的长粒水稻品种Clearfield® CL 153具有高产潜力、良好的碾磨质量和对多种除草剂的耐受性。国际种业龙头代表性种子品种如表6-13所示。

表6-13　国际种业龙头代表性种子品种

企业	产品名称	品类	简介
拜耳	AG43X8	大豆种子	具有高产潜力、出苗率高、耐白霉病和猝死综合征等特点。采用Roundup Ready 2 Xtend® 技术，可同时耐受麦草畏和草甘膦除草剂
先正达	Golden Harvest® G10A20-3120 E-Z Refuge®	玉米杂交品种	具有高产潜力、优异的立地性和对多种除草剂的耐受性。具有Agrisure® 3120性状堆栈，可防止地上和地下昆虫，并提供庇护管理
巴斯夫	Clearfield® CL 153	长粒水稻品种	具有高产潜力、良好的碾磨质量和对多种除草剂的耐受性
Vilmorin	BOLERO F1®	胡萝卜品种	具有良好的口感和色泽，对多种疾病有抗性，对咪唑啉酮类除草剂有抗性，且播种窗口期长，非常适合冬季收获
科沃施	KWS KAMELEON®	豌豆	具有极高的产量和蛋白质含量，还具有良好的茎秆强度和较长的花期，适合长期轮作

杂交玉米刷新世界纪录，转基因玉米审定通过在即。在杂交育种方面，登海种业以累计161个审定品种数量位居行业前列，其掖单系列与登海系列玉

米杂交品种不仅实现了技术的迭代升级，而且屡次刷新国家及世界的夏玉米单产纪录，市场竞争力持续提升。在转基因技术方面，2022年登海种业利用生物育种技术培育高产、优质、抗逆的玉米品种，展现出对机械化耕作的适应性；秋乐种业的主要品种秋乐368完成了国家转基因黄淮海夏玉米组的生产试验。

杂交水稻育种实力强大，转基因水稻加速布局。在杂交水稻的研发上，隆平高科及其下属公司在2022年成功自主或与合作伙伴共同培育出85个新品种，其中43个为水稻新品种，充分展示了其在杂交水稻育种领域的强大实力。在生物技术方面，隆平高科2022年的研发项目中，水稻基因编辑等技术应用研究项目成功利用基因编辑和体细胞诱变等技术，创造了一批具有新性状的水稻种质资源，其中包括低镉、香型、糯性、高淀粉含量及抗病性等目标性状的新种质；荃银高科作为先正达集团的重要成员，在以基因组学为核心的设计育种体系建设及骨干材料选育，RiceNavi导航育种及生物育种新技术、新产品、新装备开发，以及品种选育及技术推广等方面均取得了显著进展，并申请了一系列植物新品种权、专利权和软件著作权，为水稻育种领域的发展作出了重要贡献。

第四节　广东省种业现代化发展成就与突出问题

一、广东省种业现代化发展成就

种业现代化方面取得显著进展，实施多项措施推动种业振兴与产业升级。广东省不仅大力实施“粤强种芯”工程，还制定了《广东省种业振兴行动实施方案》。这些措施推动了种业振兴行动，加快了种业科技创新和产业升级。广东省育成及参与育成的超级稻品种数量居全国首位，优质稻品种黄华占在全国籼稻品种推广种植面积中位列第一。此外，广东省还建立了农作物、畜禽、水产、农业微生物四大农业种质资源库，并保存了大量的种质资源。企业扶优和自主创新能力建设也得到加强，广东省的持证种子企业数量和水产种苗生产企业数量均居全国前列。

（一）优势品种持续引领

1.水稻：新种硕果丰，粤稻持续兴

水稻产量稳步增长。广东省在水稻生产方面具有稳定的增长潜力，2024年上半年广东春收粮食实现产量71.66万吨，比上年增加1.02万吨，增长1.4%。

机械化水平持续提升。广东省在水稻生产技术上不断进步，农机逐渐成为水稻生产的主力军。农机的运用不仅提高了生产效率，还降低了劳动强度。目前广东省部分地区已实现高度机械化种植，例如在广州市增城区派潭镇南方报业农业公园，自动收割机在田间穿梭，将一簇簇饱满的稻穗尽收其中，展现了机械化作业的强大力量。此外，广东省还积极推广水稻直播、无人机植保等新技术，进一步提升了水稻生产的科技含量和现代化水平。

品种创新成果显著。广东省近年来审定通过了多个籼稻新品种，如天优华占、美香占2号、黄丰广占等（见表6–14）。这些籼稻新品种在口感、营养价值和外观等方面进行了优化，整精米率、粒长和糙米率等品质性状得到了显著提升，而直链淀粉含量等则有所下降，从而提高了稻米的整体品质。通过品种改良和种植技术进步，广东省的籼稻新品种在提高品质实现增产的同时，在耐病虫害、耐旱涝等方面的性能得到了加强，对于保障粮食安全和减少农药化肥的使用具有重要意义。

表6–14　广东省籼稻新品种介绍

籼稻品种	特点	适宜地区
天优华占	高产稳定、稻米品质好、抗逆性强、适应性广	南方水稻籼稻区域
黄华占	优质、高产、抗逆、适应性广	华南地区
美香占2号	粒形细长、米粒晶莹剔透、饭味香滑可口、饭粒软而不黏	华南双季稻区（可早、晚造兼用），长江流域（可作双季晚稻和一季晚稻种植）

续表

籼稻品种	特点	适宜地区
黄丰广占	高产稳定、稻米品质好、抗逆性强、适应性广	南方水稻籼稻区域
广晶龙占	高产稳定、稻米品质好、抗逆性强、适应性广	南方水稻籼稻区域
广禾丝苗1号	高产稳定、稻米品质好、抗逆性强、适应性广	南方水稻籼稻区域

2.玉米：科研实力强，育种成果彰

玉米科研能力突出。广东省农业科学院作物研究所作为广东省玉米育种研究的核心力量，凭借其专业性和前瞻性，成为推动玉米育种技术创新与品种改良的重要力量。该研究所目前已构建起一个庞大且优质的玉米种质资源库。该资源库涵盖了广泛的遗传多样性，为玉米育种工作提供了宝贵的材料基础。

玉米育种成果显著。通过综合运用现代生物技术与传统育种手段，广东省成功选育出了多个具有自主知识产权的甜玉米新品种，如广受欢迎的“粤甜”系列和“正甜”系列，这些品种不仅口感鲜美、甜度高，还具备优良的抗逆性和适应性，深受市场与农户的欢迎。据统计，目前“粤甜”“正甜”“粤糯”系列品种在广东省内的种植面积已占据玉米总种植面积的35%，充分彰显了其在玉米生产中的核心地位与重要贡献。广东省主要玉米品种如表6–15所示。

表6–15　广东省主要玉米品种介绍

玉米品种	特点	适宜地区
粤甜28号	优质、高产、抗倒伏的超甜玉米单交种	平原地区、丘陵山区
粤彩糯2号	优质、高产、抗逆型彩色糯玉米单交种	东南地区（春季种植）
粤甜13号	幼苗叶鞘绿色、叶片绿色、叶缘绿色、花药黄绿色、颖壳绿色的玉米品种	广东各地（春、秋季种植）

续表

玉米品种	特点	适宜地区
粤甜25号	果穗筒型，籽粒黄色，甜度高，抗病性强	广东地区及其他地区
惠甜9号	高产、优质、抗逆性强	广东各地（春、秋季种植）
粤鲜糯3号	玉米粒饱满、色泽鲜亮、口感糯软香甜	广东、广西、江苏中南部、安徽中南部、上海、浙江、江西、福建和海南

3.花生：生产种植突破大，品种改良质效增

生产种植创新突破大。广东省不仅在种植技术和品种选择方面迈出了坚实步伐，还在机械化生产设备的创新与应用上实现了重大突破。广东省农业科学院作物研究所等科研机构携手合作，针对广东省独特的地理气候条件和土壤特性，深入研发并推广了一系列高效、精准的花生机械化种植与收获设备。这些设备不仅有效解决了传统人工种植劳动强度大、效率低下的问题，还显著提升了花生的生产效率与品质，为花生生产的规模化、标准化提供了强有力的技术支持。

品种改良提质增效。科研人员通过基因工程技术、杂交育种等手段，精心培育出了一系列高产、优质、抗逆性强的花生新品种，如汕油诱1号和粤油114号等（见表6-16）。这些新品种不仅满足了市场对高品质花生原料的需求，还增强了花生在逆境中的生存能力，为花生种植户带来了更高的经济收益和更强的抗风险能力。

花生产业前景广阔。首先，得天独厚的地理优势使得广东地区能够实现一年两茬的花生种植，大大延长了花生的生产周期，提高了土地利用率和经济效益。其次，随着耕、种、管、收全程机械化农机的不断研发与推广，花生生产的各个环节都将变得更加轻松、高效，农民将能够轻松完成从播种到收获、从除杂到摘果、从脱壳到加工的一系列工作，极大地减轻了劳动强度，提高了生产效率。这种全方位的机械化支持将为广东省花生产业的持续健康发展注入强劲动力。

表6-16　广东省花生新品种介绍

花生品种	特点	适宜地区
汕油诱1号	丰产、抗病	广东水旱轮作田及旱坡地（春、秋季种植）
珍珠红1号	抗旱、抗倒伏、耐涝	广东花生两熟制地区
汕油199	高产、优质、抗病的花生新品种	龙川地区
粤油114	强抗旱性、强抗倒性和强耐涝性	广东水旱轮作田及旱坡地（春、秋季种植）

（二）种子企业奋力前进

种子企业蓬勃发展，数量显著增加。广东省以“粤强种芯”工程为核心，聚焦种源保护与品种培育，种业振兴成效显著，创新领先。依托大湾区市场与优良环境，广东省目前已有290家持有粮食经营许可证的企业，其中4家为全国育繁推一体化企业，另有现代化育苗工厂、优质荔枝采穗圃和无毒苗繁育基地共30多个。2017—2022年广东省种业企业数量情况如图6-15所示。

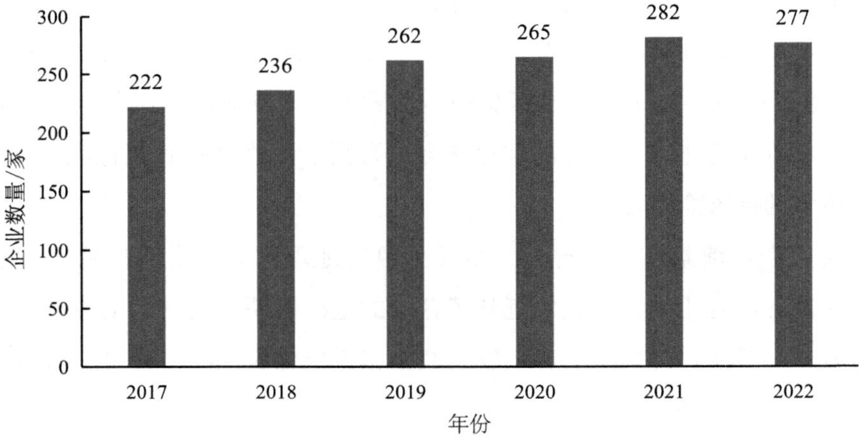

图6-15　2017—2022年广东省种业企业数量

数据来源：《2023年中国农作物种业发展报告》《2022年中国农作物种业发展报告》。

企业创新能力突出，推动种业发展。广东省在种子企业的创新发展方面表现活跃，涌现出了一批具有较强创新能力和市场竞争力的种子企业，其中包括绿亨科技、和利农、鲜美种苗、广东省种业集团有限公司等种子行业的龙头企业。这些企业不仅在种子研发、生产、加工、销售等方面进行了一系列的创新实践，而且在推动地方经济发展、增加就业机会、提升农业产值等方面发挥着重要作用，为广东省乃至全国的农业发展作出了积极贡献。

（三）种质保护硕果累累

农业种质资源库是一个专门用于收集、保存、鉴定和利用农业种质资源的科研平台。广东省作为国内最早开展种质资源库建设和研究利用的省份之一，保存的农作物种质资源占全国的15%左右。2024年2月，广东省已经建成了四大省级农业种质资源库，包括农作物、畜禽、水产、农业微生物种质资源，累计收集保存农作物种质资源7.6万份、畜禽种质资源（遗传物质）10.02万份、水产种质资源（遗传物质）9.8万余份、农业微生物种质资源6.5万余株。

1.农作物种质资源

农作物种质资源库旨在提高农作物种质资源保护水平。以广东省农业科学院农业生物基因研究中心为例，该研究中心负责组织实施农作物种质资源的收集、保存、繁育更新、鉴评和编目等任务，不仅提供农业生物基因保存、鉴评及信息共享等服务，还负责华南创新中心公共实验室与广东农作物种质资源保护库的日常管理。研究中心力求在农业生物基因的基础与应用研究上取得突破，为农业生物技术的创新与发展提供坚实支撑。

2.畜禽种质资源

畜禽种质资源库旨在加强畜禽地方品种保护与开发利用。以广东省国家肉鸡核心育种场为例，育种场主要承担育种任务，目标是提高鸡的生产性能，包括产蛋数、饲料转化率等。育种场的主要肉鸡品种“广明2号”就是一种经过不断升级、生产性能提升的鸡苗，每个世代的父母代60周产蛋数增加4～6枚，商品代饲料转化率下降0.02%～0.04%。除此之外，育种场还与科研机构合作进行育种研究，建设和维护育种环境，以及采用数字化管理方式提高育种效率。

3.水产种质资源

水产种质资源库旨在收集、保育珍稀、优质的水产种质资源。广东省海洋水产种质资源库对提升广东省乃至国家在海洋生物资源领域的研究水平和产业竞争力具有重要意义。该资源库致力于保护和利用海洋水产种质资源，建设国内保藏容量最大的海洋水产种质资源自动化保藏库，重点发展海洋电子信息、海水养殖、海洋新材料、海洋生物医药、海洋新能源、海洋装备与新型仪器等领域。

4.农业微生物种质资源

农业微生物种质资源库旨在发掘和保护特色农业微生物种质资源。国家农业专利与模式微生物种质资源库（广东）通过构建和完善农业微生物种质资源保护体系，加强农业微生物模式菌株的收集整合和农业微生物的知识产权保护，推动农业微生物科技成果转移转化，从而提高我国在微生物种业方面的核心竞争力，并打破资源分散、共享利用不足的瓶颈。

二、广东省种业现代化发展突出问题

（一）种子市场规模有待提升

据《2023年中国农作物种业发展报告》统计，广东省7种重要农作物种子市场规模仅为12.39亿元（见表6–17）。与全国种业市场的领头羊山东省相比，广东省的种子市场规模仅占其约13.7%的比例，这一差距不仅直观展现了区域间种业发展的不平衡，也为广东省种业市场的后续发展指明了方向。广东省作为我国经济最为发达的省份之一，其农业基础扎实，市场需求旺盛，加之政府对现代农业及种业创新的高度重视与持续投入，都为该省种业市场的进一步扩张提供了坚实的基础和广阔的空间。

表6-17　2022年各省（区、市）7种重要农作物种子市场规模排名

排名	省（区、市）	种子市场规模/亿元	排名	省（区、市）	种子市场规模/亿元
1	山东	90.43	16	湖南	32.50
2	黑龙江	87.14	17	甘肃	26.06
3	安徽	73.51	18	陕西	25.37
4	内蒙古	67.61	19	辽宁	22.86
5	河南	67.46	20	江西	17.19
6	四川	63.53	21	广东	12.39
7	云南	49.87	22	重庆	12.15
8	新疆	48.93	23	浙江	9.69
9	江苏	40.21	24	福建	7.61
10	河北	39.74	25	宁夏	7.47
11	湖北	38.16	26	海南	3.26
12	贵州	36.48	27	天津	3.06
13	广西	35.89	28	青海	1.17
14	吉林	33.57	29	上海	0.42
15	山西	33.31	30	北京	0.33

（二）种业创新体系有待完善

种业创新体系仍待进一步完善。尽管广东省种质资源丰富，但其利用率不高，已收集的种质资源在开发利用方面存在不足，许多资源的潜在价值尚未被充分挖掘和利用，导致种业核心竞争力不强。除此之外，广东省的种业研发资源在分布上呈现高度分散的状态，各研发机构之间缺乏有效的沟通和协作机制，导致资源无法得到有效整合和利用。这种分散和割裂的状态不仅降低了研发效率，也限制了种业创新能力的提升。

种子繁育科研成果转化仍待进一步落实。广东省的育种手段仍以传统育种为主，现代生物技术的应用相对滞后。这限制了育种效率和品质的提升，

也影响了种业创新能力的提升。此外，产学研融合不够深入也是制约广东省种业创新体系发展的重要因素。科研院所、高等院校、企业和个人等要素资源之间的融合不够紧密，导致科研成果难以有效转化为实际应用。

种业市场主体仍需进一步培育壮大。广东省当前种业企业数量少、规模小，缺乏具有自主研发能力和市场竞争力的大型种业企业。这导致广东省的种业市场难以形成有效的竞争机制，也难以吸引更多的资本和人才投入种业创新领域。

（三）种质监测体系有待完善

质量控制标准体系不健全。目前，广东省乃至全国在种子质量控制方面尚未形成完善、统一的标准体系，导致市场上种子产品质量参差不齐，难以保障消费者的权益。不同地区、不同机构在执行质量控制时可能采用不同的标准和方法，导致市场上种子产品的质量评价不一致，也使得企业在生产过程中难以明确自身的质量控制目标，增加了生产成本和风险。

种质监测机构分布不均。这种地理分布的不均衡，使得很多地区的种子生产和流通过程中的质量控制和监测工作难以得到有效覆盖。近年来，广东省内多次发生因种子质量问题而引起的农业生产事故。部分农村地区因种植了假冒伪劣的玉米种子而导致大面积减产甚至绝收，一些农户因购买了质量不合格的蔬菜种子而遭受经济损失。这些案例表明，种子市场质量控制与监测体系的不完善对农业生产造成了严重影响。

第五节　发展趋势及建议

一、发展趋势

（一）种业政策持续优化，生物育种时代即将到来

全球种业政策向生物育种倾斜。在全球种业竞争中，国际种业巨头正积极布局科技创新战略，以抢占生物育种技术及相关产业发展的前沿阵地。

例如：美国通过《美国创新战略》和《无尽前沿法案》等政策，大力投入资金推动基因组学、生物育种和生物技术等前沿技术的研发；欧盟在“地平线欧洲”计划中，将农业生物育种作为重点研发方向；德国则实施了“未来作物”计划，旨在推动合成生物学技术在植物育种中的创新应用；而英国在2023年颁布的《基因技术（精准育种）法案》中，正式开启了基因编辑技术在商业化育种中的应用。

种业政策推动生物育种产业化进程。2022年5月，国家发展改革委发布《“十四五”生物经济发展规划》，明确指出要推动生物育种等领域产业化应用，推动全基因组选择、系统生物学、人工智能等生物育种技术有序发展，以提高粮食等重要农产品的产量与品质。紧接着，农业农村部于2022年6月颁布了《国家级转基因大豆品种审定标准（试行）》《国家级转基因玉米品种审定标准（试行）》，此举标志着我国生物育种技术从研发迈向产业化应用的重要跨越。

（二）技术创新体制逐步转向，企业创新主体地位得到强化

全球育种主体实现跨越转变，企业育种主导地位凸显。在全球范围内，种业技术创新体制经历了从以院校公共科研为主导，到以企业市场化为主体的历史性转变。以美国为例，早期种业技术的创新主要以院校科研为基石，但后来，随着种业跨国企业的迅速崛起，如孟山都等农业巨头在研发方面的投入逐渐超越公共财政支出及院校相关科研经费，从而成为推动美国种业高效、高质量发展的重要力量。

国内育种机制弊端逐渐显现，企业主体地位不断强化。一是产权保护不足，企业创新意愿不强。我国农业科研实力强大，但过去复杂的品种审定流程及知识产权保护不足，使得种业企业缺乏技术研发的动力和意愿。二是研发与生产割裂。我国种业研发长期以来主要依赖政府资金驱动，高校与科研院所聚焦于公益性科研项目，科研成果往往未能精准对接企业的实际需求，或者育种成果在规模化种植中表现出局限性。三是市场机制和市场导向推动种业技术创新成为必然趋势。随着种业企业竞争力的增强和农业巨头的崛起，我国种业企业的研发实力必将快速提升，最终国内育种创新将逐渐形成

科研院校主导种业基础研究和资源创新，企业根据市场需求开展商业化育种的发展格局。

（三）种企并购加速推进，全产业链格局日趋凸显

种业并购浪潮推动行业加速整合。从全球来看，大规模的并购和资源整合推动了全球种业企业经营模式的持续变革，即产业链布局从良种单品类向“种子+农化”一体化延伸，再向“种子+农化+服务”一体化转变。在全球种业领域，前20强的公司均形成了集研发、生产、加工、销售、服务于一体的综合性业务模式，实现了“良种+良药+良法”的深度融合，推动形成了现代种业全产业链一体化格局。

育繁推一体化领军企业迅速崛起。近年来，随着行业内兼并重组活动的持续活跃，一批规模较小、研发实力较弱的企业逐渐退出市场或被兼并。与此同时，那些具备研发能力、生产能力以及市场推广销售能力的领军企业迅速崛起，成为行业的中坚力量。

（四）生物育种商业化应用，有望推动行业格局重塑

育种技术成为农业竞争的关键所在。在国际种业市场中，转基因育种技术已渐趋成熟，诸如孟山都等跨国种业公司已成功在玉米、大豆、棉花等关键作物上实现转基因技术的商业化应用，这一趋势随后在全球范围内得到了广泛的响应。相比之下，我国的育种技术正经历从传统常规育种到现代分子育种的融合转型期，当前以基因编辑、全基因组选择以及人工智能设计为代表的前沿生物育种技术仍处于研发与应用的初期阶段。

生物育种有望推动格局重塑。2020年，多个国产玉米和大豆品种获得了农业转基因生物安全证书，这标志着转基因种子在我国商业化种植的曙光初现。转基因种子的商业化落地，预计将给我国种子行业带来深刻的变革，行业规模有望进一步扩大，市场格局将得以重塑，市场集中度也将随之提高。这不仅将推动我国种业技术的创新与发展，也将给我国农业生产和食品安全带来深远的影响。

二、发展建议

（一）深化种业顶层设计，精心布局新品种研究

第一，明确种业发展目标，优化政策设计。种业顶层设计方面应以国家粮食安全、农业可持续发展和农民增收为核心目标，明确育种研究的重点方向和任务。通过深入分析国内外种业发展趋势和市场需求，制定科学合理的育种目标，确保我国种业在全球竞争中保持领先地位。

第二，推动创新体系构建，注入创新活力。种业企业应成为育种研究的主力军，与科研院校建立紧密的合作关系，形成产学研用一体化的创新体系。通过共同研发、成果共享和风险共担等方式，推动育种技术的快速转化和产业化应用。同时，鼓励科研院校加强基础研究和应用基础研究，为育种研究提供源源不断的创新动力。

第三，优化育种资源配置，提高育种效率。加大对种业科技创新的投入力度，建立多元化、多层次的投入机制。通过设立种业发展专项资金、引导社会资本参与等方式，为育种研究提供充足的资金支持。同时，加强育种基础设施和人才队伍建设，提高育种研究的整体水平和效率。

第四，强化知识产权保护，激发创新热情。建立健全种业知识产权保护体系，加大对侵权行为的打击力度，保护育种创新成果。通过加强专利保护、品种权保护等措施，激发育种人员的创新热情，推动育种研究的持续发展。

第五，加强国际合作与交流。积极参与国际种业合作与交流，引进国外先进的育种技术和经验，推动我国种业与国际接轨。同时，加强与国际种业组织的沟通和合作，共同推动全球种业的发展。

（二）强化企业主体地位，培育一体化领军企业

第一，加大对龙头种企的扶持力度，持续激发企业创新活力。建立种业创新奖励机制，对在种业研发、技术创新等方面取得突出成果的企业给予奖励，激发企业创新活力；鼓励金融机构为种业企业提供贷款、担保等金融服务，以设立种业发展基金、引导社会资本进入种业领域等方式，为龙头企业

提供资金支持，降低企业融资成本。

第二，注重自主创新和成果应用，打造企业核心竞争力。在育种方面，种子企业应加强产学研合作，推动科研成果的转化和应用；引进和培养相关领域的优秀人才，为技术创新提供有力的人才保障；加强具有自主知识产权的新型基因编辑工具和合成生物学技术的研发和应用，提升企业核心竞争力。

第三，探索繁育一体化发展模式，实现产业链的深度融合。一是整合种子研发、生产、销售等环节的资源，提高产业链的协同效率，降低生产成本，提升产品质量。二是加强与上下游企业的合作，形成紧密的产业链合作关系，共同推动种业产业的健康发展。三是注重品牌建设和市场开拓，通过加强品牌宣传和推广，提升产品的知名度和美誉度，增强消费者的信任度和忠诚度。四是积极拓展国内外市场，参与国际竞争，提升我国种业的国际影响力。

（三）借助新兴技术手段，发展高水平育种技术

种业应把握智能育种时代的发展机遇，加快计算育种等前瞻技术的布局，通过运用大数据、云计算等技术手段，实现对育种数据的深度挖掘和分析，提高育种效率和精准度；建立自主可控的生物数据平台和核心仪器设备保障体系，为育种创新提供坚实的技术支撑；推动新兴生物技术、大数据、人工智能等技术在育种领域广泛应用，注重跨学科的交叉融合，打破传统育种的局限，实现育种技术的创新升级；加强国际合作与交流，借鉴国际先进经验和技术，推动我国生物育种技术的快速发展。

（四）推动企业“走出去”，加速种业国际化进程

政策引导和市场机制相结合，鼓励有条件的种业企业积极参与国际市场竞争，拓展海外市场；加强与国际种业先进企业和研究机构的合作与交流，引进先进技术和管理经验，提升我国种业的国际竞争力；加强对国际种业法律法规和贸易规则的研究，为我国种业企业“走出去”提供有力支持。

第七章

广东省渔业现代化发展研究*

渔业是指对水域中的生物资源进行捕捞、养殖和加工的产业。渔业上游涉及水产饲料、水产苗种、捕捞渔船和捕捞设备等原材料及设备，中游涉及鱼、虾、蟹、贝、藻等水生生物养殖和捕捞环节，下游则包括水产加工、鲜活水产行业以及餐饮店、商超等终端消费市场（见图7-1）。

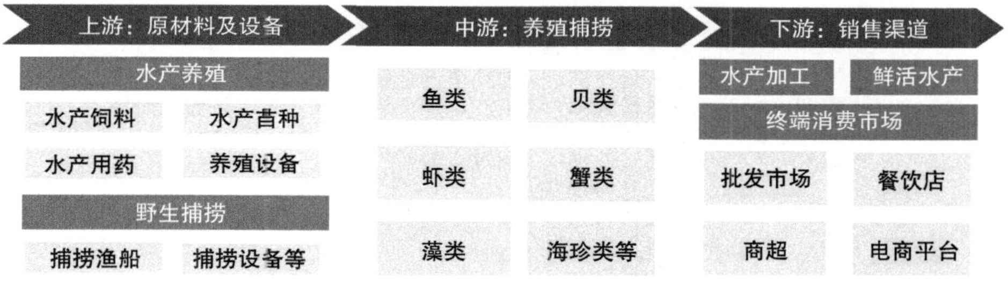

图7-1　渔业产业链全景图

资料来源：前瞻产业研究院、中商产业研究院。

第一节　渔业发展环境

一、政策环境

为了推进渔业高质量发展和现代化建设，我国相关部门陆续发布一系列政策，覆盖全产业链发展、设备现代化、生态保护、食品安全等方面，为渔业发展提供了坚实保障。广东省作为海洋大省，为打造"粤海粮仓"，近年来大力推进现代化海洋牧场建设。

* 本章第一执笔人为暨南大学产业经济研究院邓晓君。

（一）推动渔业全产业链规模化集群化

政策积极引导企业全产业链发展，并高度重视稻渔共生系统等生态健康养殖模式、深远海养殖、海洋牧场及休闲渔业的高标准规划与推进等（见表7-1）。在国家层面，《农业农村部关于促进"十四五"远洋渔业高质量发展的意见》着重强调推动远洋渔业全产业链集聚发展。在地方政府层面，《广东省人民政府办公厅关于加快推进现代渔业高质量发展的意见》支持深远海养殖渔场和海洋牧场建设，打造"粤海粮仓"。

表7-1　近年来渔业产业发展相关重点政策

时间	部门	政策文件	相关内容
2023年6月	农业农村部等八部门	《农业农村部 工业和信息化部 国家发展改革委 科技部 自然资源部 生态环境部 交通运输部 中国海警局关于加快推进深远海养殖发展的意见》	推动全产业链发展。积极围绕装备制造、养殖生产、加工流通和品牌培育等重点环节，促进一二三产业相互融合、协调发展，不断提高产业综合效益
2022年4月	广东省人民政府办公厅	《广东省人民政府办公厅关于加快推进现代渔业高质量发展的意见》	支持深远海养殖渔场和海洋牧场建设。科学布局建设深远海大型智能养殖渔场和海洋牧场，选育适合深远海养殖的品种，发展以重力式深水网箱、桁架式养殖设备为主体的深远海养殖，探索"深水网箱+风电""深远海养殖+休闲海钓"及海洋牧场、深远海养殖渔场与海上风电融合发展模式
2022年2月	农业农村部	《农业农村部关于促进"十四五"远洋渔业高质量发展的意见》	推动企业全产业链发展。鼓励远洋渔业企业通过管理融合、资源互补、行业协同等方式，加快向产业后端发展，打造聚合捕捞、养殖、加工、冷链、配送、市场和品牌建设的新型全产业链经营形态。推进产业规模化集聚发展
2021年12月	农业农村部	《"十四五"全国渔业发展规划》	科学拓展水产养殖新空间。在充分保护现有养殖空间基础上，科学拓展其他宜渔水域。坚持耕地粮食生产功能，科学合理利用稻田资源，稳步发展稻渔综合种养。合理布局、稳妥发展深远海养殖，将深远海养殖打造成技术先进、装备优良、生态和谐的新型养殖业态。科学规划大水面生态渔业发展，合理确定大水面生态渔业发展空间。加强低洼盐碱荒地渔业开发利用，选择适宜品种，推广节水、治碱水产养殖

（二）推动渔业技术装备现代化

政策推动智慧渔业发展、养殖设施现代化水平提升、养殖模式数字化转型等（见表7-2）。《农业农村部　工业和信息化部　国家发展改革委　科技部　自然资源部　生态环境部　交通运输部　中国海警局关于加快推进深远海养殖发展的意见》鼓励在深远海养殖上实现全程机械化生产、智能化管控，开展无人渔场先进养殖系统试验示范。《广东省人民政府办公厅关于加快推进现代渔业高质量发展的意见》则提出通过推进智慧水产养殖等方式提升渔业技术装备现代化和信息化水平。

表7-2　近年来渔业科技创新相关重点政策

时间	部门	政策文件	相关内容
2023年12月	自然资源部办公厅、农业农村部办公厅	《自然资源部办公厅　农业农村部办公厅关于优化养殖用海管理的通知》	加快重力式网箱、桁架类网箱、养殖工船等深远海养殖渔场建造应用，提高养殖设施和装备的现代化水平
2023年6月	农业农村部等八部门	《农业农村部　工业和信息化部　国家发展改革委　科技部　自然资源部　生态环境部　交通运输部　中国海警局关于加快推进深远海养殖发展的意见》	推进产业科技创新。鼓励在深远海养殖上实现全程机械化生产、智能化管控，开展无人渔场先进养殖系统试验示范
2022年4月	广东省人民政府办公厅	《广东省人民政府办公厅关于加快推进现代渔业高质量发展的意见》	提升渔业技术装备现代化和信息化水平。加快运用现代化渔业设施装备，加强自动饲喂环境调控、水产品收集、疫病防治等设施装备研发和生产。推进智慧水产养殖，构建基于物联网的水产养殖生产和管理系统
2021年12月	农业农村部	《“十四五”全国渔业发展规划》	发展智慧渔业。加快工厂化、网箱、池塘、稻渔等养殖模式的数字化改造，推进水质在线监测、智能增氧、精准饲喂、病害防控、循环水智能处理、水产品分级分拣等技术应用，开展深远海养殖平台、无人渔场等先进养殖系统试验示范

（三）加强水生生物资源保护

政策涵盖了水产种质资源保护、增殖放流、珍稀濒危物种拯救、休禁渔期及限额捕捞等多元化措施（见表7-3）。《“十四五”全国农业绿色发展规划》指出，将在重点水域持续开展水生生物增殖放流，加强苗种供应基地建设，适当增加珍稀濒危物种放流数量，并推进河流鱼类洄游生物通道建设。长江十年禁渔计划更是彰显了国家对恢复长江生态环境及渔业资源的高度重视。广东省颁布《水产养殖尾水排放标准》，规定了水产养殖尾水的排放控制要求、监测要求和达标判定要求。

表7-3　近年来渔业绿色生态相关重点政策

时间	部门	政策文件	相关内容
2024年2月	广东省生态环境厅、广东省市场监督管理局	《水产养殖尾水排放标准》	规定了水产养殖尾水的排放控制、监测和达标判定要求
2024年1月	生态环境部	《中国生物多样性保护战略与行动计划（2023—2030年）》	建立渔业资源养护管理制度和水产种质资源保护利用体系，完善休禁渔和限额捕捞制度，持续推进水产生态健康养殖，实施水产养殖用投入品使用白名单制度
2023年8月	农业农村部	《农业农村部关于进一步加强珍贵濒危水生野生动物保护管理工作的通知》	各级渔业渔政主管部门要深入落实长江江豚、中华白海豚、斑海豹、中华鲟、长江鲟、海龟、鼋等保护（拯救）行动计划，以旗舰物种为重点全面加强水生野生动物保护
2022年11月	农业农村部	《农业农村部关于加强水生生物资源养护的指导意见》	实施好长江十年禁渔，促进渔业绿色转型，进一步完善制度体系、强化养护措施、加强执法监管，提升渔业发展的质量和效益，加快形成人与自然和谐共生的水生生物资源养护利用新局面
2021年12月	广东省农业农村厅	《广东省养殖水域滩涂规划（2021—2030年）》	全省共划定禁养区面积19901平方公里、限制养殖区面积13802平方公里
2021年8月	农业农村部等六部门	《“十四五”全国农业绿色发展规划》	加强水生生物资源保护。在重点水域持续开展水生生物增殖放流，加强苗种供应基地建设，适当增加珍稀濒危物种放流数量。推进河流鱼类洄游生物通道建设

（四）强化产品质量安全管理

政策与法律法规对水产品的养殖环境、生产过程、饲料使用及用药安全等方面均设定了严格标准（见表7-4）。《水产养殖质量安全管理规定》明确要求水产养殖单位和个人需定期监测养殖用水水质，并在水源受污染时采取相应措施。《广东省人民政府办公厅关于加快推进现代渔业高质量发展的意见》则强调从完善水产品质量监管体系和追溯体系等方面全面加强水产品质量安全监管。针对日本核污染水排放事件，海关总署已宣布自2023年8月24日（含）起全面暂停进口原产地为日本的水产品（含食用水生动物），以保障国内市场安全。

表7-4　近年来渔业食品安全相关重点政策与法律法规

时间	部门	政策文件	相关内容
2023年8月	海关总署	《海关总署关于全面暂停进口日本水产品的公告》	海关总署决定自2023年8月24日（含）起全面暂停进口原产地为日本的水产品（含食用水生动物）
2022年4月	广东省人民政府办公厅	《广东省人民政府办公厅关于加快推进现代渔业高质量发展的意见》	全面加强水产品质量安全监管。完善水产品质量监管体系和追溯体系，加大抽检覆盖率，实施水产品“产地准出、市场准入、质量可追溯”制度。严厉打击养殖、运输、暂养、加工等环节违法用药行为。健全水生动物疫病防疫和技术推广体系，加强重大水生动物疫病监测预报预警，开展水生动物疫病免疫试点
2021年12月	农业农村部	《“十四五”全国渔业发展规划》	加强各级产地水产品兽药残留监控，完善和强化各级产地水产品兽药残留监控计划，提高抽检批次，增加检测指标，加大对药残不合格样品查处和行刑衔接，全面提升养殖水产品质量安全水平
2013年12月	全国人民代表大会常务委员会	《中华人民共和国渔业法》	从事养殖生产不得使用含有毒有害物质的饵料、饲料
2003年7月	农业部	《水产养殖质量安全管理规定》	水产养殖单位和个人应当定期监测养殖用水水质。养殖用水水源受到污染时，应当立即停止使用；确需使用的，应当经过净化处理达到养殖用水水质标准。销售的养殖水产品应当符合国家或地方的有关标准

二、市场环境

（一）全球海水养殖市场稳步增长

海水养殖产值逐步增长。2022年全球海水养殖市场收入大约为81.74亿美元，预计到2029年将达到97.085亿美元，显示出稳定的增长趋势。中国是世界最大的海水养殖国家。由于过度捕捞、环境污染等原因，海洋水产资源减少，水产行业重心往养殖方面偏移。我国海水养殖产值规模逐步提升，2022年，我国海水养殖产值增至4638.84亿元，较2021年上涨7.84%（见图7-2）。

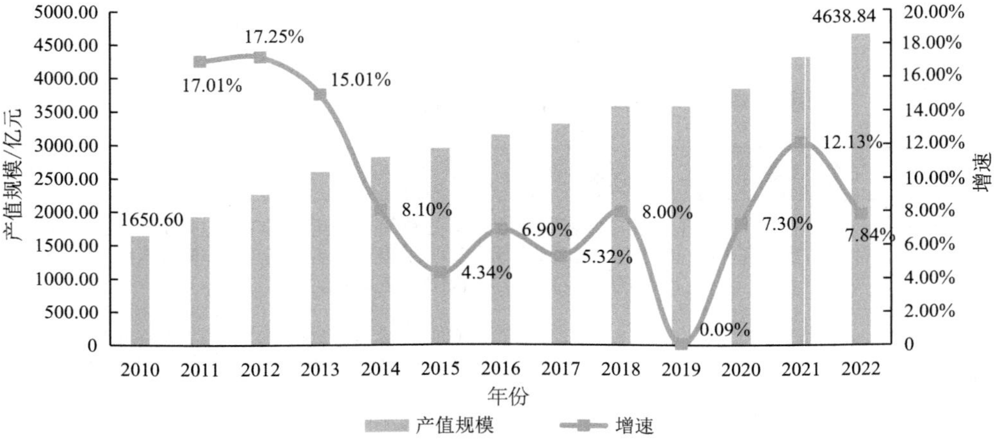

图7-2　2010—2022年中国海水养殖产值规模和增速

数据来源：相关年度全国渔业经济统计公报。

广东省海水养殖产值位居全国第三。近年来，广东省凭借丰富的海洋资源（包括辽阔的海域、绵长的海岸线、众多的岛屿以及优良的港湾），加快建设现代化海洋牧场，建成15个国家级海洋牧场示范区，筑牢“粤海粮仓”，为全国提供了更加丰富、多元化的水产品。在海水养殖产业方面，2022年广东省海水养殖产值为842.74亿元，位列全国第三，海水养殖水产品产量达339.67万吨（见图7-3）。

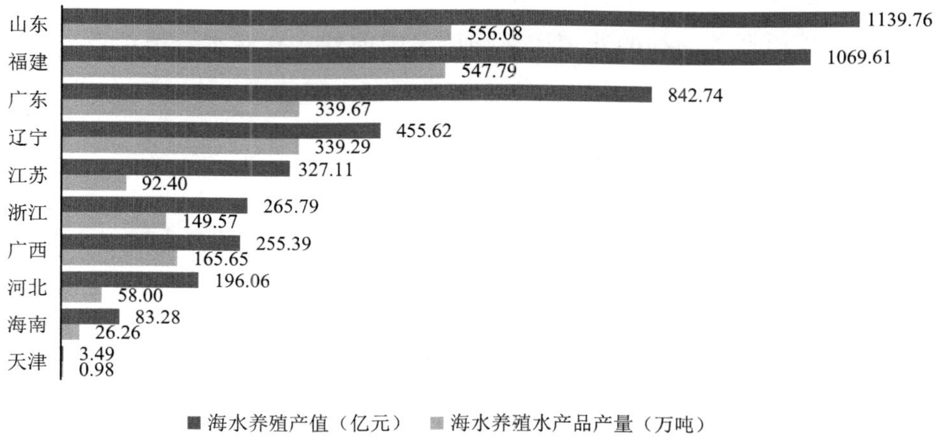

图7–3 2022年十大海水养殖省份（按产值排名）

数据来源：《中国渔业统计年鉴2023》《农财宝典》。

（二）中国淡水养殖市场持续增长

淡水养殖产值不断增长。中国是全球水产品生产大国，养殖水产品占世界六成以上，其中淡水养殖尤为突出，贡献超过中国水产品的一半产量。2022年我国淡水养殖产值规模已高达7863.03亿元，与2021年相比上涨5.21%，保持着增长势头（见图7–4）。

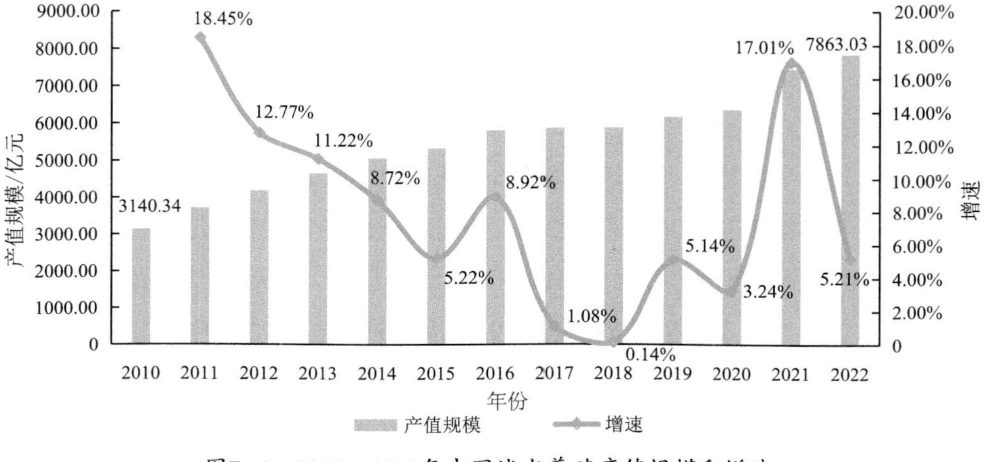

图7–4 2010—2022年中国淡水养殖产值规模和增速

数据来源：相关年度全国渔业经济统计公报。

广东省淡水养殖产值位居全国第三。广东省的淡水养殖品种丰富，其中草鱼、罗氏沼虾等品种的养殖产量均居全国前列。在淡水养殖产业方面，2022年广东省淡水养殖产值为846.39亿元，位居全国第三，淡水养殖水产品产量达到428.06万吨（见图7–5）。

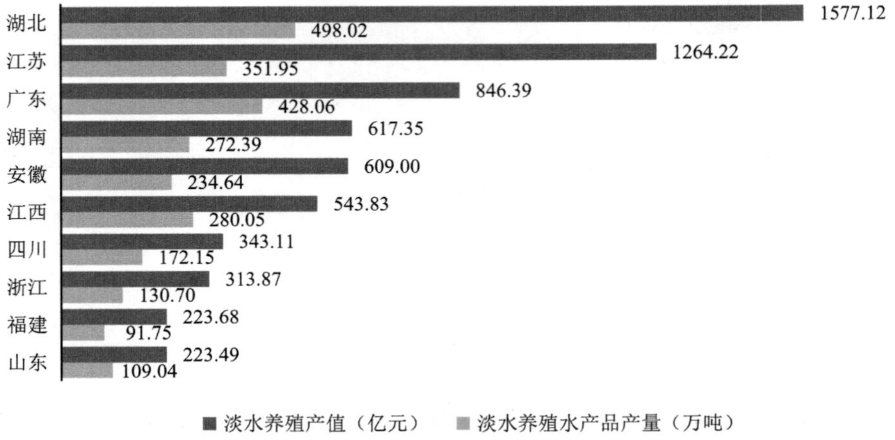

图7–5　2022年十大淡水养殖省份（按产值排名）

数据来源：《中国渔业统计年鉴2023》《农财宝典》。

三、国际环境

中国水产品贸易国际地位显著提升。水产品作为我国农产品中最具出口竞争力的产品之一，已与201个国家和地区建立了贸易网络。在过去的20年里，中国的水产品贸易经历了显著的增长，一跃成为全球最大的水产品贸易国。一是市场份额持续增长。2003—2022年，我国水产品的全球市场份额从5.6%增至11.1%，成为全球最大水产品出口国和第二大进口国。二是水产品贸易额持续上涨。我国水产品贸易额从2003年的69.6亿美元飙升至2022年的467.1亿美元，激增5.7倍，年均增长率高达10.5%。三是水产品进出口波动大。中国海关数据显示，2023年我国水产品进出口总量达871.70万吨，进出口总额为396.49亿美元，同比分别增长5.9%和下降6.5%。2011—2023年，我国水产品进出口规模呈现波动态势。2019年我国水产品进出口总量最高（见图7–6、图7–7）。

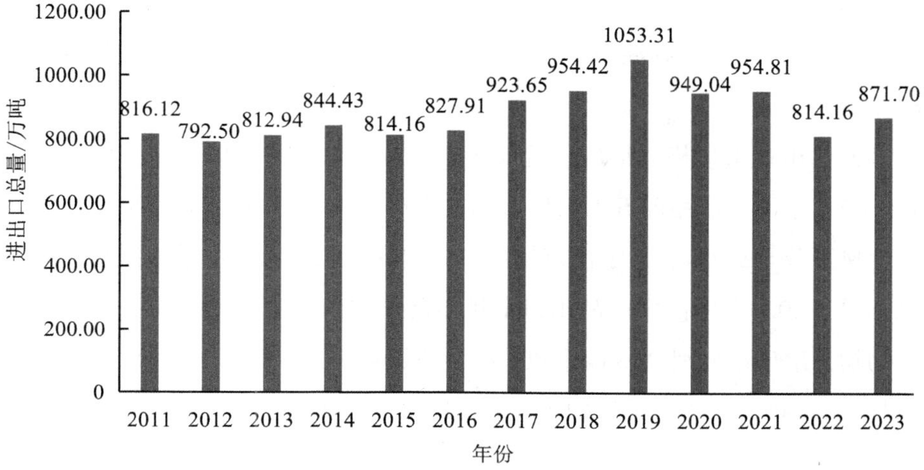

图7-6 2011—2023年中国水产品进出口总量

数据来源：海关总署。

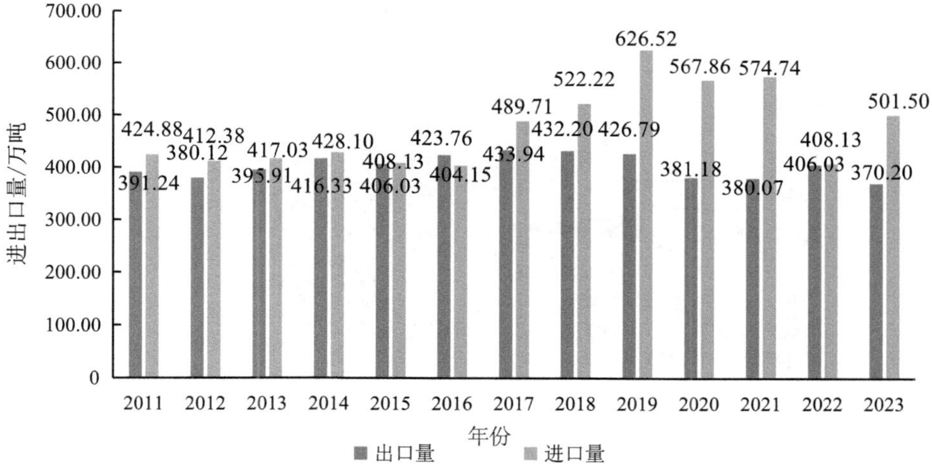

图7-7 2011—2023年中国水产品进出口量

数据来源：海关总署。

我国水产品出现贸易逆差。由于出口增长的放缓和进口量的激增以及外需疲软、出口竞争加剧和技术性贸易壁垒等风险因素，2022年我国水产品贸易首次出现逆差。水产品一直是我国的传统优势出口产品，2012年我国水产品贸易顺差首次突破百亿美元，2014年达到最高值125.1亿美元。从2017年开始，我国水产品贸易顺差开始持续下跌，直至2022年进口额为236.9亿美元，同比增长31.5%，而出口额为230.1亿美元，仅增长5%，导致贸易顺差转为贸易逆差。

多元化出口市场格局形成。近20年来，中国水产品出口市场的集中度降低。2003年中国水产品前五大出口市场占出口总额的83.7%，而到了2022年，这一比例下降至50.9%，显示出市场集中度的降低和多元化水平的提高。从出口品类看，2023年中国水产品出口量排名前三的产品为水产品制品、冻鱼和软体动物，出口量分别为138.4万吨、89万吨和44.7万吨，分别占中国水产品出口总量的37.40%、24.00%和12.10%（见图7–8）。从出口国看，2023年中国水产品前三大出口贸易伙伴为日本、韩国和美国，出口量分别为49.9万吨、40.5万吨和34.9万吨，分别占中国水产品出口总量的13.50%、10.90%和9.40%（见图7–9）。

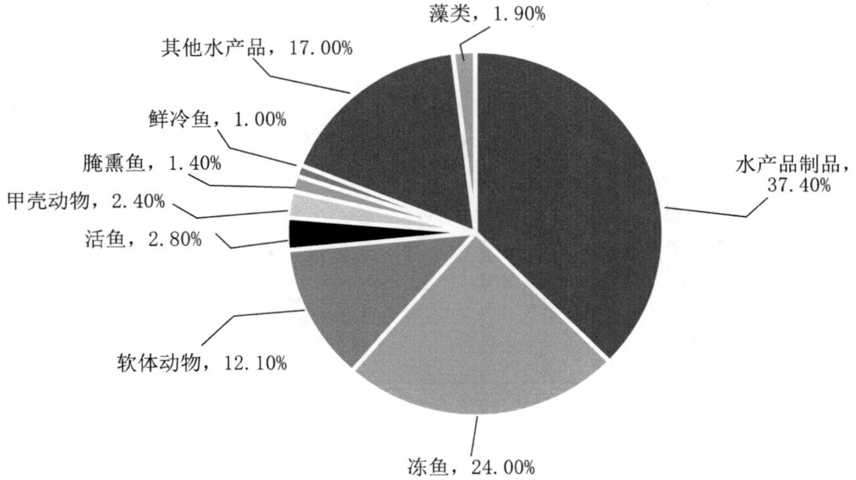

图7–8　2023年中国水产品出口结构

数据来源：海关总署。

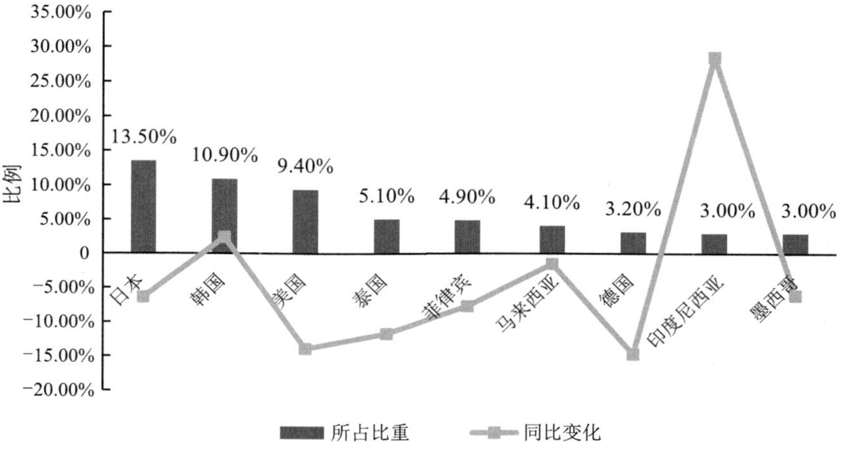

图7-9　2023年中国水产品主要出口国

数据来源：海关总署。

进口来源地集中度降低。2003年，中国水产品前五大进口来源地的进口额占比为61.1%，而到了2022年，这一比例下降了11个百分点，显示出进口来源地的多样化。从进口品类看，2023年中国水产品进口量排名前三的产品为冻鱼、甲壳动物和软体动物，进口量分别为238.2万吨、124.3万吨和55.3万吨，分别占中国水产品进口总量的47.50%、24.80%和11.00%（见图7-10）。从进口国看，2023年中国水产品前三大进口贸易伙伴为俄罗斯、厄瓜多尔和印度尼西亚，进口量分别为127.6万吨、70.3万吨和42万吨，分别占中国水产品进口总量的25.40%、14.00%和8.40%（见图7-11）。

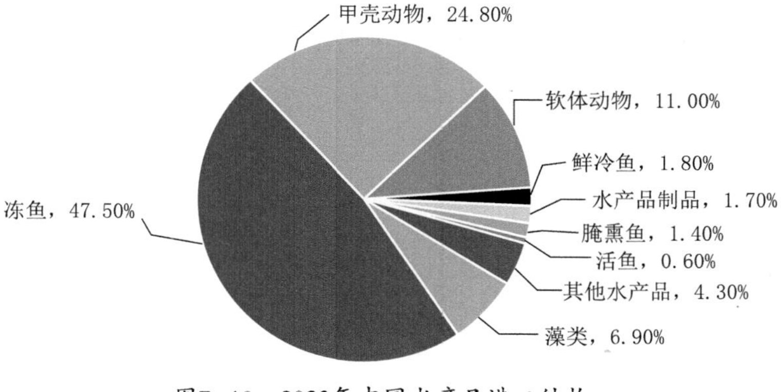

图7-10　2023年中国水产品进口结构

数据来源：海关总署。

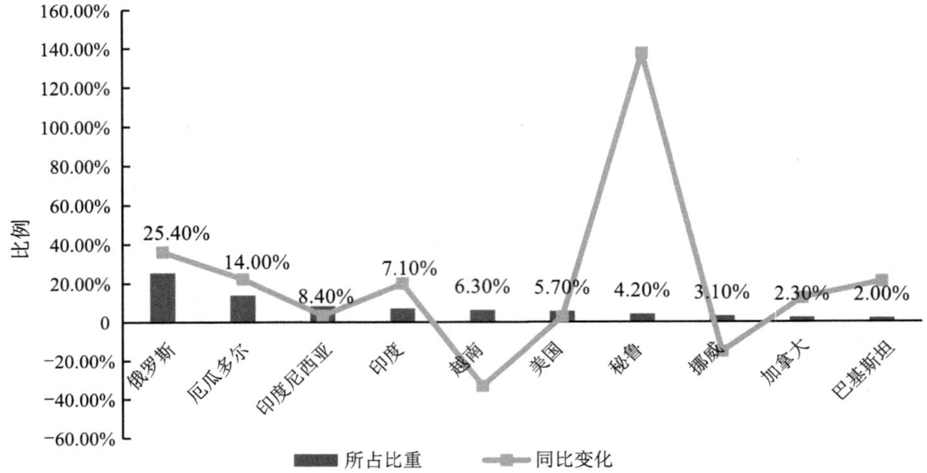

图7-11　2023年中国水产品主要进口国

数据来源：海关总署。

四、资源环境

深远海养殖潜力巨大。我国淡水与近海养殖发展受土地、水资源及生态环境治理等因素制约，但我国拥有300万平方千米管辖海域，这为深远海养殖提供了巨大的发展潜力。目前，我国深远海养殖业已经形成了一定的产业规模，并在福建、广东、山东等沿海地区取得了显著成效。例如，广东省结合现代化海洋牧场建设，截至2023年5月，在沿海各市建成桁架类大型网箱9个、重力式网箱5333个，其中珠江口外侧离岸海岛海域已经形成了规模化、集约化的深远海养殖集聚区。

第二节　渔业发展模式

一、渔业养殖模式

在消费升级战略的推动下，中国水产养殖业正经历着模式上的革新，现今已经发展出多种更为高效、环境友好且创新的养殖模式，如稻渔综合种养、鱼菜共生、休闲渔业、跨界渔业、智慧渔业等（见表7-5）。这些新模式不仅提升了生产效率，而且促进了环境保护，展现了行业的创新活力。

表7-5　现代化水产养殖主要模式

名称	定义
稻渔综合种养	是将水稻种植与水产经济动物（鱼、虾、蟹、贝等）养殖相结合的一种立体种养高效生态农业生产模式，可以充分利用光、热、水、气、土、肥、种等自然资源
鱼菜共生	是一种集蔬菜栽培与高密度鱼养殖为一体的生态系统，鱼产生的排泄废弃物为农作物生长提供富足的营养，经农作物净化吸收的水又可作为养殖水返回
休闲渔业	是将养殖、加工、流通和休闲服务等一二三产业相互融合的一种养殖模式
跨界渔业	“渔光互补”“海上风电+海洋牧场”将渔业养殖与光伏发电、海上风电相结合，实现了“上可发电、下可养鱼”的新模式
智慧渔业	是将互联网、人工智能、大数据等现代信息技术与水产养殖业生产深度融合的一种新型养殖模式

稻渔综合种养、鱼菜共生模式彰显了生态农业理念。稻渔综合种养和鱼菜共生模式均能够高效循环利用资源，促进生物和谐共生，减少化肥使用，净化水质，为鱼类提供清洁的生长环境。广东省在稻渔综合种养和鱼菜共生模式方面均有先进的示范项目。例如：在东涌渔稻模式试验中，水稻亩产最高超过700斤，水产养殖品种生长速度明显加快，目前已在广州花都、东莞、肇庆等地陆续开展试点试验；佛山市顺德区龙江镇万安村“鱼稻共生”示范

项目通过在鱼塘内部设置长条状的大型浮板种植水稻，既提高了水质，又实现了水稻与鱼类的共生。

跨界渔业模式兼具生态和经济效益。跨界渔业模式实现了渔业与光伏发电、海上风电的联动，不仅提供了可持续的清洁能源，还通过渔业养殖和发电项目带来了双重经济效益。广东省积极探索跨界渔业模式，促进渔业与清洁能源深度融合。例如：珠海市首个采用立体确权用海的“渔光互补”光伏项目占地面积约3600亩，于2023年成功并网发电；风渔一体化智能装备“明渔一号”集海上风力发电、深远海养殖于一体，海面上12MW风机单机每年的发电量可超4500万千瓦时，能满足23000个家庭一年的用电需求，海面下可养殖金鲳鱼、石斑鱼等高品质鱼种超15万尾，年渔获量可达75吨。

智慧渔业模式成为未来发展方向。我国水产养殖技术已经实现智能养殖新模式。广东省在渔业智能养殖上取得了一定的进展。例如：广州市健坤网络科技发展有限公司（简称“健坤网络”）在珠海国家农业科技园区河口渔业养殖示范区的基础上，升级打造了“5G+智慧渔业”养殖示范区；广州市诚一智慧渔业发展有限公司积极引进数字化智慧渔业理念和技术，研发智能化养殖装备，实现设备控制、信息管理的互联网化，诚一智慧渔业管理系统成功选入2024年广东省农业主推技术。广东省企业在渔业智能养殖方面的探索实践如表7–6所示。

表7–6　广东省企业在渔业智能养殖方面的探索实践

企业	探索实践
海威农业	开发的“海威2号”半潜桁架式渔业智能养殖平台，养殖水体达到3万立方米，单个养殖周期可收获超100万斤优质深远海鱼类
明阳集团	研发投运全球首台风渔一体化智能装备“明渔一号”，采用智能化渔业养殖系统，通过大数据和AI计算实现智能投喂、自动收鱼，拓展出了AI养鱼的新场景
健坤网络	在珠海国家农业科技园区河口渔业养殖示范区的基础上，升级打造了“5G+智慧渔业”养殖示范区
AquaMaof	开发基于RAS的智能、可持续、高效鱼类和海产养殖技术

续表

企业	探索实践
陆渔科技	自主研发的HD-RAS系统，通过数字化、智能化手段提供精准的养殖条件，实现高密度养殖

二、渔业生产组织模式

“公司+养殖户”扶持模式是一种常见的水产养殖合作模式，通过整合公司和养殖户的资源与优势，实现互利共赢。

公司在扶持模式中扮演着技术和服务提供者的角色。一是服务支持。公司利用自身的资金实力、技术专长和管理能力，为养殖户提供全面的服务和支持。二是物质提供和技术研发。通过整合资源，公司为养殖户提供高质量的种苗、饲料和其他养殖必需品，确保养殖过程的物资供应。公司还通过与科研机构的合作，不断研发和引进新的养殖技术和品种，以适应市场的变化和需求。三是传授方法经验。公司向养殖户传授先进的养殖技术和管理方法，包括疾病预防、饲料配方和生长监控等，以提高养殖效率和产品质量。一般而言，公司会建立一套完善的技术服务体系，定期派遣技术专家团队深入养殖户的养殖场进行现场指导和问题解决，确保养殖户能够及时掌握和应用先进的养殖技术。四是市场推销。公司通过开发销售渠道和进行市场推广，减少养殖户的市场营销压力，确保产品能够顺利销售。例如，公司通过建立自己的电商平台，帮助养殖户将产品直接销售给消费者，减少了中间环节，拓展了养殖户的利润空间。

养殖户在扶持模式中是养殖活动的具体执行者。一是日常养殖管理。养殖户接受公司的技术培训，学习并应用先进的养殖技术，按照公司提供的指导和标准进行日常养殖管理。二是执行养殖计划。养殖户执行包括种苗投放、饲料投喂、水质监控和疾病防治等内容的养殖计划，确保养殖过程顺利进行。在这个过程中，养殖户需要不断学习和适应新的技术和方法，以提高自己的养殖技能和管理水平。三是提高收入。在公司的协助下，养殖户可以更好地应对市场风险，减少因价格波动或疫情带来的损失。例如，在面临市场价格波动时，公司可以通过调整销售策略或提供价格保护帮助养殖户稳定收入。四是提升管理水平。在公司的长期支持下，养殖户能够不断提升自身的养殖技能和管理水平，提高自身的市场竞争力，实现可持续发展。

三、渔业产品创新开发模式

居民消费结构升级。目前我国海鲜餐饮市场具有很大的发展空间，是推动我国水产养殖业发展的重要力量。随着我国居民消费结构的变化，以及消费水平的不断提升，水产品已逐渐在居民饮食结构中占据越来越大的比重。统计数据表明，中国居民消费支出每年都在持续增长，2022年中国居民消费水平为31718元（见图7-12），人均可支配收入为36883元。我国水产品消费逐渐由“温饱型”转向“品质型”。

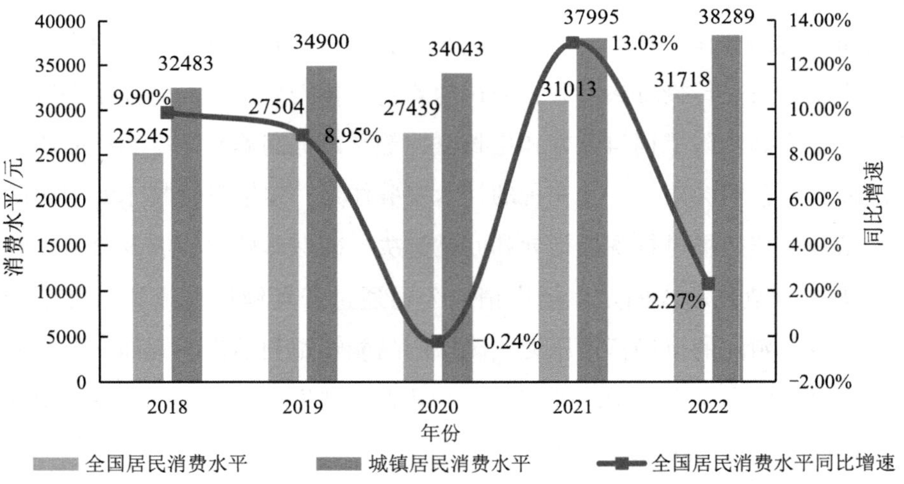

图7-12　2018—2022年中国居民消费水平

数据来源：国家统计局、艾媒咨询。

水产品创新开发。在疫情全面放开及扩大内需、刺激消费等一系列政策出台后，我国水产品消费市场迎来持续的增长趋势，水产食品不断丰富。例如，预制菜成为市场上的新宠，它以便捷、健康、多样化的特点，满足了消费者对高品质生活的追求。随着预制菜市场的不断扩大（见图7-13），水产品的创新开发不再局限于传统的烹饪方式，而是开始融入更多的科技元素和创意设计。例如，利用低温真空技术保存的海鲜预制菜，不仅保留了食材的原汁原味，还大大延长了产品的保质期，方便长途运输和储存。同时，结合智能化的生产设备，预制菜的生产效率得到了显著提升，不仅降低了成本，还使得更多消费者能够享受到物美价廉的水产品。

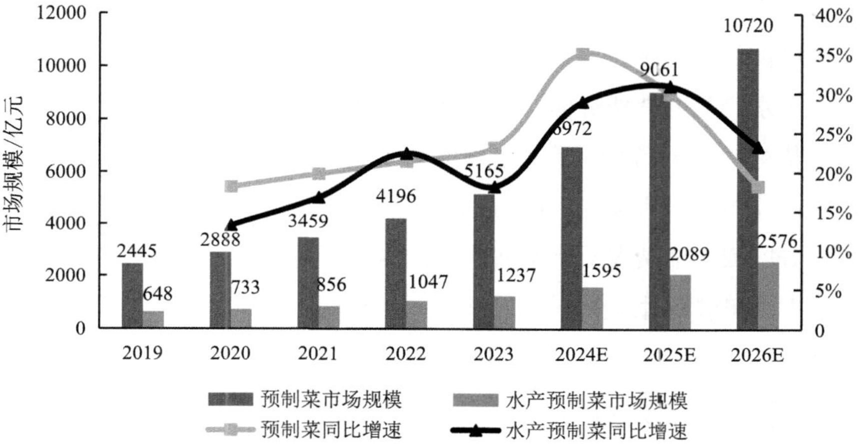

图7-13 2019—2026年中国预制菜及水产预制菜市场规模及预测

数据来源：艾媒咨询。

四、渔业销售模式

互联网赋能新销售模式。在互联网技术的飞速发展和新冠疫情的催化作用下，消费者的购买行为正在经历显著变化，电商平台等新型销售渠道迅速崛起。渔业电商领域出现了两种主要的商业形态：其一，借助农资电商、淘宝村等在线平台，采用直播带货的方式拓宽销售渠道；其二，通过覆盖全国的大型电商平台及其他非传统购物网站，利用线上终端销售策略，推广并销售各地特色水产品。这些电商和直播带货模式能够显著缩短渔业产品从捕捞到市场推广的时间，使渔民和养殖户能够在生产现场即刻推销产品，从而实现即时销售和收益最大化，并有效减少中间环节的成本。然而，鉴于水产养殖行业的特殊性，如养殖场地多位于偏远地区，导致物流和冷链配送体系尚需加强建设，加之国内渔业产品质量参差不齐，缺乏统一的养殖标准，以及消费者获取产品信息的渠道有限等问题，使得市场上存在以次充好的风险。因此，整个渔业电商模式仍有待进一步完善和发展。

电商新零售模式开始普及。从典型的前置仓模式和前店后仓模式（见图7-14）来看，前置仓模式由于靠近用户所在地，依靠短途即时配送，不需要冷链运输，因此配送成本相对可控且整体生鲜产品质量较高；前店后仓模式既可提供线上短途配送又可线下采购，甚至加工直接食用，加之疫情背景下生鲜电商快速扩张，导致生鲜需求持续增长。总体而言，新零售业态的兴起扩大了水产品的消费群体，并促使消费者在购买行为和偏好上发生了转变，这对传统销售市场产生了一定程度的影响。新零售模式的普及不仅开辟了海洋水产品新的销售途径，同时也给传统海洋水产品市场带来了挑战。这一现象部分归因于消费者对新鲜海产品的需求日益增长，导致冷冻海水鱼类等产品的市场需求相对减少。

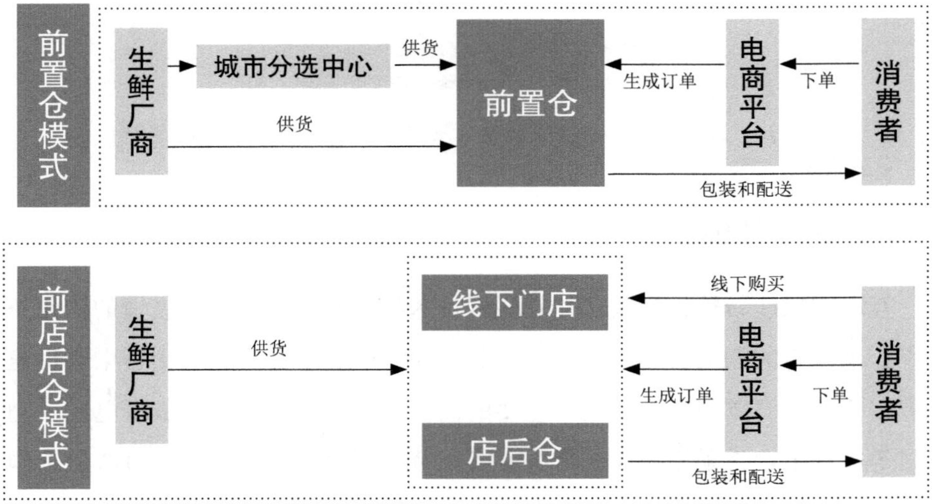

图7-14　两种典型的生鲜零售模式

资料来源：华经产业研究院。

第三节　渔业产业链SCP范式研究分析

中国作为世界上最大的渔业生产国，经过改革开放以来40余年的发展，渔业全产业链发展已经较为完整和成熟。渔业产业链上游主要由养殖所需水产苗种、水产饲料和水产用药等原材料，以及捕捞所需渔船和设备等构成；中游主要由鱼虾类、贝类和藻类等水产养殖及其沿海、近海、外海和远海捕捞构成；下游则主要为鲜活水产品及其加工产品在批发市场以及商超、电商平台的销售。

一、渔业市场结构分析

（一）上游：水产饲料市场集中度上升

中国水产饲料市场集中度逐年上升，龙头企业优势明显。中国水产饲料行业竞争逐步分层，生产地区主要为广东等省份，市场竞争整体较为激烈。广东、江苏和湖北等省份是我国水产饲料的主要产地，地域分布较为集中，具有明显的集聚效应。广东海大集团股份有限公司（简称“海大集团”）始终占据行业龙头地位，市场占有率约为14%，四川通威股份位列第二，约占10%，四川新希望集团和广东恒兴集团均约占5%，其余中小企业面对资本压力和技术压力等发展瓶颈，将逐步被优势企业整合并购或退出市场。行业竞争格局由饲料加工行业竞争转向农牧全产业链的综合竞争。

海大集团保持行业龙头地位，水产饲料销量规模全球第一。该公司跻身千亿级高新农牧龙头企业，而四川通威股份、广东恒兴集团、福建天马科技和广东粤海饲料等是主要的水产饲料企业。海大集团凭借全球领先的技术优势、资源储备和产业化规模，虾苗和鱼苗年销量居全球第一。在核心主业（饲料）领域，海大集团2023年实现饲料销量2440万吨，其中对外销量为2260万吨，稳居全球第二，水产饲料销量规模全球第一。2023年，海大集团营业总收入为1161.17亿元，同比增长10.89%，呈现稳定发展态势。在2024年上半年，尽管全国饲料总产量有所下滑，但海大集团的饲料销量却逆势增长

8.5%，达到1179万吨（含内部消耗），进一步巩固了其市场地位。

（二）中游：水产养殖市场集中度较低

中国渔业企业以分散个体经营为主，大型企业数量较少。目前，全国渔业企业共有60余万家，其中湖北渔业企业数量最多，在全国渔业企业总数中所占比重为15.12%，安徽和江苏渔业企业数量分别居第2位（占比为11.25%）、第3位（占比为10.05%）。广东渔业企业数量约为3.579万家（占比为5.97%）（见图7-15），其中，水产捕捞企业数量居全国第7位，水产养殖企业数量居全国第11位。

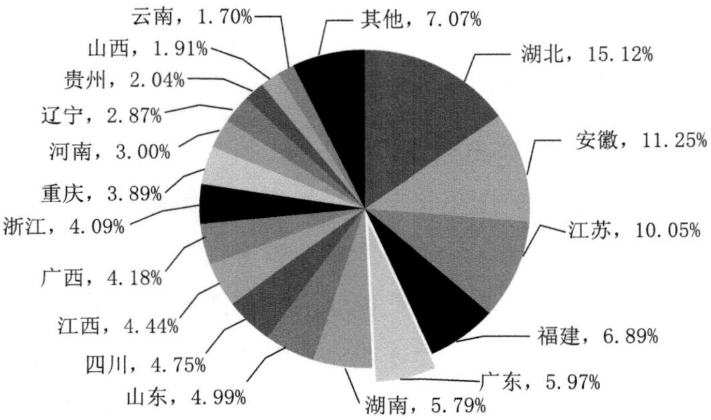

图7-15　中国渔业企业市场结构（按省份）

数据来源：企查查。

中国渔业养殖市场主要集中于沿海地区。广东省水产品产量全国领先，占据全国超44%的海水养殖鱼类产量份额，居全国第1位。广东、福建和山东等沿海省份及其周边地区的海水养殖业较为发达，2022年广东省海水养殖产值为842.74亿元，占全国总产值的18.18%，处于全国第3位。从水产品产量来看，2022年全国水产品总产量为6865.91万吨。其中，广东省水产品产量为894.03万吨，居全国第1位（占全国水产品总产量的比重为13.02%）。从水产品细分品种来看，2022年全国海水养殖鱼类和淡水养殖鱼类产量分别为192.56万吨和2710.48万吨，分别同比增长4.44%和2.66%。其中，广东省是全国海水养殖鱼类产量最大的省份，产量为85.1381万吨，占全国海水养殖鱼类产量的

44.2%，鲈鱼、卵形鲳鲹和石斑鱼产量居前三位（见图7–16）。广东省淡水养殖鱼类产量亦居全国首位，2022年产量为387.5007万吨，占全国淡水养殖鱼类产量的14.3%。其中，草鱼产量最高，为91.6991万吨，占广东省淡水养殖鱼类产量的23.66%。

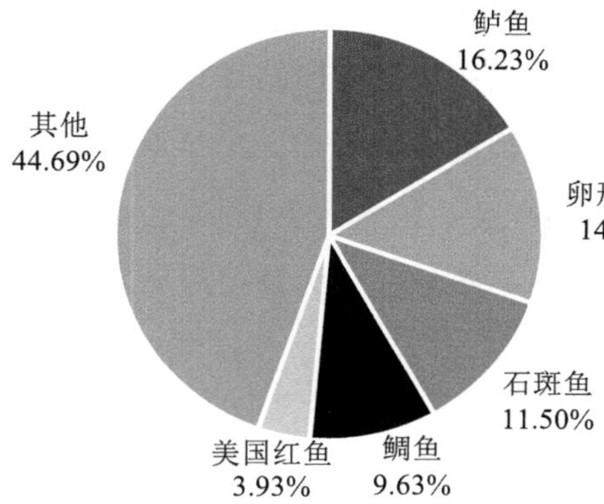

图7–16　2022年广东省海水养殖鱼类产量结构（按品种）

数据来源：农业农村部。

（三）下游：超八成加工品为人工养殖

人工养殖淡水产品和海水产品是下游加工环节的主要原料。从渔业下游加工品类结构来看，2022年中国人工养殖淡水产品和人工养殖海水产品占比较高，分别占水产品加工总数的47.82%、33.23%；天然生产淡水产品占比最低，为1.72%（见图7–17）。

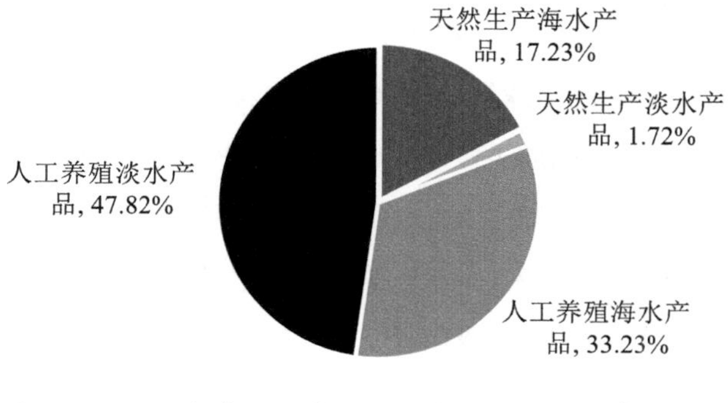

图7–17　2022年中国水产品加工市场结构（按养殖方式）

数据来源：农业农村部。

水产预制菜市场成为新兴蓝海市场，生产企业加速布局。中国渔业下游的加工水产品主要为水产冷冻品，占比近70%。同时，水产预制菜加工品市场快速发育，规模占比增长显著。湛江国联水产开发股份有限公司（简称“国联水产”）是国内渔业龙头企业之一，以水产食品为主业，聚焦预制菜进行商业模式升级，为餐饮企业、家庭餐桌提供全面解决方案。该公司充分发挥全球供应链和研发优势，产品结构逐步向以预制菜为主的餐饮食材和海洋食品转型，产品附加值和影响力得到进一步提升。2023年国联水产营业总收入为49.09亿元，其中水产预制菜产品销售收入为11.57亿元，营收贡献进一步增加，市场全渠道营销体系建设不断加强，为公司产品发展拓展了新的增长空间。

二、渔业市场行为分析

（一）持续加大研发投入，加快实现科研成果转化

中国是养殖技术第一大来源国，广东省专利申请量位居前列。中国在该领域的专利申请量占据全球总量的约97%。在国内，江苏省在水产养殖专利申请方面处于领先地位，累计专利申请量超过19000项；其次是广东省和山东省，专利申请量均突破15000项。党的十八大以来，广东省专利申请量呈现显著增长趋势，同时山东省和浙江省的专利申请量也整体稳步上升，增长趋势明显。

龙头企业持续加大研发投入，加快推动科研成果转化。海大集团作为中国渔业龙头企业，坚持践行“科技兴农”使命，将科技创新视为企业发展的生命线，水产饲料（产量全球第一）、水产苗种等产品是其核心业务，每年开展自主研发项目试验1000余项，累计获得企业核心技术200余项，承担国家科技项目上百项，实现科研成果转化2000余项，6个新研发品种被定为国家水产新品种。从研发费用投入看，海大集团近年来持续加大研发投入。与2018年相比，2023年海大集团研发费用投入增长幅度超1倍，约为7.85亿元（见图7–18）。截至2024年第二季度末，海大集团累计投入研发费用超46亿元。海大集团多年来持续聚焦饲料领域，通过饲料工业全链条的专业化再造，实

现饲料产业链的现代化升级和高质量发展。以海大膨化鱼料为例，该款产品率先采用先进的双螺杆膨化工艺和超微粉碎技术，使得包产提升近20%，达到33斤。以一口塘用3000包海大膨化鱼料来计算，相当于多产出1.5万斤鱼，增收超12万元。海大集团严格的产品质量品控体系使其产品备受客户肯定和信赖。此外，海大集团旗下四川海林格生物制药有限公司的细菌培养亚单位疫苗生产线已通过新版兽药GMP动态验收，为海大集团自主研发的亚单位疫苗量化生产迈出了关键一步。同时，四川海林格兽药评价中心也顺利通过兽药GCP机构监督检查，成为海大集团获得的第一个国家级兽药研发支撑平台。这些成果将进一步推动海大集团在生物制品领域的科研成果转化和应用。

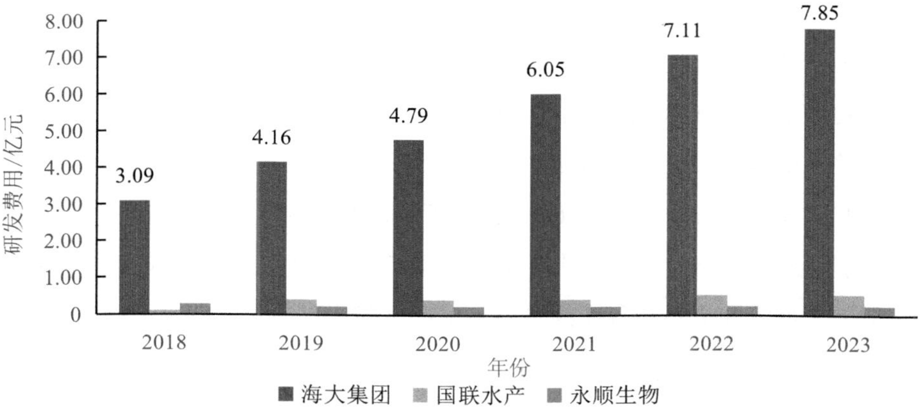

图7-18　广东省渔业代表性公司2018—2023年研发费用

数据来源：海大集团、国联水产、永顺生物年报。

（二）深耕生物医药研发，超前布局水产疫苗

广东永顺生物制药股份有限公司（简称“永顺生物”）持续加大研发投入，深耕生物医药制品的研发与创新。该公司是一家集兽用生物制品研发、生产、销售和技术服务于一体的生物医药企业，产品覆盖猪用疫苗、禽用疫苗和水产疫苗等30余个品种。党的十八大以来，永顺生物每年的研发费用投入均超过2000万元。党的十九大以来，永顺生物每年的研发强度平均在7%以上。其中，2023年全年累计投入研发费用2567.98万元，占营业收入的比例为8.18%，研发强度为近5年最高，获得授权专利25项、新兽药证书20项和生产

批文37项，参与制定国家兽用生物制品生产规程与质量标准20余项。同时，该公司在动物疫苗领域取得多项技术突破，成功研发动物疫苗传代细胞生产技术并获得国家发明专利授权，率先在国内采用传代细胞生产高效安全的新型猪瘟活疫苗（传代细胞源）。这些成果不仅提升了该公司的技术实力，也增强了该公司的市场竞争力。

永顺生物超前布局疫苗产业，利用技术先发优势占领市场。该公司产品种类齐全，覆盖猪用疫苗、禽用疫苗、水产疫苗、诊断试剂等多个领域，包括单价苗、多价苗、多联苗和多联多价苗等多种类型，产品矩阵不断完善。我国水产疫苗领域正处于研发应用的产业化初级阶段，市场竞争格局尚未形成，永顺生物通过提前布局以及研发技术优势，持续加大水产疫苗产品的研发力度和产业化推动，利用水产疫苗的先发优势占领市场。该公司所研制的多宝鱼疫苗和桂花鱼疫苗是全国首创甚至是全球首创产品。同时，该公司的石斑鱼疫苗和鲈鱼疫苗等多个相关灭活水产疫苗处在不同研发阶段。由于中游养殖户对水产疫苗产品的认识程度不高和尚未形成使用习惯，水产疫苗的使用便捷性暂未得到优化，因此该公司水产疫苗相关产品暂未实现规模收入。但随着技术的成熟和行业的发展，水产疫苗应用前景广阔。

（三）整合供应链资源，聚焦拓展全球市场

高效整合供应链资源，不断增强企业合作。广东省渔业领军企业国联水产是目前中国最大的水产品加工企业，其产品已经覆盖了全球40多个国家和地区。党的十八大以来，该公司加快供应链市场资源整合，2012年以1500万美元的价格收购了美国桑尼威海鲜公司，进一步巩固了其在美国市场的地位。面对电商零售领域对生鲜零售的冲击，国联水产在2018年3月开始与新零售巨头永辉超市合作，后者以5.38亿元的价格收购了国联水产10%的股份，国联水产得以拓展新的销售渠道，实现双赢。同时，国联水产与盒马鲜生建立了长期稳定的合作关系，双方就发挥预制菜供应链优势等方面展开了深入合作。盒马鲜生作为全链路数字化的新零售巨头，为国联水产提供了广阔的销售渠道和市场机会。此外，该公司还与叮叮懒人菜携手深耕预制菜C端市场。叮叮懒人菜拥有线上线下一体化销售渠道，国联水产则具备高效的供应链资

源整合能力和智能化加工生产技术，双方通过集聚效益打造多品类预制菜产品，共同引爆市场。

强化全球资源采购，持续布局全球海产资源。国联水产进一步构建销售网络，聚焦东南亚与南美洲市场的深度拓展，于2019年成功收购了印度对虾生产公司25.30%的股权。2023年6月，国联水产与沙特主权财富基金达成协议，在海鲜交易平台搭建、海鲜交易所运营、海鲜期货交易以及海鲜采购等多维度开展深度合作，预计总投资额将达5亿美元。这些举措不仅标志着国联水产在全球化战略上迈出了坚实的一步，也为其达成全球海洋食品行业领军企业的目标奠定了坚实的基础。同时，国联水产在全球构建了比较完善的采购体系，实现了全球化与规模化采购。该体系覆盖中东、南亚、东南亚和南美等世界对虾及综合水产品的主要原料产地，确保了高品质原材料的稳定供应。通过与这些地区的深度合作，国联水产不仅获得了丰富的海产资源，还增强了自身的议价能力，为产品的成本控制和市场竞争力的提升提供了有力保障。

聚焦预制菜业务，持续扩大投资规模。2023年我国预制菜市场规模已达到5165亿元，同比增长23.1%。其中，水产预制菜作为预制菜的重要组成部分，其市场规模同样呈现出快速增长的态势，显示出巨大的市场潜力和发展空间。水产品市场需求的增加为水产企业提供了良好的市场机会。渔业企业为了提升预制菜产品的竞争力和附加值，纷纷加大研发投入，通过引进国外先进技术和设备，以及与国内科研机构合作研发新产品，不断提升预制菜产品的品质和口感。同时，渔业企业在海洋捕捞业和水产品加工业等领域有诸多融资需求，呈现出集中投入高、季节性明显、资金流量大等特点。2023年以来，获得融资支持的有国联水产、菲西生物和长辰渔业等企业。其中，国联水产聚焦预制菜业务，强化产品力、渠道力和品牌力建设，在业内影响力较大，获得了6.5亿美元的融资金额。目前，中国海洋渔业正处于探索阶段，金融支持也为海洋渔业的发展提供了巨大的驱动力。2021—2023年中国水产行业相关投融资情况如表7–7所示。

表7-7　2021—2023年中国水产行业相关投融资情况

公司名称	融资时间	融资金额	机构
湛江国联水产开发股份有限公司	2023年6月	6.5亿美元	沙特主权财富基金
成都菲西生物技术有限公司	2023年4月	约1亿元	江苏国信
广州长辰渔业有限公司	2023年4月	8000万元	—
北京河豚家族科技产业有限公司	2023年2月	3500万元	华软资本
海南道之智慧科技有限公司	2022年10月	数百万元	云创壹号创新投资企业
深圳精渔科技有限公司	2022年4月	数千万元	熊猫资本
江苏美星智能科技有限公司	2021年11月	数百万元	甲子启航

资料来源：艾媒全球投融资数据监测系统。

三、渔业市场绩效分析

随着人民生活水平的不断提高，越来越多的中国人将营养需求视为食品消费的首要考量，这使得水产品的消费比例呈现出上升趋势。在水产品消费中，鱼类和贝类等产品占据主导地位，而预制菜的兴起也带动了水产品预制菜市场的繁荣。针对新兴的水产品预制菜市场，下文选取了国联水产和百洋产业投资集团股份有限公司（简称“百洋股份”）作为代表性企业，对其鲜活水产和水产食品的营业收入和毛利率进行了分析。

（一）国内水产市场逐渐修复，国联水产供不应求

国联水产作为广东省乃至水产食品行业的龙头企业，专注于水产食品加工、研发和销售，每年水产品产销量保持在6.50万吨左右，2019年受重大不确定事件影响，销量开始持续下跌，产销量缺口较大，2022年行情好转，水产品销量为6.99万吨，产量为6.70万吨，水产品销售呈现供不应求的趋势，总体销售情况较为可观；百洋股份以水产饲料和水产食品为主营业务，其水产品产销规模略低于国联水产，除2021年水产品供不应求外，通常情况水产品供大于求，并且产销总体规模略有下降，产量从2019年的6.00万吨下降至2022年的4.91万吨，销量从2019年的5.75万吨下降至2022年的4.59万吨（见图7-19）。

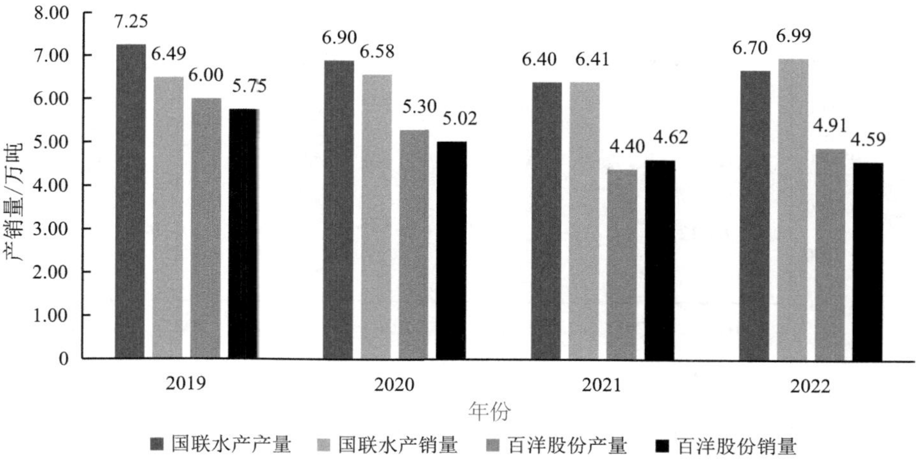

图7-19　2019—2022年国联水产和百洋股份水产品产销量

数据来源：国联水产、百洋股份年报。

（二）广东龙头马太效应显著，营收规模进一步扩大

国联水产作为水产食品行业的龙头企业，水产食品的营业收入是其主要收入来源。伴随着预制菜市场的火爆，国联水产的水产食品营业收入保持稳步增长，从2016年的23.0357亿元增长至2022年的48.2804亿元（见图7–20），年均复合增长率达到13.13%，预计未来还有较大的增长空间；百洋股份以水产饲料和水产食品为双引擎，但由于水产食品主要面向外销市场，内销市场尚处于培育阶段，因此在国内市场份额较小，营业收入相较于国联水产还存在较大差距，水产食品营业收入基本稳定在100亿元左右，预计其内销市场逐渐成熟后，市场份额会有所提升。

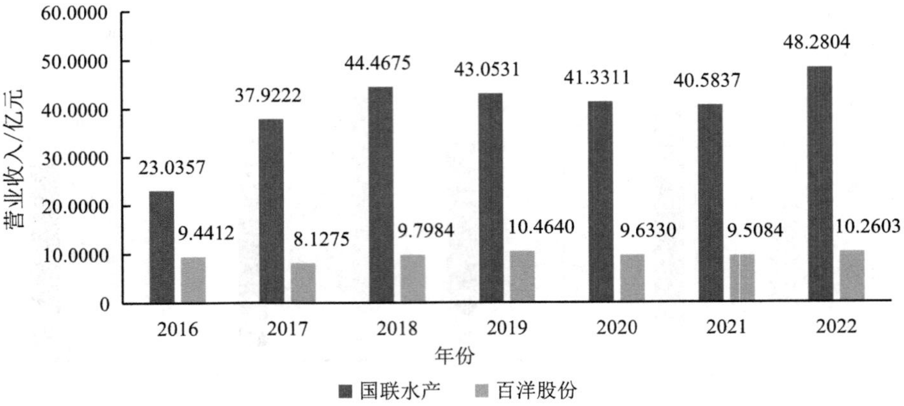

图7-20 2016—2022年国联水产和百洋股份水产食品营业收入

数据来源：Choice金融终端。

（三）水产食品品种研发加速，预制菜是创新发力点

国联水产作为国内为数不多能够实现全球采购、深度加工和食品研发的海洋食品企业，其核心业务集中于水产食品，并通过预制菜的商业模式创新来推动业务模式的升级，在食品研发中心建设、研发体系建设、预制菜菜品研发上每年投入大量资金，2018—2022年研发支出金额稳定在1.6亿元左右，研发成果也较为显著，在国内市场龙头地位稳固；百洋股份同样以水产食品为核心，但其研发支出金额远低于国联水产，主要用于研发特种水产饲料和预制菜品，但是由于内销市场还未完全开发，预制菜品研发投入不及国联水产，自2019年以来其研发支出更是下滑严重，2022年研发支出仅为6521万元（见图7-21）。

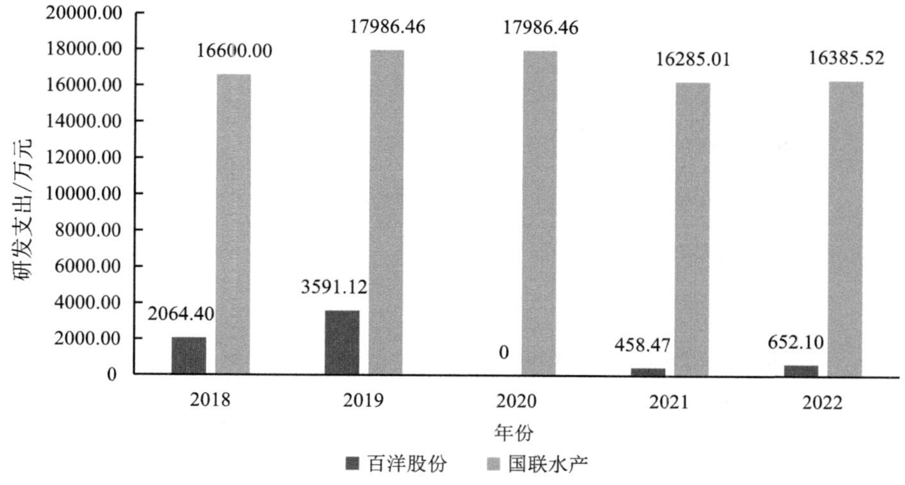

图7-21　2018—2022年百洋股份和国联水产研发投入

数据来源：百洋股份、国联水产年报。

注：百洋股份未在2020年年报中公布研发支出费用，此处数据缺失。

（四）水产食品推陈出新加快，带动产业链价值延伸

国联水产注重开发新的水产食品种类，而百洋股份则专注于水产饲料和鱼类保健品的研发。国联水产构建了由主打产品和特色产品组成的产品组合，不断推出多样化的预制菜新品。例如，2022年，国联水产推出了包括菠萝烤鱼、剁椒金鲳鱼、奶香麦片脆皮虾、香烤凤尾虾、调味牛蛙在内的20多种预制菜新品。百洋股份则专注于特种水产饲料的研发，并利用鱼皮、鱼鳞等原料开发出胶原蛋白、明胶等生物制品。这些产品广泛应用于保健品、化妆品、饮料和食品等多个领域（见表7-8）。

表7-8　2022年百洋股份和国联水产在研项目和研发成果汇总

公司	在研项目	研发成果
百洋股份	水产胶原蛋白肽应用开发关键技术研究与示范	饲料：研发“肝肠丰元”系列产品用于改善鱼类肝脏问题
	鱼皮胶原蛋白脱腥工艺技术研究	
	鱼蛋白肽酶解工艺及分子量检测方法研究	
	水产胶原蛋白凝胶、多肽的绿色制备	
	大黄鱼饲料研发	预制菜：已形成“贝丰”牌、“俏渔家”两个系列产品
	加州鲈鱼饲料蛋白替代和添加剂筛选	
	草鱼营养需求及饲料配方模型开发	
国联水产	调味烤鱼（罗非鱼/海鲈鱼）系列产品、金鲳鱼产品等中式预制菜品开发	预制菜：菠萝烤鱼、剁椒金鲳鱼、奶香麦片脆皮虾、香烤凤尾虾、调味牛蛙等20余种预制菜新品
	南美白虾深加工预制菜品虾饺及面包虾新产品、虾滑新产品及新工艺技术研究	
	淡水养殖鱼类（黑鱼/叉尾鮰鱼）预制菜品研究	

资料来源：百洋股份、国联水产公告。

第四节　广东省渔业现代化发展成就与突出问题

一、广东省渔业现代化发展成就

作为国内首屈一指的水产品发源地，广东省连续多年实现水产品总量与养殖产量的稳步增长，自2019年起连续三年蝉联全国榜首，彰显了其雄厚的渔业实力。目前，广东省渔业正经历深刻转型，养殖与捕捞的比例得到显著提升，渔业经济体系中的一二三产业产值结构持续优化，展现出更加均衡与高效的发展面貌。

2022年全国淡水养殖业总产量达到3289.76万吨，广东省以428.06万吨的产量位列全国第二，进一步巩固了其在水产养殖业中的领先地位。广东省在海水养殖与淡水养殖领域并驾齐驱，总产量均位于全国前列，庞大的水产养殖规模与严格的水产品质量安全监管体系为其探索并发展“年鱼经济”这一创新模式奠定了基础，开启了渔业经济转型升级的新篇章。

（一）海洋牧场：生态与效益相结合

海岸资源丰富，奠定渔业大省地位。广东省积极响应国家级海洋牧场建设倡议，致力于推动现代化海洋牧场建设，旨在实现海洋经济的可持续发展。广东省拥有长约4100千米的大陆海岸线，近2000个海岛以及41.9万平方千米的广阔海域，海洋生物资源丰富。多年来，广东省稳居全国渔业大省地位，水产品总量及水产养殖产量多年稳居全国第一。

坚持生态发展，打造海洋牧场示范区。作为现代化海洋牧场建设的先行者，广东省始终秉持“疏近用远、生态发展”的核心理念，深入实施“陆海接力、岸海联动”战略，有效促进了海洋生态环境保护与渔业资源合理开发的和谐共生。截至2023年底，广东省已建成包括万山海域海洋牧场、遂溪江洪海域海洋牧场、南澳岛海域海洋牧场在内的15个国家级海洋牧场示范区，覆盖海域面积逾12.5万公顷。这些示范区已成为助推广东省海洋经济高质量发展的“海上良田”。

全产业链布局，提升海洋牧场综合效益。2022年，广东省海水养殖产量高达339.67万吨（见图7–22），其中鱼类产量85万吨、甲壳类77万吨、贝类170万吨、藻类6万余吨，展现了其强大的海洋养殖实力。此外，广东省探索构建了一条涵盖种业培育、养殖管理、装备升级及精深加工等方面的现代化海洋牧场全产业链，通过“粤强种芯”工程的实施，成功培育并养殖了花鲈、金鲳、石斑、军曹鱼等高品质、高价值的优良鱼种，进一步提升了海洋牧场的综合效益与竞争力。

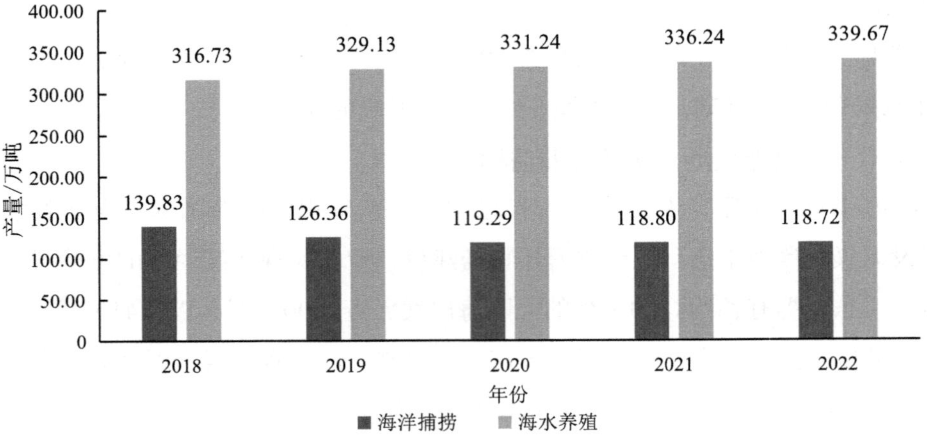

图7-22　2018—2022年广东省海洋捕捞和海水养殖产量

数据来源：《广东海洋经济发展报告（2023）》。

（二）冷链物流通道网络：资源与市场双重驱动

依托地理优势，推动冷链物流快速发展。根据国务院办公厅《“十四五”冷链物流发展规划》，我国正积极建设北部、鲁陕藏、长江、南部等“四横”冷链物流大通道，以及西部、二广、京鄂闽、东部沿海等“四纵”冷链物流大通道，形成内外联通的“四横四纵”国家冷链物流骨干通道网络。广东省作为关键枢纽，不仅连接东西南北，还促进内外贸易交流，对冷链物流网络建设贡献显著。广东省完善的交通网络、发达的港口体系以及丰富的农产品与电商资源，为冷链物流行业提供了坚实的基础与广阔的市场，推动了行业持续快速发展。

注重产品安全，建设高效运输通道。广东省为确保水产品的卓越品质与安全，将渔业冷链物流通道网络的建设置于战略高度，通过打造现代化冷链物流体系，显著提升水产品的流通效率与质量安全标准。依据《广东省推进冷链物流高质量发展“十四五”实施方案》，广东省正加速冷链物流设施互联互通进程，强化冷链物流骨干基地、集配中心、末端设施的功能协同与业务衔接，实现干支线物流与末端配送的高效整合。

拓宽销售市场，提高水产运输效率。粤港澳大湾区水产品集散中心网络初具规模，促进国内外期货现货联动交易。目前，以广州、深圳、珠海、江门等城市为核心的粤港澳大湾区水产品集散中心网络逐渐成形，旨在构建一个横跨国内外、实现期货与现货联动的交易市场体系。在此背景下，随着广东省海洋牧场建设的蓬勃发展，广东供销公共型农产品冷链物流基础设施骨干网已在全省布局73个项目，规划总库容高达161.69万吨，并配套有328万立方米的加工、仓储及配送设施，全方位服务于水产企业，涵盖冷链仓储、加工物流等多元化需求，极大提升了市场运作效率。

（三）预制菜开发：需求与技术双轮驱动

预制菜是水产加工业发展的主流方向。数据显示，水产品类是当前预制菜行业最大的增长点。我国水产预制菜市场规模已超千亿元，占整个预制菜市场规模近四分之一，预计2026年中国水产预制菜市场规模将突破2500亿元。

水产精深加工是渔业产业链延伸的重要环节。水产品类被称为预制菜领域的天花板，在用料、工艺、储存等方面都要求严苛。依托现代化海洋牧场建设，聚焦水产精深加工成为众多企业的共识。作为全国水产大省，广东省2022年水产品产量为894.03万吨，但加工品占比较低，水产原料总体上供大于求。因此，预制菜成为产业转型升级的重要突破口。自2019年起，广东省率先引领预制菜产业发展潮流，通过政策扶持、科研助力及产业集群培育等系统化措施，显著激发了水产预制菜领域的创新活力。目前，广东省预制菜企业数量已超6000家，增长势头强劲，并涌现出国联水产、恒兴集团等领军企业，不仅自身发展迅猛，还引领行业协同共进，共同推动广东省预制菜产业迈向新高度。2022年水产品加工产值前十省份如图7–23所示。

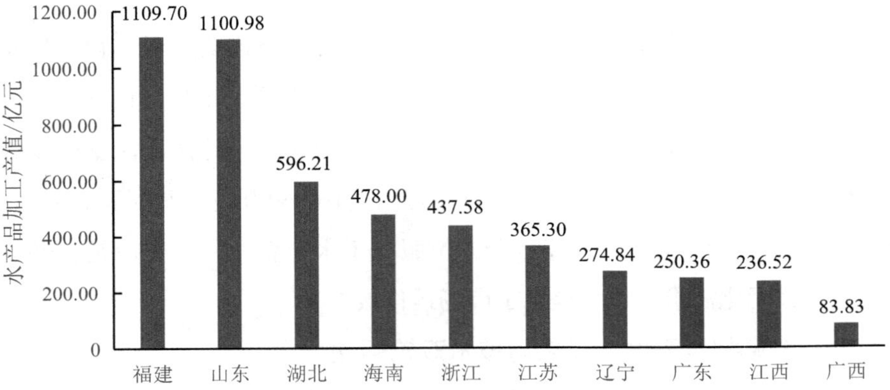

图7-23　2022年水产品加工产值前十省份

数据来源：《中国渔业统计年鉴2023》。

（四）数字渔业：养殖与科技深度融合

政策支持推动渔业现代化。《广东省人民政府办公厅关于加快推进现代渔业高质量发展的意见》提出，到2025年实现全省渔业经济总产值超过4500亿元，水产品加工率超过30%。这为渔业的数字化转型提供了明确的发展方向。

智能设备助力水产养殖数字化。智能化、设施渔业是国家大力提倡的发展模式，也是渔业发展的必然趋势。广东省作为中国渔业大省，在智慧渔业的发展上展现了显著成就和创新实践。在智慧渔港建设方面，广州番禺国家级沿海渔港经济区通过智慧渔港建设，推动了渔业与科技的深度融合；汕头南澳国家级沿海渔港经济区则通过基础设施的改造升级，预计2024年将实现渔业总产值26.5亿元，显著提升港区的卸鱼效率和防灾减灾能力。

技术应用实现水产养殖自动化。广东省通过推广自动饲喂、环境调控、疫病防治等现代化渔业设施装备，以及构建基于物联网的水产养殖生产和管理系统，大幅提升了渔业生产的效率和产品质量。这些技术的应用不仅提高了养殖效率，还增强了水产品的市场竞争力。

现代化养殖设备带动水产养殖智能化。近10年来，数字渔业相关专利申请量迅猛增长，截至2023年累计专利申请量已达2817件（见图7-24）。从专利申请分布区域来看，广东省和江苏省数字渔业专利申请量最多（见图7–25）。这表明二者在数字渔业发展方面处于全国领先水平。例如，渔军师智能科技（广东）有限公司推出的智能增氧机控制器和水域实时检测设备，以及养殖户小程序3.0版本，为养殖户提供了便捷高效的智慧渔业解决方案；广东联塑精铟科技有限公司研发的自升式桁架类网箱具备升降功能，能在深水区域进行养殖，同时具备抵御台风的能力；风渔一体化智能装备“明渔一号”实现了海上风电与海洋牧场的深度融合，推动了低碳渔业模式的发展。

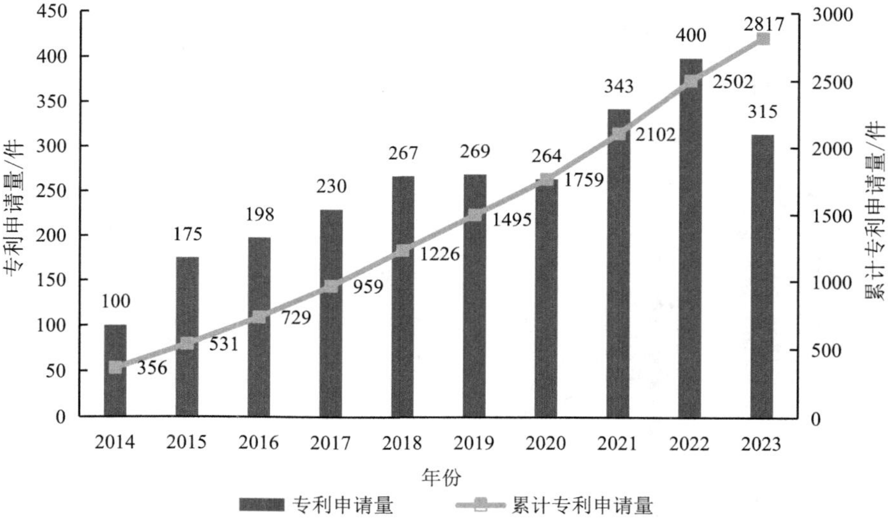

图7–24　2014—2023年数字渔业相关专利申请情况

数据来源：incoPat。

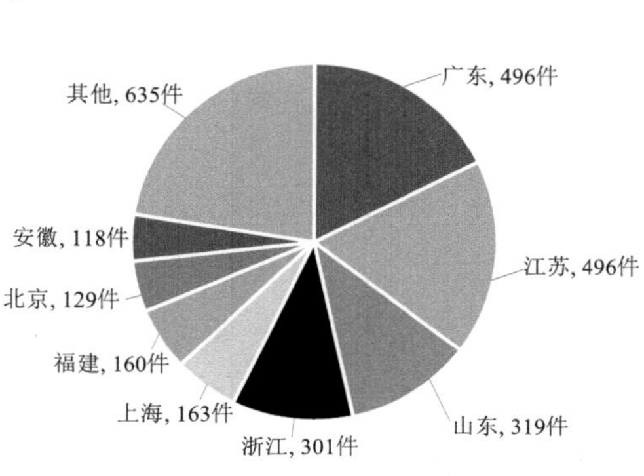

图7–25　数字渔业相关专利申请分布区域

数据来源：incoPat。

综上所述，广东省数字渔业的发展经验为其他地区提供了宝贵的借鉴。例如，借助先进的养殖技术与设备打造智慧渔港，数字赋能现代化渔业，实现渔业标准化、数字化、规模化发展。

（五）代表性渔业现代化发展：黑鱼与生蚝引领市场

1.黑鱼：渔业中的支柱产业

产业地位显赫。黑鱼已发展成为年产值数十亿元的产业，对区域经济、就业及农业升级有深远影响，被誉为“鱼中珍品”。黑鱼凭借高营养、广分布、快生长及强抗病性等特点，成为高密度养殖优选。养殖黑鱼能够降低成本，提升经济效益。中国作为全球水产大国，黑鱼市场稳健增长，2022年产量达56.85万吨，年增约2万吨（见图7-26），广东、江西等地为主要产区。

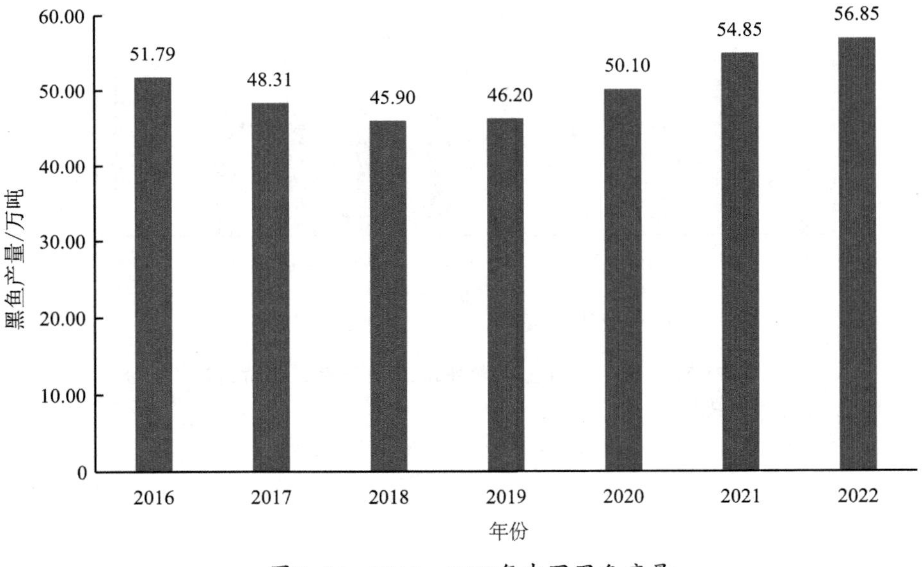

图7-26　2016—2022年中国黑鱼产量

领跑全国黑鱼养殖业。广东省黑鱼产量超全国总产量的一半，以池塘精养与套养见长。广东省黑鱼加工业繁荣，众多企业与品牌深耕市场，通过多元化深加工产品（如鱼片、鱼柳、鱼丸）满足广大消费者的需求，销售网络覆盖国内外，一线城市及沿海地带需求旺盛，东南亚、日本等国际市场亦对其青睐有加。虽然价格受市场供需、成本及养殖技术水平等因素影响，近年来略有下滑，但面对消费升级与预制菜热潮，广东省黑鱼市场仍展现出强劲的发展潜力。

黑鱼产业发展逐渐趋于现代化。

一是养殖技术的现代化。随着科技的进步，黑鱼养殖逐渐引入智能化管理系统，如水质自动监测、饲料自动投放等。这些技术显著提高了养殖效率和黑鱼成活率。现代化的养殖池能够模拟自然生态环境，通过控制水温、水质和光照等因素，为黑鱼提供更加适宜的生长条件，确保黑鱼健康快速成长。

二是加工与流通的现代化。黑鱼加工过程中越来越多地使用自动化设备，如自动化去鳞、去内脏等，大大提高了加工效率和产品质量。随着冷链物流技术的发展，黑鱼产品能够在更长时间内保持新鲜，从而拓宽了销售市场，使得全国各地的消费者都能品尝到新鲜的黑鱼。

三是市场信息的现代化。大数据和人工智能技术可以对黑鱼市场的供需情况、价格波动等进行分析预测，帮助养殖户和企业作出更明智的决策。电子商务平台的兴起为黑鱼销售提供了新渠道。消费者可以通过线上平台直接购买到新鲜的黑鱼或黑鱼产品，便捷且高效。

四是产业政策的现代化。政府出台了一系列支持渔业现代化的政策，包括资金扶持、技术指导和市场开拓等，为黑鱼产业的现代化发展提供了有力保障。随着环保意识的增强，政府对渔业养殖的环保要求也越来越高。这促使黑鱼养殖业向更加环保、可持续的方向发展。

2.生蚝：渔业现代化的典范

生蚝营养价值丰富。牡蛎，别名生蚝，是海洋贝壳类生物，宜在亚热带与热带沿海养殖。中国牡蛎分布广泛，横跨鸭绿江至海南岛，沿海均有产出。作为国际海鲜市场中的重要产品，生蚝养殖遍及全球，中国是主要生产国之一。生蚝肉质鲜美细腻、富含营养，兼具保健与药用价值，是高价值的海洋瑰宝，备受食客青睐。2022年，我国生蚝市场规模约为308亿元（见图7–27），相较于2016年生蚝市场规模复合增长率为6.59%，生蚝市场总体较为稳定。

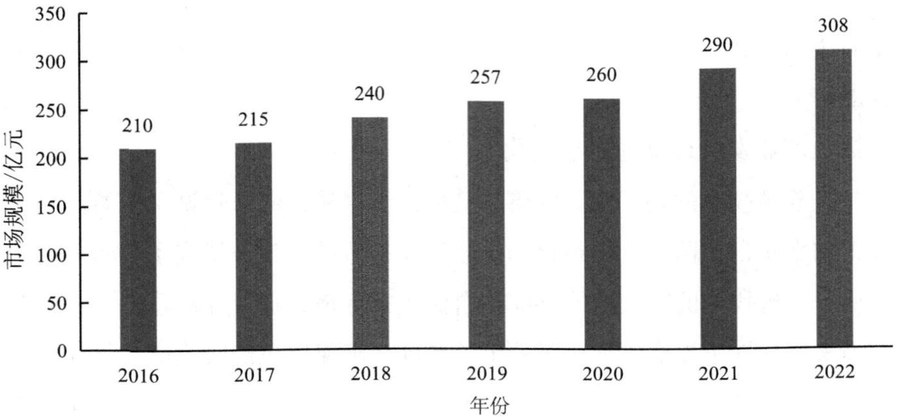

图7-27　2016—2022年中国生蚝市场规模

数据来源：智研咨询。

生蚝养殖历史悠久。目前，广东省生蚝养殖模式已进入现代化养殖阶段，智能监测技术的运用、基因改良的突破、水质环境的科学治理以及大数据分析的精准指导，共同促进了生蚝生产效率的飞跃式提升。现代化养殖不仅确保了产品品质的卓越，而且充分满足了市场对高品质海鲜日益增长的需求。现代化生蚝养殖是应用现代科技和创新管理方法，以提升养殖效率、产品质量和可持续性为目标的一种养殖方式。生蚝传统养殖模式和现代化养殖模式对比如表7-9所示。

表7-9　生蚝传统养殖和现代化养殖模式对比

对比项	传统养殖模式	现代化养殖模式
养殖技术	依赖自然条件，技术原始	应用遗传育种技术、数字化智能技术
管理方式	缺乏精准管理，受自然环境影响较大	运用数字化管理系统（如物联网监控），实现数据异常实时提醒和远程视频监控
环境影响	对环境考虑较少，可能对生态系统造成负面影响	注重生态平衡和可持续性，如生态混养模式
生产效率	生产效率较低，养殖周期长	集约化和设施化养殖，提高生产效率，缩短养殖周期

续表

对比项	传统养殖模式	现代化养殖模式
可持续性	缺乏长期规划和管理	建立产业研究院，推动技术孵化与落地，建立全产业链
品牌建设	较少注重品牌建设和市场推广	通过品牌建设和市场推广提升产品市场竞争力，如“乳山牡蛎”品牌
风险管理	风险管理能力较弱	建立风险评估和应急管理机制，提高应对能力
经济效益	经济效益相对较低，受市场价格波动影响较大	提升产品质量和品牌价值，实现更高的经济效益

生蚝养殖模式发展迅速。广东省现代化生蚝养殖模式深植于研发创新与智能化技术，极大地提升了养殖效率与品质。同时，广东省强化品牌建设，重点扶持可持续化与生态化养殖。其关键特征体现在：第一，科技深度融合。借助生物技术、信息技术与自动化技术的集成应用，生蚝养殖步入智能化时代。例如，湛江市“海威”系列养殖平台，依托先进的平衡系统、监测设备以及5G通信技术，实现了对养殖过程的智能调控，有效提升了养殖效率与产量。第二，全产业链构建。乳山市等地通过“龙头企业+合作社+养殖户”的紧密合作模式，构建了牡蛎产业的全链条生态，涵盖了育苗、养殖、加工和销售等环节，促进了产业的整体升级与协调发展。第三，品牌化战略。以乳山市“乳山牡蛎”为例，通过建立防伪溯源系统，不仅保障了产品质量安全，而且成功打造了国内生鲜牡蛎的领军品牌，极大地提升了产品的市场认可度与竞争力。

二、广东省渔业现代化发展突出问题

（一）技术层面　核心技术储备不足

广东省核心技术储备不足限制了渔业现代化进程的加速推进。以海洋牧场建设为例，海洋牧场可持续产出预测技术、大数据平台和预报预警技术、海洋牧场效果评估技术等尚未突破，不能为海洋牧场的高效科学建设和管理提供全面系统的科技支撑。

渔业科技创新体系尚不完善，自主创新能力有待提升。广东省在遗传育种、疾病防控、资源养护等关键领域还需要加大研发力度，以突破技术瓶颈。渔业科技人才缺乏，科技创新和成果转化能力不强，技术装备落后，难以满足现代渔业发展需求。

（二）管理层面：管理体系不够完善

广东省目前缺乏针对现代渔业经济发展的专项法规和政策。随着渔业现代化的推进，相关法律法规的滞后性逐渐显现。一些新兴领域和业态缺乏明确的法律规范和监管机制，增加了行业发展的不确定性和风险。

在渔业现代化的进程中，激励机制的作用未能充分发挥。广东省政府财政投入有限，社会资本参与不足，导致渔业经济发展缺乏足够的资金支持。此外，广东省在政策扶持、资金投入等方面的激励措施尚显不足，难以充分调动企业和渔民参与渔业现代化建设的积极性。

（三）资源利用与环境保护：生态环境破坏严重

由于长期以来的过度捕捞和不合理利用，广东省部分渔业资源已经接近枯竭，出现了渔业资源衰退、生态环境恶化、养殖用地受限等问题，水域生态环境被严重破坏，渔业生物的生存和繁殖受到了严重影响。渔业活动对海洋生态环境的影响日益加剧，水体污染、生态失衡等问题日益突出，不仅影响了渔业的可持续发展，还对海洋生态环境造成了严重破坏。

第五节　发展趋势及建议

一、鼓励自主创新，推动智慧渔业发展

一是组建渔业科技研究团队。渔业科技研究团队将致力于自主研发具备自主知识产权的渔业高科技装备，力求在近海渔业绿色发展领域取得关键技术与模式的突破。同时，提升渔业基础统计和数据监测能力，创新资源评估方法，增强在国际治理中的参与度和话语权。

二是培育自主创新企业集群。针对符合国家战略要求、国际竞争紧迫、产业基础坚实、市场需求旺盛的水产养殖品种，通过支持建设商业化育种体系培育自主创新企业集群，在养殖过程中提升动物行为监测、环境指标监控的智能化技术能力。同时，积极研发新型非传统饲料原料，以解决优质饲料原料过度依赖进口的问题，并建立覆盖环境营养、条件营养的需求数据库，以实现养殖过程中的精准营养管理。

三是加快推动智慧渔业发展。注重技术引进与自主研发相结合的策略，通过技术吸收、消化与自主创新，开展产学研用协同创新，以加强基础理论和技术研究。培育一批具有行业影响力的智慧渔业技术与装备企业，力争在15～20年内使智慧渔业的关键技术和高端装备达到国际一流水平。

二、发展生态渔业，促进养殖模式转型

着眼于水产养殖业的绿色可持续发展，进一步创新发展思路，利用技术创新引领渔业转型升级，并着重于水域生态环境的保护与改善，旨在实现渔业繁荣与渔民增收；积极推广生态健康养殖模式，拓展水产养殖业的创新发展空间，构建以“稳定产量、增加收入、提升品质、提高效率、绿色生态”为目标的现代水产养殖体系，有力支撑国家多元化食物供给体系的建设；持续探索和构建高效可持续的新模式、新路径与新技术，解决传统水产养殖模式在可持续发展中所面临的关键科学问题；研制简便、工业化的水产养殖装备，并发展水产养殖新空间与新资源利用的关键技术；推广绿色可持续的养殖新模式，进一步提升水产养殖技术的标准化与专业化水平，推动整个行业的持续健康发展。

三、产业链协同化，实现渔业价值延伸

一是强化水产产业链的协同运作。依据终端市场对水产食品消费趋势的洞察，借助水产食品加工业的蓬勃发展，推动上游饲料产业规模的扩大和苗种选育工作的深入；积极拓展远洋捕捞和加工业务，确保水产品加工和饲料生产拥有稳定的原材料供应；通过对远洋捕捞和加工业务的持续拓展，实现

国内外资源的有效整合与市场的优势互补，推动整个水产产业链协同并进。

二是深入挖掘水产食品的潜在价值。除了传统的餐饮用途外，高价值鱼类的蛋白质等成分还可应用于保健品和护肤品领域。因此，水产企业应基于现有的水产食品加工链，延伸产业链，深度发掘并提升高价值鱼类的价值，充分实现对其加工副产品的综合利用。例如，利用鱼皮、鱼鳞等原料开发系列胶原蛋白、明胶等生物制品，并逐步涉足鱼类保健品、化妆品、饮料、食品等领域，拓宽产品领域，提升水产价值链的整体价值，从而推动水产产业的全面发展。

第八章

广东省肉鸡产业现代化发展研究*

肉鸡是指用于肉产的饲养鸡，是人类饲养最普遍的家禽。我国肉鸡主要包括白羽肉鸡、黄羽肉鸡和817杂交肉鸡等。肉鸡产业上游主要包括玉米、豆粕和工业饲料等养殖所必需的饲料行业，以及育种和疾病防控等；肉鸡产业中游是肉鸡养殖；肉鸡产业下游主要是对肉鸡进行屠宰和加工之后，使用冷链将产品运输至农贸市场等终端消费市场（见图8-1）。

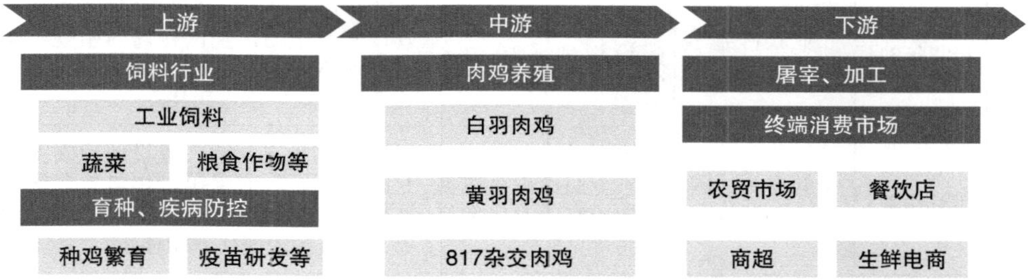

图8-1　肉鸡产业链全景图

资料来源：前瞻产业研究院。

第一节　肉鸡产业发展环境

一、政策环境

党的十九大以来，国家政策大力扶持畜禽业现代化发展，通过规模化标准化养殖、数字化技术应用以及强化环保措施确保食品安全，提高生产效

* 本章第一执笔人为暨南大学产业经济研究院梁益铭。

率，实现绿色可持续发展，为肉鸡产业现代化发展注入了新动力。广东省则聚焦于畜牧业的高质量发展，推动肉鸡产业转型提质发展。

（一）推进规模化养殖，加强数字赋能作用

发展规模化标准化养殖。政策积极引导创建肉鸡标准化示范场、提升畜牧业机械化水平和建设现代农业产业园等（见表8-1）。《全国现代设施农业建设规划（2023—2030年）》提出，到2030年，全国畜禽养殖规模化率达到83%以上，主要畜禽大规模养殖场基本实现全程设施化。《广东省现代畜牧业发展“十四五”规划（2021—2025年）》则提出因地制宜发展标准化规模化养殖，支持建设养殖、屠宰、加工、配送全产业链示范企业。

表8-1　近年来畜禽养殖模式相关重点政策

时间	部门	政策文件	相关内容
2023年6月	农业农村部等四部门	《全国现代设施农业建设规划（2023—2030年）》	到2030年，建设完成260个家禽立体高效设施养殖场，全国畜禽养殖规模化率达到83%以上，主要畜禽大规模养殖场基本实现全程设施化
2021年2月	中共中央、国务院	《中共中央 国务院关于全面推进乡村振兴加快农业农村现代化的意见》	打造农业全产业链，建设现代农业产业园、农业产业强镇、优势特色产业集群。深入推进农业供给侧结构性改革，加快构建现代养殖体系
2022年5月	广东省农业农村厅	《广东省现代畜牧业发展“十四五”规划（2021—2025年）》	因地制宜发展标准化规模化养殖，引导养殖场（户）改造提升基础设施条件，扩大养殖规模，提升标准化水平。支持建设养殖、屠宰、加工、配送全产业链示范企业，引导屠宰企业从销区向产区转移，实现畜禽就近屠宰加工园区化
2020年9月	国务院办公厅	《国务院办公厅关于促进畜牧业高质量发展的意见》	因地制宜发展规模化养殖，引导养殖场（户）改造提升基础设施条件，扩大养殖规模，提升标准化养殖水平
2010年4月	农业部办公厅	《畜禽养殖标准化示范创建活动工作方案》	在全国生猪、蛋鸡、肉鸡等优势区域开展畜禽养殖标准化示范创建。2010年创建500个生猪标准化示范场、300个蛋鸡标准化示范场、200个肉鸡标准化示范场

支持数字赋能。政策积极引导推行无纸化出证、建设智慧牧场，支持鼓励养殖企业进行物联化、智能化设施与装备升级改造等（见表8-2）。《农业农村部关于加快畜牧业机械化发展的意见》支持鼓励养殖企业进行物联化、智能化设施与装备升级改造，促进畜牧设施装备使用、管理与信息化技术深度融合。《广东省推进农业农村现代化"十四五"规划》则提出提升家禽养殖机械化智能化水平。

表8-2　近年来畜禽数字赋能相关重点政策

时间	部门	政策文件	相关内容
2023年8月	农业农村部办公厅	《农业农村部办公厅关于加快推进无纸化出具动物检疫证明工作的通知》	自2024年1月1日起，在全国范围内推行无纸化出证（动物B证），各地原则上不再出具纸质动物B证
2021年11月	国务院	《"十四五"推进农业农村现代化规划》	发展智慧农业。建立和推广应用农业农村大数据体系，推动物联网、大数据、人工智能等新一代信息技术与农业生产经营深度融合。建设数字田园、数字灌区和智慧农（牧、渔）场
2021年8月	广东省人民政府	《广东省推进农业农村现代化"十四五"规划》	支持建设高效安全、绿色环保的标准化养殖场（小区），提升家禽养殖机械化智能化水平
2020年9月	国务院办公厅	《国务院办公厅关于促进畜牧业高质量发展的意见》	加强大数据、人工智能、云计算等技术在畜牧业的应用，提高圈舍环境调控、精准饲喂、动物疫病监测等智能化水平
2019年12月	农业农村部	《农业农村部关于加快畜牧业机械化发展的意见》	支持鼓励养殖企业进行物联化、智能化设施与装备升级改造，促进畜牧设施装备使用、管理与信息化技术深度融合

（二）支持绿色发展，强化疾病防控

注重生态环境保护。政策与法律法规持续推进防治畜禽养殖污染、加大对养殖场的污染排查力度和加强畜禽粪污资源化利用等措施（见表8-3）。2022年国家相继出台《农业农村污染治理攻坚战行动方案（2021—2025

年）》和《畜禽养殖场（户）粪污处理设施建设技术指南》等文件，促进畜禽养殖绿色发展。广东省则发布了《畜禽养殖业污染物排放标准》，用以规范规模化畜禽养殖场的污染物排放行为。

表8-3　近年来畜禽绿色生态相关重点政策与法律法规

时间	部门	政策文件	相关内容
2024年2月	广东省市场监督管理局、广东省生态环境厅	《畜禽养殖业污染物排放标准》	规定了规模化畜禽养殖场污染物的排放控制、监测和监督管理要求
2022年6月	农业农村部办公厅、生态环境部办公厅	《畜禽养殖场（户）粪污处理设施建设技术指南》	通过清洁生产和设施装备的改进，减少用水量和粪污流失量、恶臭气体和温室气体产生量，提高设施装备配套率和粪污综合利用率
2022年1月	中共中央、国务院	《中共中央　国务院关于做好2022年全面推进乡村振兴重点工作的意见》	加强农业面源污染综合治理，深入推进农业投入品减量化，加强畜禽粪污资源化利用
2022年1月	生态环境部等五部门	《农业农村污染治理攻坚战行动方案（2021—2025年）》	推行畜禽粪污资源化利用。到2025年，畜禽规模养殖场建立粪污资源化利用计划和台账，粪污处理设施装备配套率稳定在97%以上
2013年11月	国务院	《畜禽规模养殖污染防治条例》	这是国家第一部专门针对畜禽养殖污染防治的法规性文件，从养殖场搬迁、禁养与限养等方面进行了规定

推动疾病防控。政策积极推动畜禽就地屠宰、预防人兽共患病等（见表8-4）。2022年以来国外禽流感形势严峻，为防范疫情输入风险，海关总署颁布了一系列针对进口禽类产品的禁令，涉及欧美等多个国家和地区。在地方政府层面，《广东省推进农业农村现代化“十四五”规划》提出推动畜禽就地屠宰和建设完善冷链配送体系等措施。

表3-4　近年来畜禽疾病防控相关重点政策

时间	部门	政策文件	相关内容
2024年1月	中共中央、国务院	《中共中央 国务院关于学习运用"千村示范、万村整治"工程经验有力有效推进乡村全面振兴的意见》	强化重大动物疫病和重点人畜共患病防控
2023年11月	广东省人民政府办公厅	《广东省突发重大动物疫情应急预案》	建立突发重大动物疫情快速反应工作机制，及时有效预防、控制和扑灭突发重大动物疫情，最大限度地减轻突发重大动物疫情造成的危害
2022年9月	农业农村部	《动物防疫条件审查办法》	规定了动物饲养场、动物隔离场所、动物屠宰加工场所以及动物和动物产品无害化处理场所的防疫条件，包括设施设备、管理制度等
2022年1月	中共中央、国务院	《中共中央 国务院关于做好2022年全面推进乡村振兴重点工作的意见》	确保非洲猪瘟、草地贪夜蛾等动植物重大疫病防控责有人负、活有人干、事有人管。做好人兽共患病源头防控
2021年8月	广东省人民政府	《广东省推进农业农村现代化"十四五"规划》	推动畜禽就地屠宰，建设完善冷链配送体系，促进运活畜禽向运肉转变

二、经济环境

（一）城镇化推动头部企业集中

城镇化水平逐年提高，市场向头部企业集中。随着我国经济水平的不断提高，城镇化建设取得了一定成绩。全国城镇化率在2011—2023年从51.83%增加至66.16%，广东省城镇化率则在2023年提高至75.42%（见图8-2）。随着城镇化水平的逐年提高，大量农村人口涌入城市，不仅拉动了城市的经济增长，也提升了整体消费水平。城市居民对肉类产品的需求增加，尤其是对优质安全的肉鸡产品的需求增加，为肉鸡市场提供了广阔的发展空间。头部企业凭借其品牌知名度、产品质量和规模化生产等优势，能够更好地满足市场需求，从而占据更大的市场份额。在城镇化进程中，农村劳动力向城市转移，导致农村劳动人口减少，进而造成散户数量减少。这使得肉鸡养殖更加趋向于规模化和集约化。此外，头部企业通过整合产业链资源实现规模化养殖、标准化生产和精细化管理，既降低了生产成本，又提高了市场竞争力。

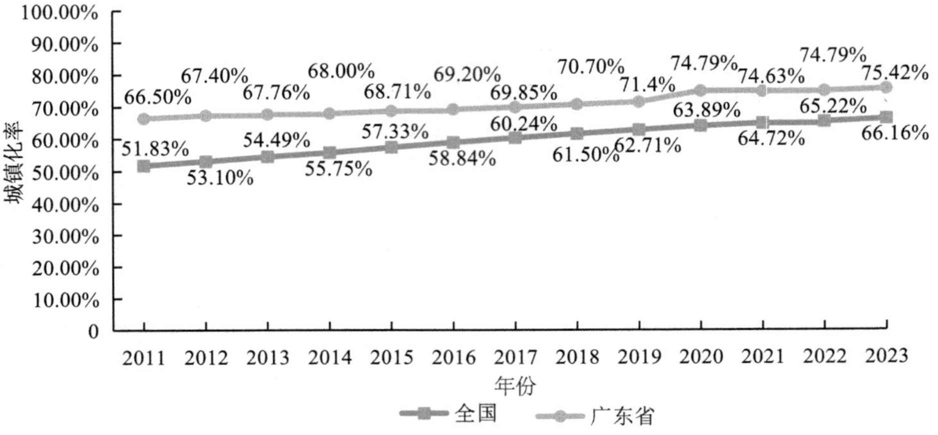

图8-2　2011—2023年城镇化率变化趋势

数据来源：国家统计局、广东省统计局。

（二）餐饮连锁扩大消费需求

餐饮连锁化趋势明显，带动肉鸡需求增加。近年来，我国餐饮连锁化、规模化进程加速。《2024中国餐饮加盟行业白皮书》显示，我国餐饮连锁化率从2019年的13%增加至2023年的21%，连锁餐饮企业的总营收与总店数呈现增长态势。这种连锁化趋势不仅提升了餐饮行业的整体运营效率和服务水平，也为肉鸡等食材的规模化采购提供了可能。随着连锁餐饮企业数量的增加和规模的扩大，其对食材的需求也相应增长，从而推动了肉鸡市场的消费扩大。连锁餐饮企业为了实现快速扩张和品质控制，通常需要建立标准化的供应链体系。肉鸡作为餐饮行业的重要食材之一，其供应链的稳定性和标准化程度对于连锁餐饮企业至关重要。因此，随着餐饮连锁化的推进，其对肉鸡等食材的标准化供应链需求也在不断增加。这促使肉鸡养殖和加工企业加强与连锁餐饮企业的合作，共同推动供应链的标准化和规模化发展。公开数据显示，在2020—2021年度全国排名前十的快餐店中，肯德基、麦当劳和华莱士等5家快餐店以肉鸡类食品为主（见表8-5）。广东省作为快餐品牌的重要市场之一，门店数量众多且需求量巨大。随着餐饮连锁化率的提升，广东省餐饮企业对肉鸡等食材的需求也将持续增长。

表8-5　2020—2021年度全国快餐店排名

排名	快餐店名称	主要介绍
1	肯德基	世界第二大速食及最大炸鸡连锁企业，主要出售炸鸡、汉堡包、薯条等高热量快餐食品
2	麦当劳	全球大型跨国连锁餐厅，主要售卖汉堡包以及薯条、炸鸡、沙拉等快餐食品
3	华莱士	中国本土的西式快餐企业，主要售卖汉堡包、炸鸡、薯条、沙拉、果汁等快餐食品
4	老乡鸡	以中式快餐为特色的连锁餐饮品牌，以中式烹饪方式出品并研发出多种鸡肉相关的菜品，如肥西老母鸡汤、竹笋蒸鸡翅等
5	必胜客	全球知名的比萨连锁品牌，出售比萨、意面、焗饭等主食以及沙拉、甜品等小吃
6	真功夫	国内首家实现全国连锁发展的中式快餐企业，主营以蒸品为特色的中式快餐，如元气竹丝鸡汤、香菇滑鸡等
7	味千拉面	历史悠久的日式拉面品牌，以浓郁的汤头和有嚼劲的面条而闻名，还提供多种日式料理
8	永和大王	源自台湾的中式快餐连锁品牌，推出了宫保鸡丁饭、酥嫩鸡腿排和番茄牛腩面等招牌美食
9	德克士	中国规模最大的快餐品牌之一，主要产品包括炸鸡、汉堡包和甜品等，其中脆皮炸鸡和脆皮手枪腿是其特色产品
10	吉野家	跨国日式快餐连锁品牌，主要产品包括各式美味日式盖浇饭，其中牛肉饭和煎鸡饭是其招牌菜

资料来源：华空间餐饮设计、百度百科、各公司官网等。

三、市场环境

（一）市场规模持续增长，广东稳中有增

1.肉鸡生产

全球肉鸡产量稳步增长，主产国贡献大。受益于美国、中国和巴西肉鸡产量持续增长，全球肉鸡产量呈增长态势。2023年全球肉鸡产量达10225.9万吨（见图8-3），较上年增长0.44%，但低于2010年以来2%的平均增速。美国、中国、巴西和欧盟等国家（地区）是全球肉鸡主要产区，共同贡献了全球肉鸡超过六成的市场份额，深刻影响了全球肉类市场的供需平衡与消费趋势。美国作为第一大肉鸡生产国，2023年肉鸡产量为2147.4万吨，约占全球肉

鸡产量的21%；中国、巴西和欧盟2023年的肉鸡产量分别为1949万吨*、1533.9万吨和1124.8万吨，约占全球肉鸡产量的19%、15%和11%（见图8-4）。

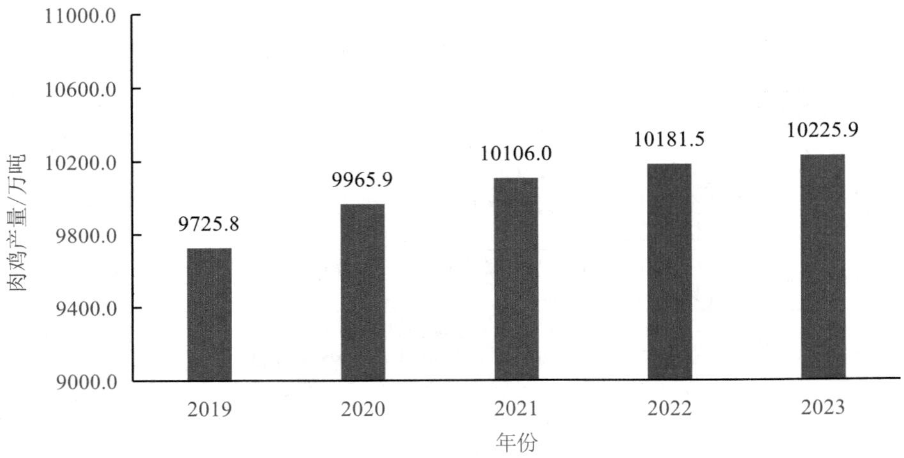

图8-3　2019—2023年全球肉鸡产量

数据来源：美国农业部。

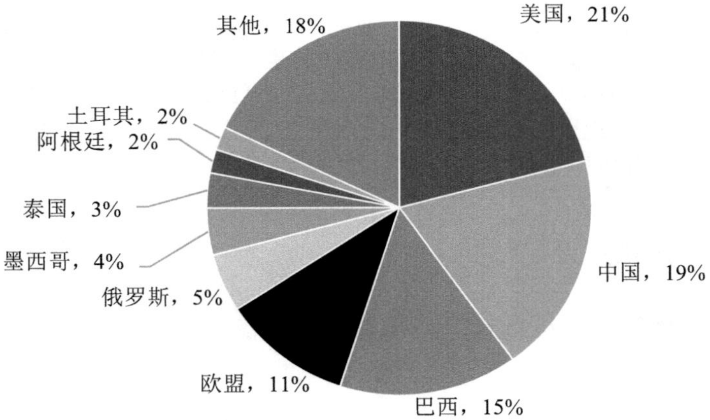

图8-4　2023年全球肉鸡地区分布（按产量）

数据来源：美国农业部、艾格农业数据库。

* 全球肉鸡产量数据来源于美国农业部，由于不同机构或部门统计方式、口径以及数据检测方式等存在差异，该数据与下文农业农村部和中国畜牧业协会监测数据有所差别。

我国肉鸡产量大幅增长。农业农村部和中国畜牧业协会监测数据显示，2023年我国肉鸡（包括白羽肉鸡、黄羽肉鸡和小型白羽肉鸡）总出栏量为130.22亿羽，较2022年增加11.65亿羽，增幅达9.83%；肉鸡总产量为2152.36万吨，较2022年增加240.69万吨，增幅达12.59%。其中，2023年白羽肉鸡和黄羽肉鸡累计出栏量分别为71.95亿羽和35.95亿羽，分别较2022年增加18.14%和下降3.52%（见图8-5）；白羽肉鸡和黄羽肉鸡产量分别为1429.37万吨和467.31万吨，分别较2022年增加20.01%和下降0.85%。

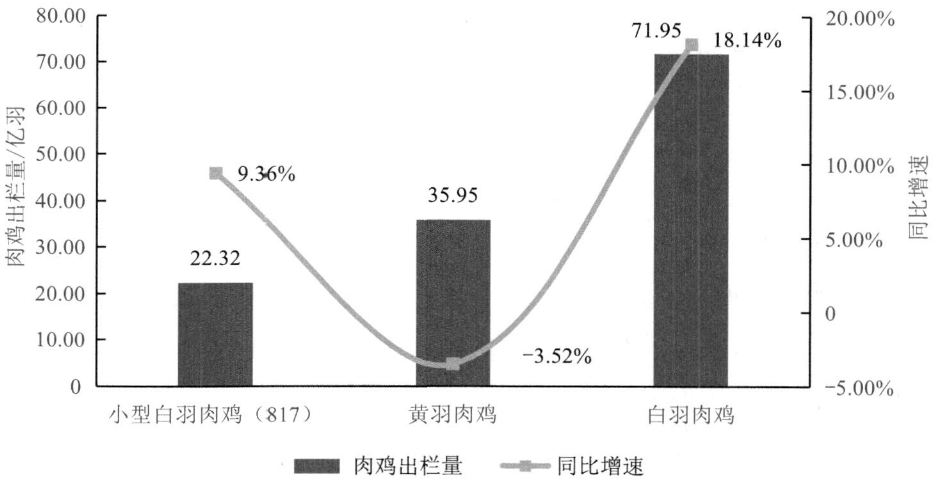

图8-5　2023年中国肉鸡出栏情况

数据来源：中国畜牧业协会。

广东省肉鸡产量稳中有增。广东省家禽产能处于历史高位，2023年全省家禽供应充足，出栏量和存栏量均稳中有增，但春节过后需求较为疲软，出栏量呈下行趋势，直至下半年开始回升。广东省2023年家禽出栏量约13.73亿羽（见图8-6），同比增长2.8%。其中，肉鸡出栏量约9.2亿羽，占67%；禽肉产量约194.5万吨，同比增长2.7%，禽肉自给率约63.1%。生鲜家禽供应品种主要为黄羽肉鸡，全省黄羽肉鸡供应充足；冻品家禽供应品种以白羽肉鸡为主，主要依赖省外调入及进口。2023年末，广东省家禽存栏量约4亿羽，同比增长3.7%，蛋禽存栏量和禽蛋产量均有增加。

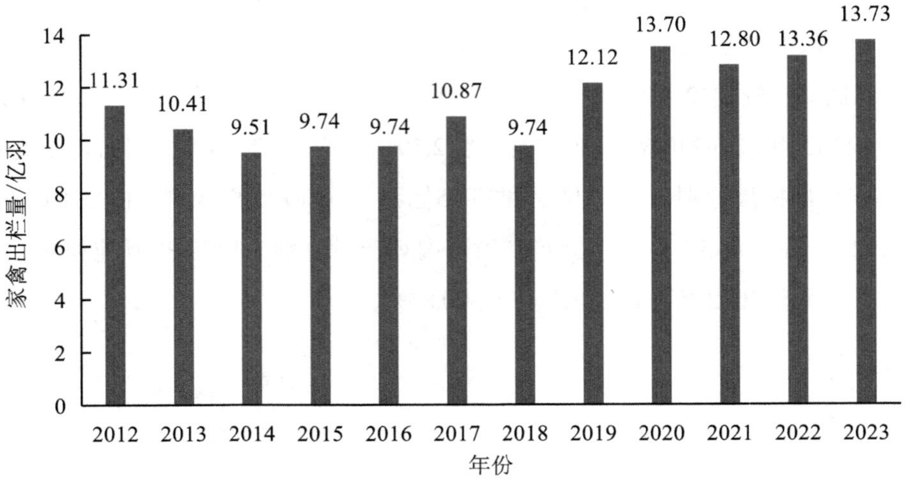

图8-6　2012—2023年广东省家禽出栏量

数据来源：国家统计局。

2.肉鸡消费

全球肉鸡消费量持续增长。2023年全球肉鸡消费总量达到100.9百万吨（见图8-7），以2012年为基准，年均复合增长率维持在1.80%左右。2023年全球肉鸡消费量同比增长率仅为1.31%。这一数字相较于过去的高速增长时期有所减缓，与全球肉鸡产量的增速基本持平，反映了市场逐渐趋于饱和以及消费者行为变化的复杂性。

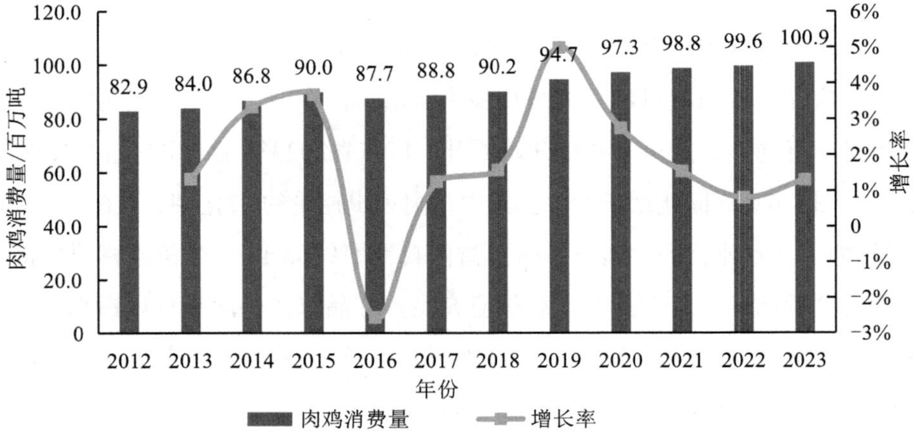

图8-7　2012—2023年全球肉鸡消费量及增长率

数据来源：美国农业部、中信期货研究所。

美国肉鸡消费量居世界首位，年均增长显著。鸡肉作为全球广泛消费的肉类产品之一，其地位近年来愈加重要，成为人类膳食结构中不可或缺的重要组成部分。自2012年起，随着全球人口的增长、生活水平的提升以及饮食习惯的多元化，肉鸡的消费量持续攀升，展现出强劲的市场需求。这一增长趋势不仅反映了人们对高质量蛋白质来源的迫切需求，也彰显了肉鸡产业在全球农业与食品工业中的关键地位。截至2022年，在消费量上，美国仍然是世界上肉鸡消费量最大的国家，占全球的17.34%（见图8-8）。自2012年起，美国肉鸡消费量呈现逐年递增态势，2012年肉鸡消费量为1350万吨，2022年肉鸡消费量增长至1770万吨，年均复合增长率为2.75%。

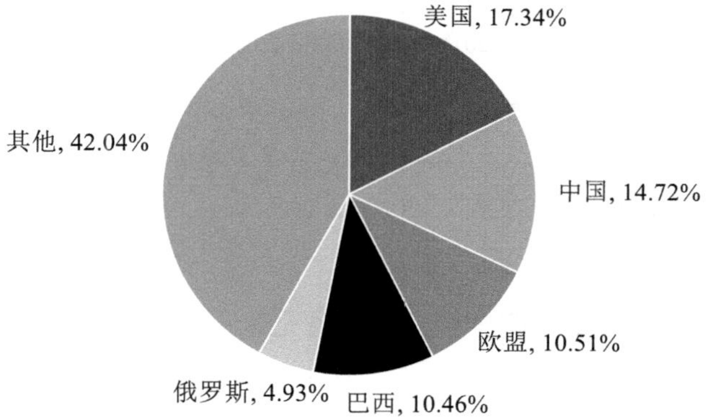

图8-8　2022年全球肉鸡地区分布（按消费量）

数据来源：美国农业部、中信期货研究所。

中国肉鸡消费量稳居世界第二位。在全球市场中，中国肉鸡消费量占比高达14.72%，稳居世界第二位。在我国畜禽类消费市场中，猪肉是我国居民的第一大消费品类，肉鸡消费量仅次于猪肉，位居第二。但是，与其他成熟市场相比，我国人均肉鸡消费量较低。这主要归因于我国传统饮食文化对猪肉的偏好。近年来，随着健康意识的增强和饮食结构的变化，肉鸡消费量有所增加，市场需求有望进一步挖掘。2018—2020年，我国肉鸡消费量从1160万吨增长至1520万吨（见图8-9），年均复合增长率高达14.47%。然而，2021年以来，生猪产能扩大导致猪价下降、猪肉需求回升，肉鸡消费量出现短时小幅下滑，但2021年仍保持在约1500万吨的水平，2022年则为1440万吨。值得注意的是，肉鸡作为禽肉消费的主体，占比高达66%，其低脂肪、高蛋白的营养特性日益受到重视。

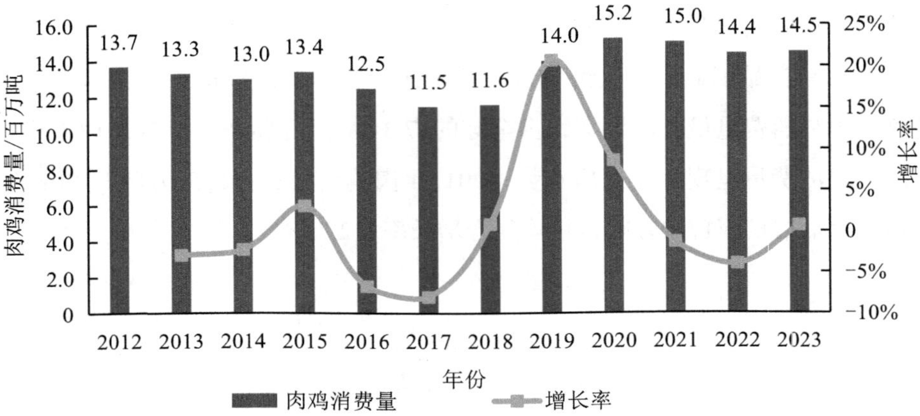

图8-9　2012—2023年中国肉鸡消费量及增长率

数据来源：美国农业部、中信期货研究所。

广东省肉鸡消费量领跑全国。广东省是家禽消费大省，2022年全省禽肉年消费量超300万吨，位列全国第一。从人均消费层面来看，2022年广东省禽肉人均消费量达到24.34千克，其中鸡肉消费量占比显著，人均消费量达15.68千克（见图8-10）。得益于优越的地理位置（处于中国南方），广东省温暖湿润的气候为养殖业提供了得天独厚的自然条件。因此，广东省农村地区养鸡业蓬勃发展，肉鸡供应充足且品质上乘。广东人对美食的热爱与烹饪技艺的精湛，使得肉鸡成为餐桌上的常客，无论是盐焗鸡的香浓、白切鸡的鲜嫩还是叉烧鸡的醇厚，都展现了广东省饮食文化的独特魅力。

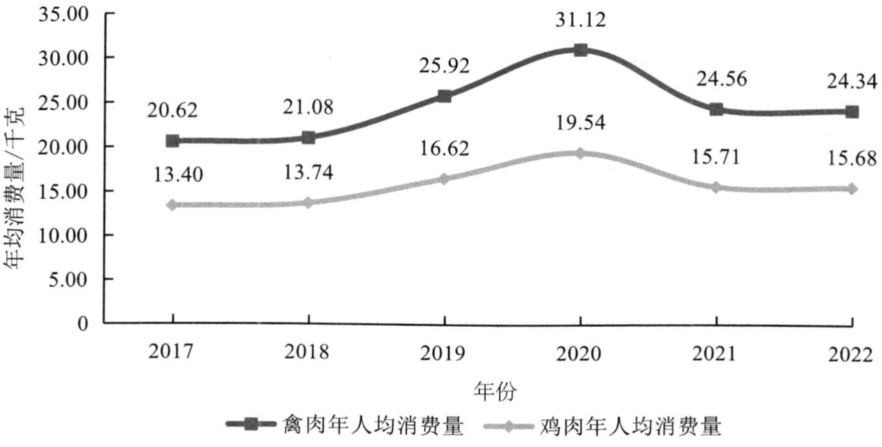

图8-10　2017—2022年广东省禽肉及鸡肉年人均消费量

数据来源：广东统计年鉴。

3.肉鸡价格

美国、欧盟等主要市场肉鸡价格显著下跌。自2023年8月起，美国、欧盟等主要市场肉鸡价格持续下跌，降幅较大。2023年8月，美国肉鸡价格环比下跌8.2%，同比下跌16.6%；欧盟肉鸡价格环比下跌2.2%，同比下跌0.6%。

中国肉鸡价格不稳定。随着全球疫情防控措施的全面放开，社会各界普遍预期消费市场将迎来一波复苏的浪潮。由于前期养殖规模的扩张，加之全球经济环境的不确定性以及消费者购买力的恢复速度不及预期，肉类市场整体呈现出供过于求的局面，肉鸡市场也不例外。这种供需失衡的状况直接导致了肉鸡价格的不稳定，行情整体陷入低迷，肉鸡产业或将面临更为严峻的挑战。2024年中国肉鸡的平均价格为7.8元/千克（见图8-11），与2023年同期相比下降11.7%。

图8-11　2015—2024年中国肉鸡价格变化趋势

数据来源：Choice金融终端。

黄羽肉鸡价格远高于白羽肉鸡价格。黄羽肉鸡因其独特的生长环境和饲养方式，肉质一般更为细嫩，味道更鲜美，在高端餐饮和中高端市场中更受欢迎，因此价格较高。2023年，白羽肉鸡出栏价格全年平均为8.91元/千克，较2022年略降1.13%；黄羽肉鸡出栏价格全年平均为16.08元/千克，较2022年下降7.81%。整体来看，2023年黄羽肉鸡出栏价格在下半年有所反弹，但高点价格水平及持续时间均远不及2022年。

（二）全球禽用疫苗市场显著增长，中国市场持续扩容

全球禽用疫苗领域显著增长。由于肉鸡产量增加、人畜共患病发生率上升，以及主要参与者为了预防人畜共患病增加了对疫苗开发的投资，家禽保健市场的疫苗领域出现显著增长。根据美国农业部对外农业服务局2024年1月的报告，随着英国、泰国和墨西哥肉鸡产量的增加，2024年全球肉鸡产量预计为1.029亿吨。同样，2024年全球肉鸡出口量预计为1400万吨。随着肉鸡产量的增加，选择预防性疫苗来预防家禽疾病的需求也增加了。

中国禽用生物制品市场持续扩容。近年来，健康食品的消费理念推动肉类消费结构改变，相比于牛肉和猪肉等红肉产品，鸡肉具有高蛋白、低脂肪、低热量的特点，因此鸡肉消费占比逐步提升。2018—2019年，受非洲猪瘟影响，鸡肉作为猪肉的替代产品，其消费量进一步提升。同时，我国养殖

行业正处于规模化加速期，产业集中度持续提升，规模化养殖场（户）对生物防疫的重视程度更高，对疫苗的需求也更大。养殖行业景气度和产业集中度的不断提高推动了禽用生物制品市场持续扩容（见图8–12）。

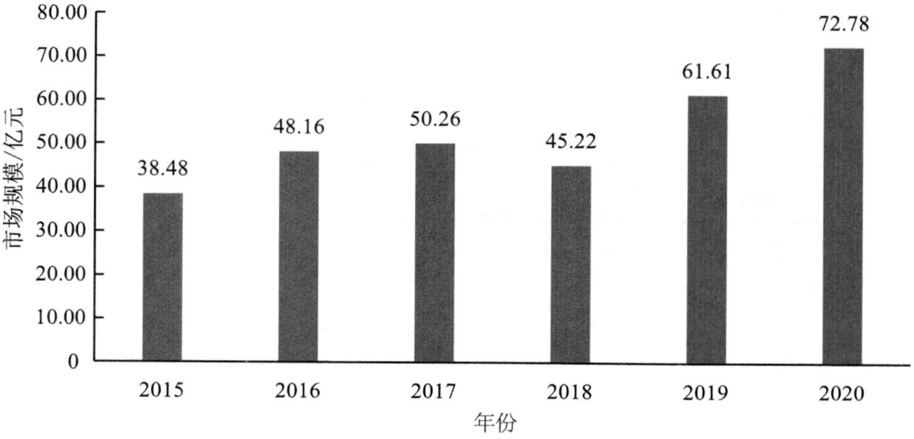

图8–12　2015—2020年我国禽用生物制品市场规模

数据来源：中国兽药协会。

集约化养殖推动疫苗市场增长。在家禽疾病中，禽流感和新城疫等常见疫病会对禽类养殖造成较大影响。由于肉鸡集约化养殖程度高、养殖密度大，一旦发病，影响范围广泛且难以根除，会给养殖场造成较大的经济损失，因此做好免疫防控措施尤为重要。相比于生猪，肉鸡养殖生长周期较短，对养殖技术的要求较低，投资成本更低，因此肉鸡养殖起步较早，目前发展已较为成熟，相关的免疫防控程序也更为规范。2021年12月，农业农村部印发《“十四五”全国畜牧兽医行业发展规划》，提出提升畜禽养殖集约化水平、加强动物疫病防控等九大重点任务。目前，我国家禽产能处于上行周期，对禽用疫苗的需求不断增加。2015—2020年，我国禽用疫苗市场销售规模年均复合增长率为14.75%，高于兽用生物制品市场整体增速。2015—2020年我国禽用疫苗市场销售规模如图8–13所示。

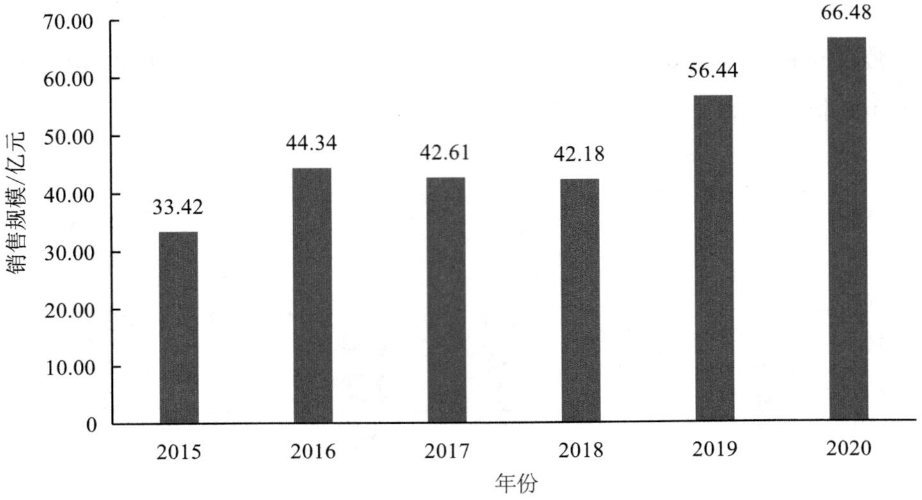

图8-13　2015—2020年我国禽用疫苗市场销售规模

数据来源：中国兽药协会。

（三）全球肉鸡饲料市场增长显著，中国市场回暖增长

1.肉鸡饲料构成

肉鸡饲料主要包括玉米、豆粕、菜粕、磷酸氢钙，并搭配使用油、盐、维生素、矿物质和益生菌等添加剂。其中，玉米和豆粕是肉鸡饲料中最主要的成分。平均而言，肉鸡饲料中玉米和豆粕合计占比约为87.10%，菜粕约占6.00%，磷酸氢钙约占1.28%（见图8–14）。

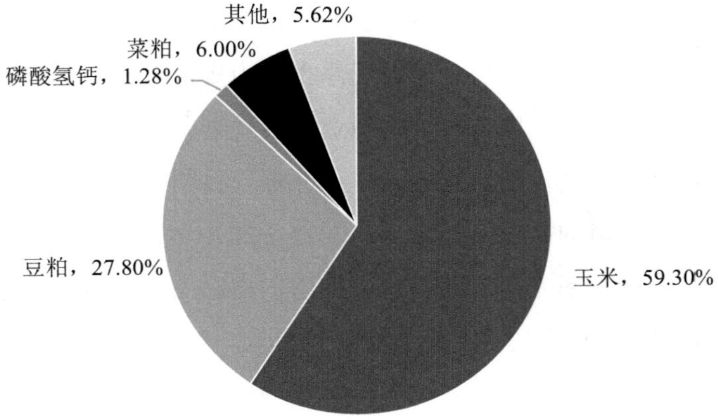

图8–14　肉鸡饲料构成

白羽肉鸡料肉比低，生产效率较其他肉类更高。料肉比是指饲养牲畜所用饲料的重量与牲畜体重的比值，是衡量饲料投入与肉量产出的指标。料肉比越低，说明牲畜的生产效率越高。在常见的肉类来源中，白羽肉鸡具有最低的料肉比，约为1.8，低于黄羽肉鸡、肉鸭和肉猪等。其中，肉牛和肉猪的料肉比远高于白羽肉鸡，肉牛料肉比约为6.0，肉猪料肉比约为2.8（见图8-15）。

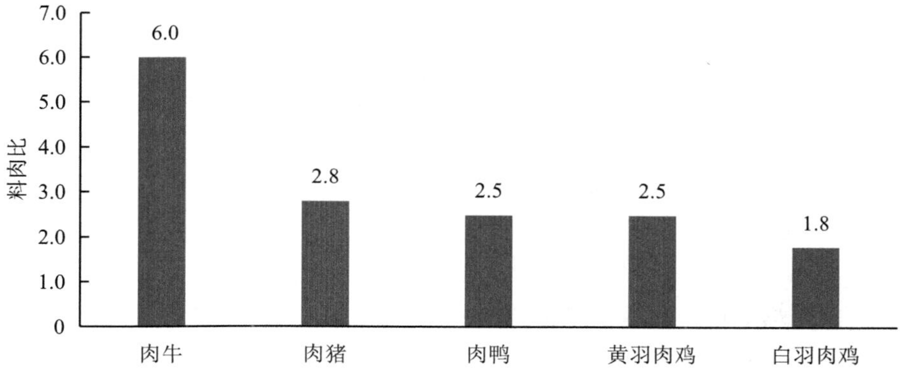

图8-15　常见家畜及家禽料肉比

2.肉鸡饲料生产

全球饲料产量有所下降。根据奥特奇发布的《农业食品展望2024》，2023年全球饲料产量达12.9亿吨，比2022年减少约260万吨，同比降幅0.2%。从各地区来看，全球饲料产量较大的三个地区是亚太、北美和欧洲（见图8-16），其中亚太地区保持增长趋势，增幅主要来自反刍饲料。北美、欧洲和中东饲料产量同比下降，欧洲降幅最大，下降大约3.82%，主要是因为非洲猪瘟和禽流感等疾病的传播，而北美则是因为肉牛饲料产量大幅下降。

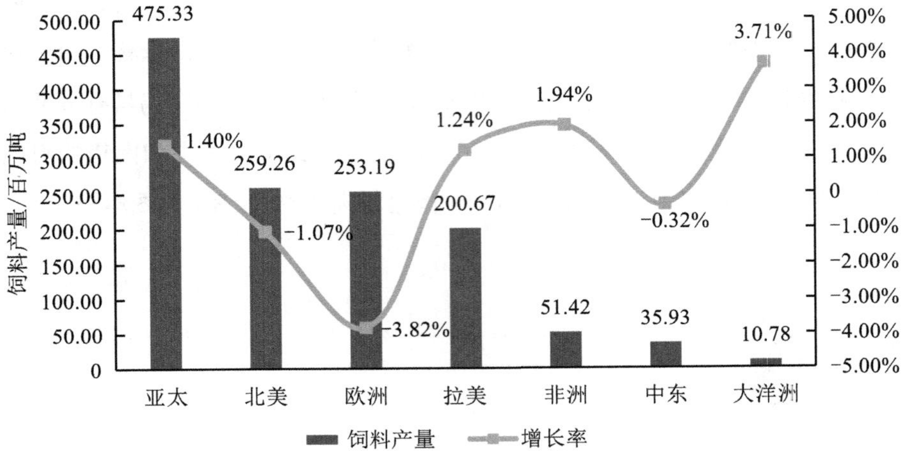

图8-16　2023年全球各地区饲料产量及增长率

数据来源：奥特奇。

全球肉鸡饲料产量增长显著。2023年全球肉鸡饲料产量增长3.5%，占饲料总产量的三分之一。从各地区来看，除欧洲外，其余地区肉鸡饲料产量全部同比增长，其中非洲增幅最大，达到20.93%。2023年全球各地区肉鸡饲料产量如图8–17所示。全球肉鸡饲料生产正朝着提高效率、优化配方、智能化管理和环保可持续的方向发展。这一转型深刻响应了全球对动物蛋白需求的持续增长。其中，饲料配方的精准优化成了驱动行业变革的关键力量。依托先进的营养科学研究，饲料制造商能够精准匹配不同生长阶段肉鸡的营养需求，量身定制高效的饲料配方。特别是微生物发酵等创新技术，不仅优化了饲料的营养成分比例，还显著增强了饲料的消化吸收效能，有效减少了饲料消耗与浪费。此外，行业正在积极探索环保饲料配方，旨在通过调整成分减少家禽排泄物中的重金属含量，从源头减轻生态环境负担，体现了其对绿色发展的高度承诺。

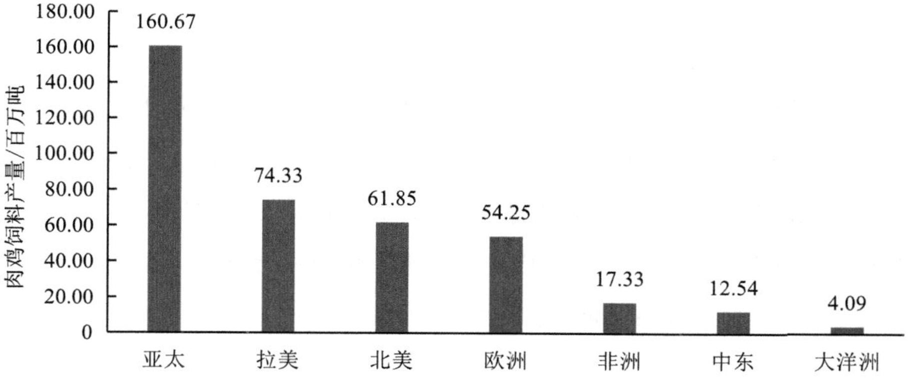

图8-17　2023年全球各地区肉鸡饲料产量

数据来源：奥特奇。

中国饲料产量持续增加。2019年，受生猪产能下滑和国际贸易形势变化等因素影响，全国工业饲料产值有所下降。2021年，生猪生产恢复加快，水产和反刍动物养殖持续发展，带动饲料工业产量较快增加。2023年，全国饲料工业实现产值、产量双增长（见图8-18），行业创新发展步伐加快，饲用豆粕减量替代取得新成效。

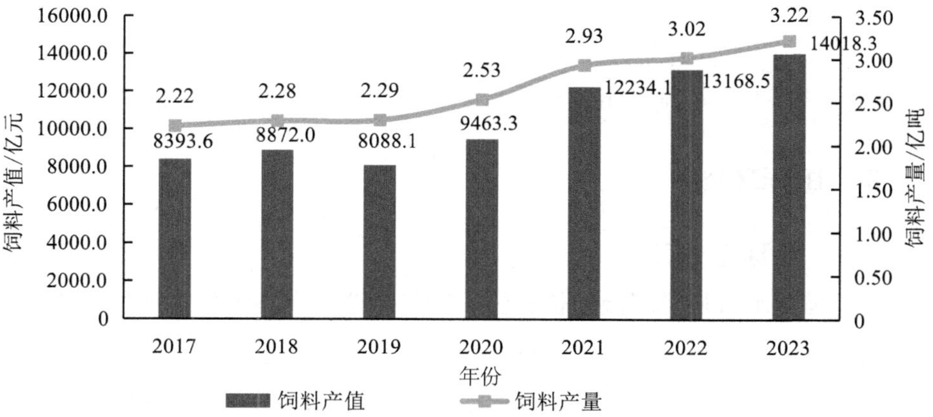

图8-18　2017—2023年中国饲料产值及产量情况

数据来源：奥特奇。

3.肉鸡饲料价格

我国肉鸡饲料价格仍处于历史相对高位。我国肉鸡饲料价格经历了“降—增—降”的变化趋势。2022年玉米和豆粕价格上涨，尤其是豆粕价格大幅上涨，推动肉鸡配合饲料价格升至历史高位（见图8-19）；2023年肉鸡饲料价格从2022年末的历史高位波动下降，6～7月降至年内低点，之后进入上升阶段，并在9月升至第2个年内高点，随后受原料价格整体高位下滑影响持续走低，年末降至年度最低点，但仍处历史相对高位。

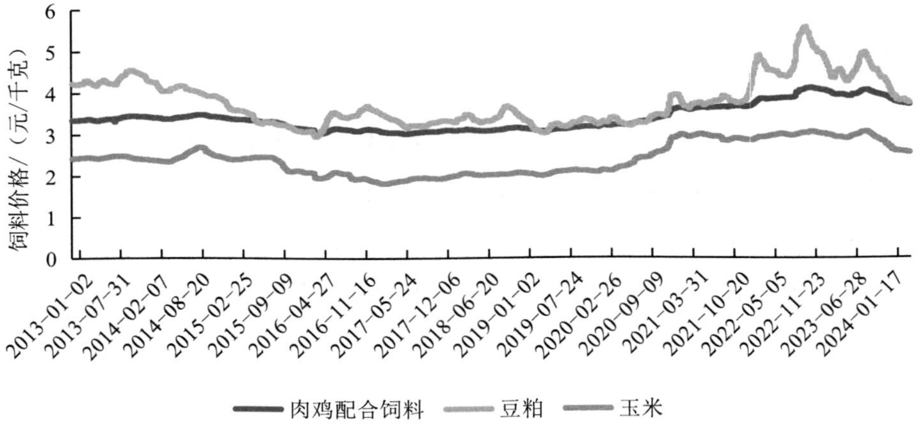

图8-19 2013—2024年我国集贸市场饲料价格变动趋势

数据来源：农业农村部、Choice金融终端。

四、国际环境

（一）全球进出口

全球肉鸡出口量呈缓慢增长态势。2022年全球肉鸡出口量为1355.4万吨（见图8-20），较2021年增长3.55%。从全球主要肉鸡出口国家（地区）来看，第一大出口国巴西出口量继续增长，出口量为444.5万吨，较2021年增长5.21%。由于巴西肉鸡价格的有利竞争力与欧盟市场准入放宽，拉动了巴西肉鸡出口量的增长。高致病性禽流感大范围暴发以及禽流感导致的鸡肉价格大幅上涨均在一定程度上抑制了美国和欧盟的肉鸡出口量，虽然美国和欧盟的肉鸡出口量分别位列第2名和第3名（见图8-21），但出口量均有所下降，分别较2021年下降1.16%和3.16%。随着中国与沙特阿拉伯市场准入环境的改善，全球肉鸡出口量将稳步上升。

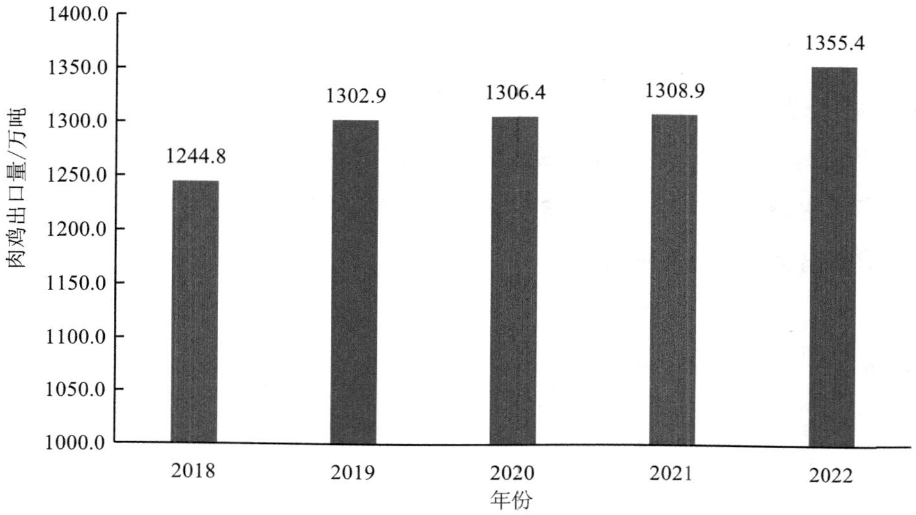

图8-20　2018—2022年全球肉鸡出口量

数据来源：美国农业部。

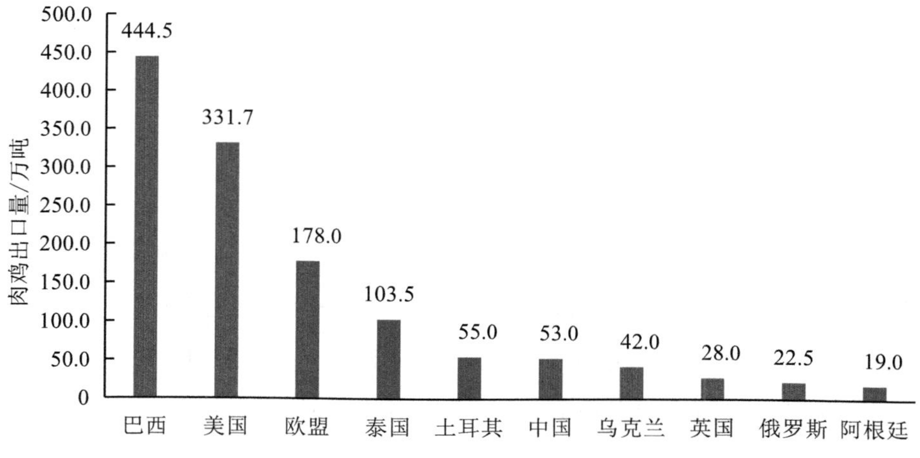

图8-21　2022年全球各地区肉鸡出口量

数据来源：美国农业部。

全球肉鸡进口量增长缓慢。2022年全球肉鸡进口量达到1116.3万吨，相比2021年增长3.04%。从全球主要肉鸡进口国家（地区）来看，日本以110.5万吨的进口量位列第1名。受高致病性禽流感疫情冲击，英国、欧盟肉鸡生产受限，进口量大幅上涨。2022年，英国肉鸡进口量为90万吨，增长率达30.62%；欧盟肉鸡进口量为75万吨，增长16.1%（见图8-22）。受国际国内农产品价格差的影响，叠加新冠疫情对消费的影响，中国肉鸡进口量大幅减少，降幅达18.15%。此外，受禽流感疫情影响，国际肉鸡进口需求激增，预计全球肉鸡贸易量将有所上升。

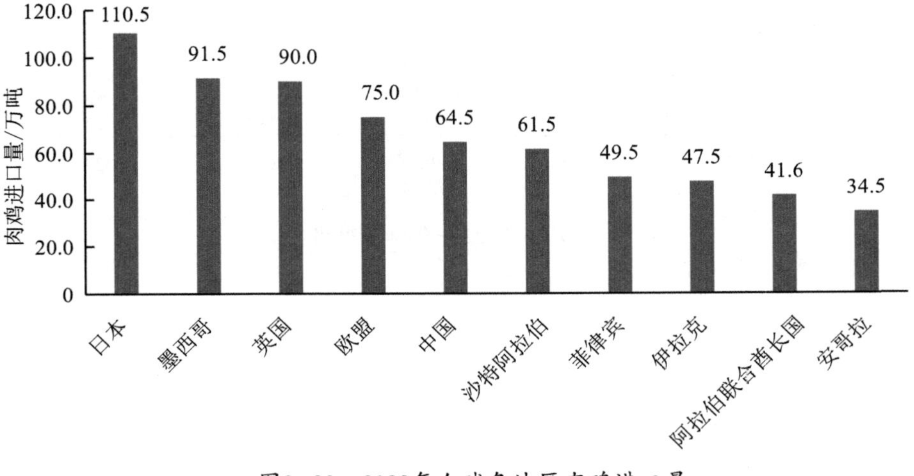

图8-22　2022年全球各地区肉鸡进口量

数据来源：美国农业部。

（二）中国进出口

中国肉鸡出口量波动。随着新冠疫情得到一定程度的控制和全球经济活动逐步恢复，自2021年起，中国肉鸡出口量开始呈现恢复性增长。2022年中国肉鸡出口量为53万吨，比2021年增长了15.22%。一方面，中国没有发生大规模的禽流感且新冠疫情得到了有效控制，肉鸡供应较为充足，价格相对稳定，拉动了国际市场对中国肉鸡的需求；另一方面，受俄乌冲突的影响，俄罗斯、乌克兰贸易风险系数升高，因此中国对肉鸡出口结构进行了调整，加大了对东亚与东南亚地区的出口比例。

中国肉鸡出口量位居世界前列。全球主要的肉鸡出口国家（地区）有巴西、美国、欧盟、泰国、中国。这五个国家（地区）2023年的肉鸡出口量之和占全球肉鸡出口量比重的83.98%。其中，巴西是世界上肉鸡出口量最多的国家，占全球肉鸡出口量的比重为33.16%；中国肉鸡出口量位居世界第五，占全球肉鸡出口量的比重达3.61%。虽然中国的肉鸡出口量非常稳定，但基数过低，年均出口量仅为44万吨，2012年出口量为41万吨，到2022年出口量提高为53万吨，增长率为29.27%（见图8-23）。

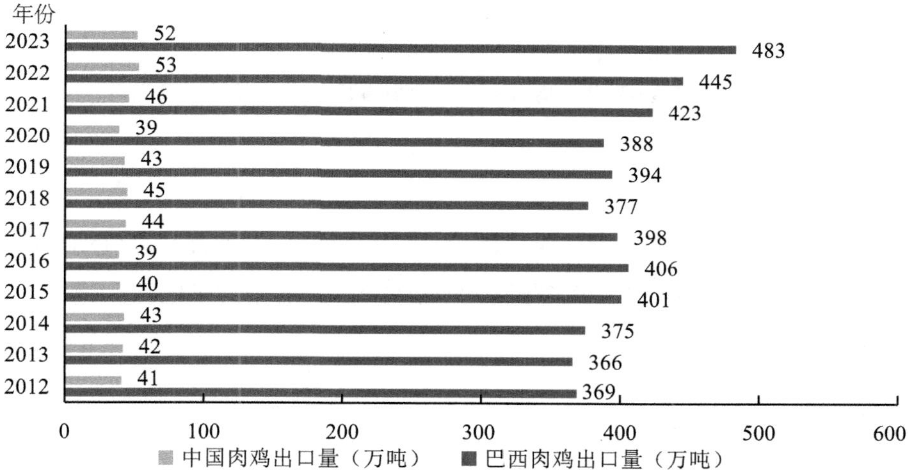

图8-23　2012—2023年中国和巴西肉鸡出口量

数据来源：美国农业部、中信期货研究所。

中国鸡肉产品进口依赖性较强，第一进口国巴西占比超50%。据海关总署数据统计，2023年我国鸡肉产品进口量为130.24万吨，较2022年仅减少0.18万吨，减量0.14%。尽管我国的鸡肉产品进口量已经连续四年下滑，但2023年鸡肉产品进口量基本和2022年持平。2023年受到禽流感、国际关系等多方面因素影响，鸡肉产品进口减量；但从最终数据来看，在增加了现有来源国的进口占比后，2023年鸡肉产品进口量维持了2022年的水平。从鸡肉产品进口国占比分布来看，2023年中国鸡肉产品进口国依旧以巴西、美国、俄罗斯、泰国、白俄罗斯5个国家为主体（见图8-24），进口量分别为67.93万吨、25.40万吨、12.78万吨、12.09万吨和6.87万吨。

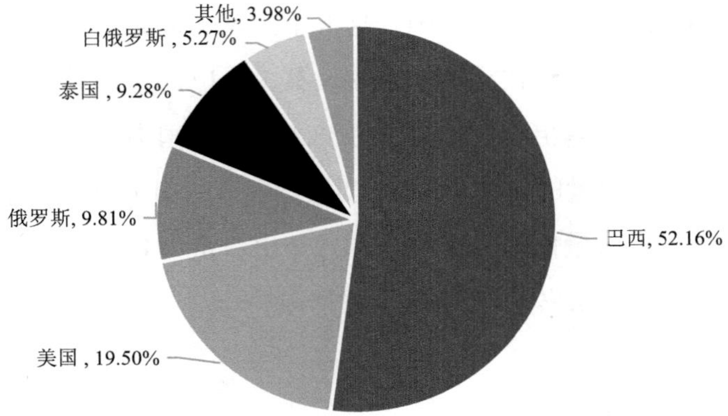

图8-24　2023年中国鸡肉产品进口国占比分布（按进口量）

数据来源：海关总署。

（三）广东进出口

广东省鸡肉产品进口量位居全国第一。2023年，广东省共进口鸡肉产品61.9万吨（见图8-25）。广东省进口的鸡肉产品主要来源于巴西，进口量占比为48.28%，依赖性较强。

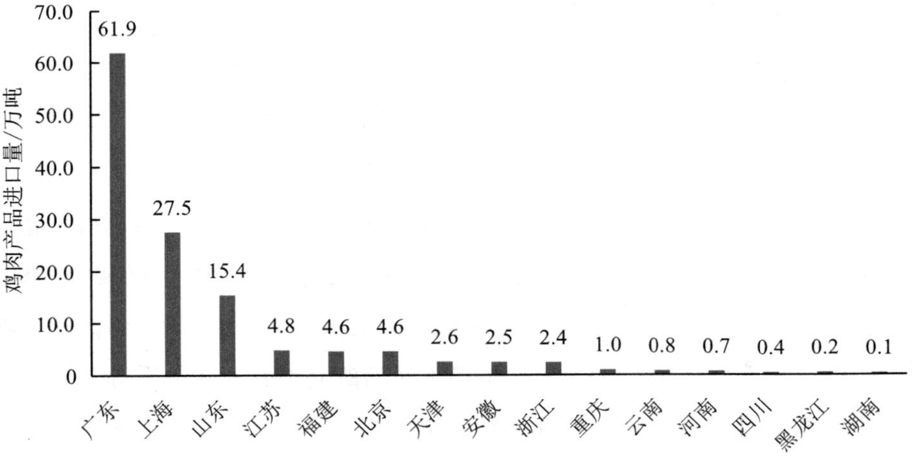

图8-25　2023年中国部分省份鸡肉产品进口量

数据来源：海关总署。

冻鸡爪和冻鸡翼是广东省主要进口的鸡肉产品。其中，冻鸡爪占据进口量的最大份额，达到25.29万吨，占比40.85%；冻鸡翼（不包括翼尖）进口量为17.02万吨，占比27.49%；带骨的冻鸡块进口量为14.79万吨，占比23.90%（见图8-26）。在广东省进口的鸡肉产品中，爪翅类副产品占据了绝对优势。

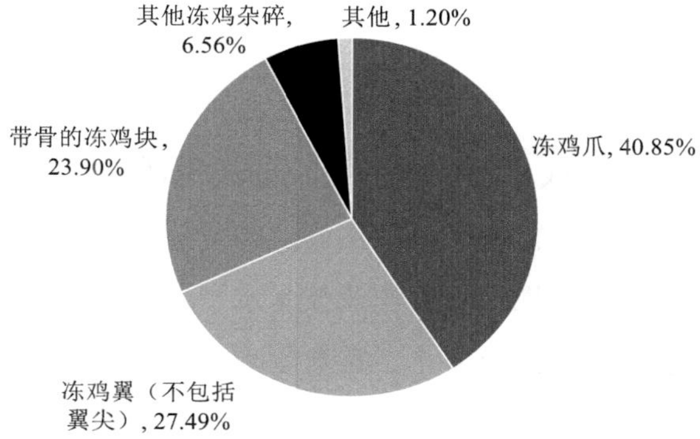

图8-26　2023年广东省鸡肉产品进口量构成（按品类）

数据来源：海关总署。

广东省鸡肉产品出口领先全国。2023年广东省鸡肉产品出口量位居全国第二，占据全国鸡肉产品出口总量的20.06%（见图8-27）。广东省鸡肉产品主要出口到香港和澳门等地，整羽鸡（鲜或冷的）、其他制作或保藏的鸡肉及食用杂碎、其他制作或保藏的鸡腿肉等是其主要出口产品。

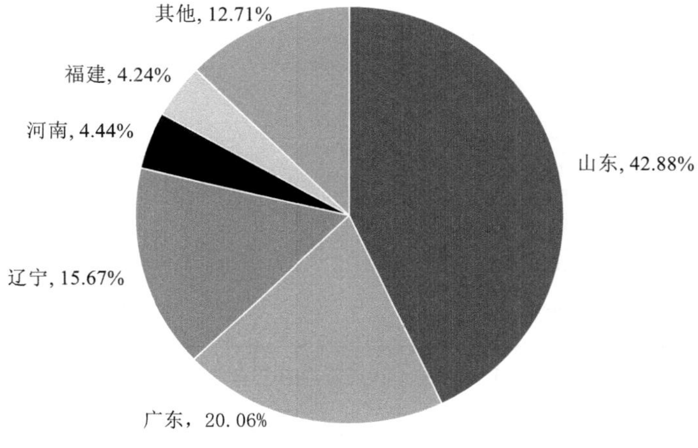

图8-27　2023年中国部分省份鸡肉产品出口量占比情况

数据来源：海关总署。

第二节　肉鸡产业发展模式

一、肉鸡养殖模式

（一）散户养殖

散户养殖是指个人或小规模农户进行的养殖活动，通常在农村或农田周边进行。该养殖模式的特点是灵活性高、投资成本低，但相较于规模化养殖存在以下劣势：一是受规模、资源及技术水平制约，产量普遍较低，从而削弱了其市场竞争力和盈利能力；二是缺乏现代设备与技术支持，依赖传统经验与人工操作；三是更容易受市场波动（如饲料价格波动、需求变化等因素）影响，收益不稳定。

散户规模庞大。广东省的肉鸡养殖业长期以来呈现出以散户为主的鲜明特点，尽管年出栏量在1999羽以下的散户数量显著下降，从2011年的331.07万户缩减至2021年的180.24万户，但占比仍然高达98.31%（见图8-28）。这充分说明了散户在广东省肉鸡养殖业中的基础性和重要性。

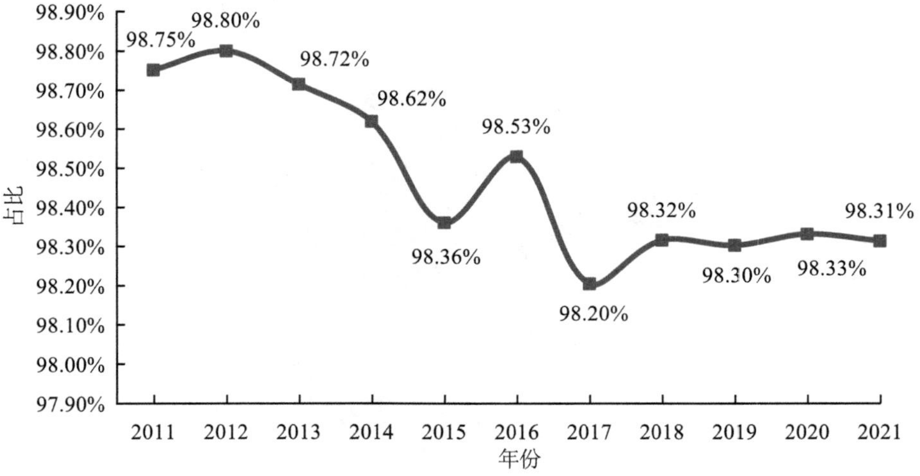

图8-28　2011—2021年广东省肉鸡养殖业散户数量占比

数据来源：中国畜牧兽医年鉴。

（二）规模化养殖

规模化养殖是指以大规模、集中化的方式进行养殖。肉鸡规模化养殖深度融合现代科技，采用工业化方式进行生产，运用封闭式鸡舍架构以及自动化、机械化装置显著提升了养殖效率，最大化挖掘了养殖群体的生产潜能，强化了肉鸡企业的市场竞争力。由图8-29可知，尽管广东省规模养殖场（户）数量相对较少（2022年仅占1.15%），但养殖效率明显更高，其肉鸡出栏量所占比例从2017年的48.10%上升到了2022年的81.72%。

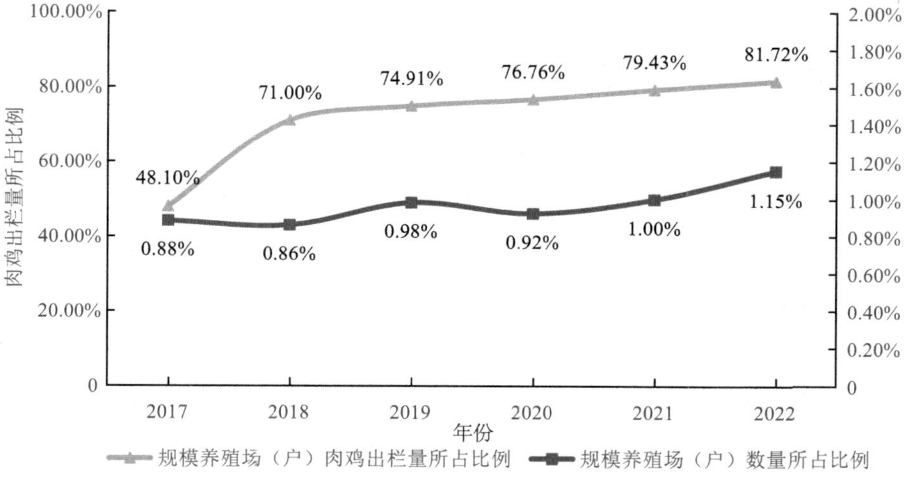

图8-29 2017—2022年广东省规模养殖场（户）主要指标

数据来源：广东农村统计年鉴。

规模化养殖快速增长。我国白羽肉鸡立体养殖技术使单场养殖规模从5万～10万羽提高至40万～60万羽，比传统模式增效1.5～2元/羽，由此受到了大力推广。截至2023年，该技术在白羽肉鸡生产中已覆盖70%以上的规模养殖场。广东省重视肉鸡规模化养殖的发展，在2018—2023年按照新标准创建了3家肉鸡养殖领域的国家级标准化示范场和5个广东省现代化美丽牧场，以提高肉鸡标准化规模养殖水平。

（三）智能化养殖

智能化养殖是一种集成了物联网、大数据、云计算、人工智能等技术的现代养殖模式，通过自动化、智能化的管理系统，可以实现对养殖环境、动物健康、饲养过程的实时监控和精准调控，是未来肉鸡养殖的一大方向。例如，广东省白羽肉鸡种业创新园引入大数据管理平台，实现了全程数智化管理和标准化运营，打造了“5G+智慧养鸡”新模式，一个人便能管理9000多羽鸡；温氏食品集团股份有限公司（简称“温氏股份”）通过物联网、大数据等数字化技术建立了智能养殖小区，开启了智能喂料、智能温控、智能诊断等智能模式，机器人不仅能精准识别鸡有没有生病、下不下蛋，还能智能称重、自动投喂，自动调节温度、湿度。

二、肉鸡生产组织模式

（一）普遍应用紧密型“公司+农户”组织模式

美国白羽肉鸡产业现已形成了从原料到养殖再到食品的垂直一体化模式；日本、朝鲜地区肉鸡以家庭或农庄养殖居多，能够进一步发展成适度规模、集约化经营。我国肉鸡以小规模农户养殖为主，中大型规模养殖企业如福建圣农发展股份有限公司（简称“圣农发展”）、温氏股份等逐渐成为肉鸡生产的中坚力量，形成了“公司+农户”等组织模式。其中，温氏股份在全国首创的“公司+农户”组织模式被称为“温氏模式”，被肉鸡企业广泛学习应用。该模式是指公司与合作农户签订委托养殖合同，共同完成合作养殖。其中，公司负责鸡猪育种、营养和防疫等技术研发，生产出鸡苗、猪苗、饲料、兽药和疫苗，提供给合作农户；合作农户则负责饲养肉鸡和肉猪至出栏。在合作农户饲养肉鸡、肉猪的过程中，公司向其提供饲养管理、疫病防控和环保处理等养殖关键环节所需的一整套技术支持和服务，同时做好过程监督和管理工作，确保合作农户按照公司技术和质量标准规范饲养。合作农户饲养的肉鸡、肉猪达到出栏日龄后，按公司指定地点和方式交还给公司，公司组织对外销售并与合作农户结算，支付其委托养殖费用。该批次合作养殖结束后，如果公司与该农户均有意继续合作，则需重新签订委托养殖合同，进行下一批次合作养殖。“公司+农户”组织模式不断迭代、丰富，逐渐衍生出“公司+家庭农场”“公司+基地+农户”“政银企村”等多种新型组织模式。其中，“公司+基地+农户”组织模式是指公司统一提供畜禽苗、饲料、养殖场所、药品疫苗等，并将畜禽苗交予农户，让其在公司提供的养殖场进行养殖；农户按公司养殖流程接受饲料供应、防疫服务、技术指导和封闭管理；养殖周期结束后，公司按农户养殖成果支付农户养殖费用。

（二）现代农业产业园是未来发展方向

畜禽企业作为现代农业产业园的实施主体，既是主要投资方，也是运营管理方，在养殖产业链的各环节与合作农户开展紧密深度合作，建立利益联结与分享机制，形成产业化联合体。合作农户入园成为产业工人，可以从事专业化畜禽饲养，也可以加入园区专业服务队伍，或者参与产业链后端的屠宰分割、加工和包装等环节，成为具备一定专业技能的新型职业农民。此外，公司可以与外部第三方企业或专业机构、政府或其控股平台开展投资、建设和运营等层面的合作。以温氏股份为例，该公司在2019年牵头建设的广东省新兴县现代农业产业园是全国首个获批建设的畜禽种业国家现代农业产业园。近年来，该公司还有多个优质鸡、生猪产业园和畜禽种业产业园入选省级现代农业产业园建设名单。未来，温氏股份将稳步推进“公司+现代产业园区+职业农民”模式迭代，努力实现从农牧企业向食品企业转型。

三、肉鸡销售模式

（一）批发为主，终端零售为辅

目前，肉鸡的客户群体以批发商为主，以终端零售商为辅；肉鸡销售以活鸡销售为主，以屠宰销售和熟食加工为辅。肉鸡公司将产品直接批发销售给客户，由客户分销至全国各地市场，价格随行就市，交易方式为“款到发货”。根据产品特征和交货地点的不同，肉鸡公司的交易方式有所不同。以温氏股份为例，在销售肉鸡时，客户在温氏商城提前下单订购所需要的品种和数量，公司根据销售订单统筹安排合作农户饲养的肉鸡出栏；合作农户接到公司通知后，将出栏肉鸡运输至公司销售部进行验货过磅，与公司完成产品交接；公司销售人员根据客户订单要求在销售部进行肉鸡品种搭配，与客户完成产品交付。

（二）集中屠宰逐步替代活禽市场交易

根据国家市场监督管理总局最新政策要求，未来将逐步取消活禽市场交易。目前，肉鸡销售以活禽批发销售为主，以屠宰后冰鲜销售或预制成熟食品销售为辅。未来，市场将逐步向“集中屠宰、品牌经营、冷链流通、冷鲜上市”的销售模式转变。因此，各企业需要布局屠宰加工业务，加强品牌营销策划，探索建设社区销售、产销直供（大型食品加工、团膳配餐企业）、大批发和线上直销等营销渠道，通过线上线下联动、掌控渠道、直配终端提高销售效益。

第三节　肉鸡产业链SCP范式研究分析

中国作为肉鸡产业大国和世界上最大的肉鸡产品消费市场之一，有较为完善的全产业链和较为充足的供应能力。肉鸡行业产业链上游主要由种鸡培育和养殖所需玉米、豆粕等饲料及其动物保护企业等构成，中游主要由白羽肉鸡、黄羽肉鸡和817杂交肉鸡等肉鸡养殖及其禽蛋等产品构成，下游则主要为肉鸡的屠宰加工及其肉制品冷链运输和超市、菜场、餐饮企业的终端消费。

一、肉鸡产业市场结构分析

（一）上游：疫苗市场集中度较高

疫苗技术壁垒较高，行业市场集中度高。中国肉鸡市场上的疫苗主要包括H5型、H7型和H9型禽流感疫苗，新城疫疫苗，马立克疫苗与法氏囊疫苗等。由于疫苗技术壁垒较高，我国疫苗行业的龙头企业主要为金宇生物技术股份有限公司（简称“金宇生物”）、中牧实业股份有限公司（简称“中牧股份”）和天康生物股份有限公司（简称“天康生物”）等。白羽肉鸡、黄羽肉鸡免疫疫苗情况如表8–6、表8–7所示。

表8-6 白羽肉鸡免疫疫苗情况

日龄	疫苗	剂量
1日	鸡传染性法氏囊病抗原抗体复合物疫苗	1羽份
	鸡新城疫、传支二联活疫苗	1羽份
	鸡新城疫、禽流感（H9亚型）、传染性法氏囊病三联灭活疫苗	0.15ml
7～9日	鸡新城疫、传支二联活疫苗	2羽份
	鸡新城疫、禽流感（H9亚型）二联灭活疫苗+重组禽流感病毒（H5+H7）三价灭活疫苗	0.3ml

资料来源：普莱柯生物工程股份有限公司。

表8-7 黄羽肉鸡免疫疫苗情况

日龄	疫苗	剂量
1日	MD-CVI988液氮苗	1羽份
	鸡新城疫、传支二联活疫苗	1羽份
1周	鸡新城疫、传支二联活疫苗	1羽份
	鸡新城疫、禽流感（H9亚型）、传染性法氏囊病三联灭活疫苗	0.3ml
2周	鸡毒支原体活疫苗	1羽份
	重组禽流感病毒（H5+H7）三价灭活疫苗	0.3ml
3周	鸡疫活疫苗	1羽份
4周	鸡新城疫、传支二联活疫苗	1羽份
	新支流三联灭活疫苗	0.5ml
5周	鸡传染性喉气管炎活疫苗+免力健	1羽份
6周	重组禽流感病毒（H5+H17）三价灭活疫苗	0.5ml
8周	鸡新城疫、传支二联活疫苗	1羽份

资料来源：普莱柯生物工程股份有限公司。

（二）中游：养殖市场集中度较低

虽然全球肉鸡养殖市场集中度相对较高，但是我国肉鸡养殖市场集中度有待提高。近年来，美国、中国、巴西和欧盟等四大肉鸡主产国（地区）的肉鸡产量占全球肉鸡产量的比重基本维持在60%左右。从各企业的业务构成来看，温氏股份、山东益生种畜禽股份有限公司（简称“益生股份”）和山东仙坛股份有限公司（简称“仙坛股份”）等企业畜禽养殖业务所占比重较高，均超过90%，并配套经营畜禽养殖产业链中涉及的饲料、农牧设备等产品或服务。此外，我国肉鸡养殖场数量逐年减少，从2015年的2121.8万家减少至2024年的1000余万家，但肉鸡养殖规模在100万羽以上的养殖场数量却由789家增长至1000余家，肉鸡养殖趋于规模化。从区域分布情况看，山东等地是我国禽肉主产区，2019年，山东肉鸡出栏量排名全国首位，为22.1亿羽；其次是广东，肉鸡出栏量为14.8亿羽。

目前，我国肉鸡以散户养殖为主，规模化养殖不断增多。2023年我国肉鸡年出栏量在1～999羽的户数占比约97%。在国家政策的推动下，我国肉鸡养殖逐渐向规模化方向发展，市场集中度不断提高。与世界第一大肉鸡生产国美国相比，我国肉鸡养殖行业的竞争格局整体较为激烈，肉鸡养殖行业的集中度仍相对较低。从趋势上看，肉鸡养殖环节集约化进程仍未停止，10 万羽以上规模的肉鸡养殖场数量不断增加，未来下游商品代养殖及屠宰加工环节规模化程度仍有望不断提升。

（三）下游：屠宰市场集中度不断提高

全球前十大肉鸡生产商占据了近半屠宰市场，我国温氏股份屠宰量排名第四。世界前50家顶尖肉鸡生产商年屠宰量逾270亿羽。其中，巴西JBS是迄今为止世界最大的肉鸡生产商，2023年肉鸡屠宰量超过44亿羽，遥遥领先于其他竞争者。全球前十大肉鸡生产商的肉鸡屠宰量占据了全球屠宰总量的48%以上。全球前三大肉鸡生产商（巴西JBS、美国泰森食品、巴西BRF）的肉鸡屠宰量占据了全球前十大肉鸡生产商屠宰总量超60%的市场份额。我国温氏股份和禾丰食品股份有限公司（简称“禾丰股份”）分别居全球肉鸡生产市场第4位和第5位（见图8–30），2023年肉鸡屠宰量分别超过11亿羽和6.9亿羽。

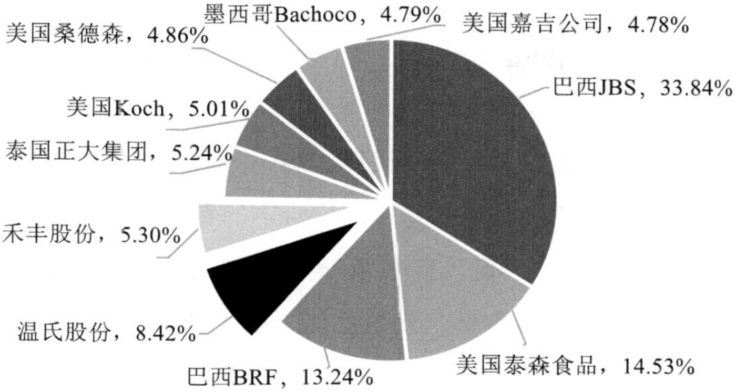

图8-30　2023年全球TOP10肉鸡生产商市场结构（按屠宰量）

数据来源：《国际家禽》。

中国肉鸡屠宰市场集中度偏低，屠宰企业竞争激烈。从国内来看，2022年我国肉鸡出栏量位居前五的企业合计出栏30.5亿羽，CR5为31%。其中，温氏股份的肉鸡出栏量位居全国第一，为10.8亿羽，占全国肉鸡总出栏量的份额约为11%。而美国肉鸡养殖规模与我国相比，具有一定的比较优势。2019年，美国肉鸡屠宰量位居前五的企业合计出栏46.44亿羽，CR5为49.6%。其中，泰森食品的屠宰量位居美国第一，为19.9亿羽，占美国主要肉鸡企业总屠宰量的份额达到了21.3%。温氏股份和禾丰股份均为世界头部肉鸡生产商。其中，温氏股份2023年肉鸡屠宰量超过11亿羽，是世界第四大肉鸡生产商。

二、肉鸡产业市场行为分析

（一）持续加大研发投入，推动科研成果转化

组建科技人才队伍，突破畜禽育种等关键技术。温氏股份作为农业产业化国家重点龙头企业，组建了国家生猪种业工程技术研究中心等重要科研平台，拥有一支以20多名行业专家、70多名博士为研发带头人，以超过440名硕士为研发骨干的高素质科研人才队伍。温氏股份不断加大研发投入，掌握了畜禽育种、饲料营养、疫病防治等方面的关键核心技术，拥有多项国内外先进的育种技术，累计获得国家级奖项8项、省部级奖项95项，研发出畜禽新品种12个（其中肉鸡新品种9个）。

推动科研成果转化，创造良好经济效益。党的十九大以来，温氏股份研发费用投入年均保持在5亿元以上（见图8-31），其自主选育的新兴矮脚黄鸡、新兴黄鸡2号、新兴竹丝鸡3号、天露黑鸡和温氏青脚麻鸡2号等9个家禽品种配套系获得国家畜禽品种审定认证；温氏白羽番鸭1号配套系获得国家畜禽品种审定认证，成为国内首个通过国家审定的番鸭品种。2024年4月，该公司的天露黄鸡2号配套系、温氏麻黄鸡3号配套系正式通过国家畜禽新品种审定。这两大品系生产成本更低，繁殖性能、屠宰性能、肉质风味更好，综合竞争力更优，为国内黄羽肉鸡养殖企业和养殖户创造了显著的经济效益。未来，这两大品种将进一步提升出栏量，助力产业高质量发展。

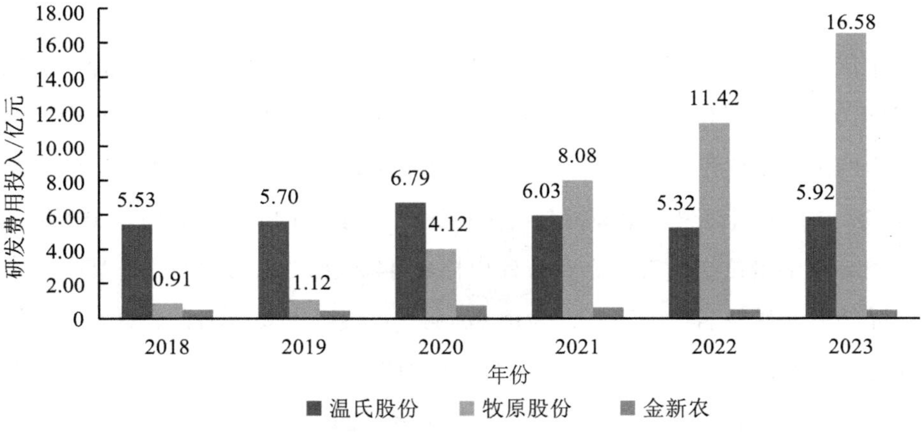

图8-31　2018—2023年肉鸡产业代表性公司研发费用投入

数据来源：各公司年报。

（二）加快推进疫苗研发，构建较高竞争壁垒

持续加大研发投入，积极开发禽流感疫苗。全球公司积极开发预防类肉鸡疫苗。2021年1月，硕腾推出Poulvac Procerta HVT-IBD疫苗，用于保护家禽免受传染性法氏囊病（IBD）的侵害。此外，2021年5月，Elanco Animal Health Incorporated与EVAH Corp.签署了四份合同以收购和开发动物健康技术。这四份合同涉及四种正在开发的产品（两种饲料添加剂和两种疫苗），针对三个物种：鲑鱼、猪和家禽。

积极开发多联多价疫苗，解决中游养殖防疫痛点。养殖端面临疫病防控新挑战，多联多价苗已成主流趋势，各禽类动保公司加快推进禽类生物制药研发，建立较高竞争壁垒。在高度集约化养殖的过程中，疾病更容易在动物间传播，这为病原体的变异和进化提供了条件。因此，兽药产品需不断更新换代。在单品种市场中，传统单苗已无法满足养殖端需求。相较单苗，使用多联苗可有效减少接种造成的免疫应激以及疫苗注射的相关成本，提高生产效率。近年来，随着养殖数量和养殖密度的提升，疫病的防控压力剧增，免疫程序日益复杂，简化免疫程序已成为越来越多养殖企业的追求。为了解决下游客户的防疫痛点、建立竞争壁垒，各公司加快推进多联多价疫苗研发工作（见表8-8）。

表8-8　2021—2023年获得新兽药证书的多联多价禽类疫苗

公司	疫苗名称
金宇生物技术股份有限公司	重组禽流感病毒（H5+H7）三价灭活疫苗（2022年）
	重组禽流感病毒（H5亚型）二价灭活疫苗（2022年）
	鸡新城疫、传染性支气管炎、禽流感、传染性法氏囊病、禽腺病毒病五联灭活疫苗（2023年）
中牧实业股份有限公司	鸡新城疫、传染性支气管炎二联活疫苗（2021年）
普莱柯生物工程股份有限公司	鸡新城疫、传染性支气管炎、禽流感、传染性法氏囊病四联灭活疫苗（2021年）
	禽脑脊髓炎、鸡痘二联活疫苗（2022年）
	重组禽流感病毒（H5+H7）三价灭活疫苗（2022年）
	重组禽流感病毒（H5亚型）二价灭活疫苗（2022年）
	鸡新城疫、传染性支气管炎、禽流感（H9亚型）、传染性法氏囊病四联灭活疫苗（2022年）
	鸡新城疫、禽流感（H9亚型）、传染性法氏囊病三联灭活疫苗（2022年）

续表

公司	疫苗名称
瑞普生物股份有限公司	重组禽流感病毒（H5+H7）三价灭活疫苗（2021年）
	鸡新城疫、传染性支气管炎二联活疫苗（2022年）
	鸡传染性鼻炎三价灭活疫苗（2023年）

资料来源：各公司公告、国投证券研究中心。

（三）实施兼并重组，不断巩固市场地位

持续收购投资肉鸡产业链，构建纵向一体化生态圈。作为世界第四大肉鸡生产商，温氏股份为实现成为世界一流农牧食品集团的目标，持续进行兼并收购等市场操作。2019年，该公司通过"资本驱动"构建产业链生态圈，收购了江苏京海禽业集团有限公司80%的股权。同年，温氏股份收购了河南省新大牧业股份有限公司61.86%的股权，助力公司进一步扩充产能、布局河南市场和完善产业全国布局。随后，温氏股份在食品加工、肉鸡养殖等领域频频发力，资本驱动逐步增强。2021年，温氏股份收购了苏州吴中温氏畜牧有限公司100%的股权。在投融资方面，2009年，温氏股份成功获得了中国农业银行云浮分行16亿元的短期融资注资，为公司进一步发展增添了动力；2017年，温氏股份加码入股唐人神集团股份有限公司，此举有助于两公司在区域布局、品种改良、生产管理、人员交流等生猪养殖方面进行优势互补。此后，2021年，"温氏转债"在深交所挂牌交易，第一次公开在资本市场大规模融资，助力企业发展。

三、肉鸡产业市场绩效分析

肉鸡市场竞争格局激烈，相较于生猪市场，市场绩效表现较为稳定，与生猪行业形成了替代关系。我国肉鸡头部企业较少，白羽肉鸡的上市公司主要包括圣农发展、益生股份、山东民和牧业股份有限公司（简称"民和股份"）和仙坛股份，黄羽肉鸡的上市公司主要包括江苏立华食品集团股份有限公司（简称"立华股份"）、湖南湘佳牧业股份有限公司（简称"湘佳股份"）以及温氏股份（见图8-32）。本节在白羽肉鸡方面选取圣农发展和益

生股份作为企业代表，在黄羽肉鸡方面选取立华股份和温氏股份作为代表，以较为全面地分析肉鸡产业的市场绩效。

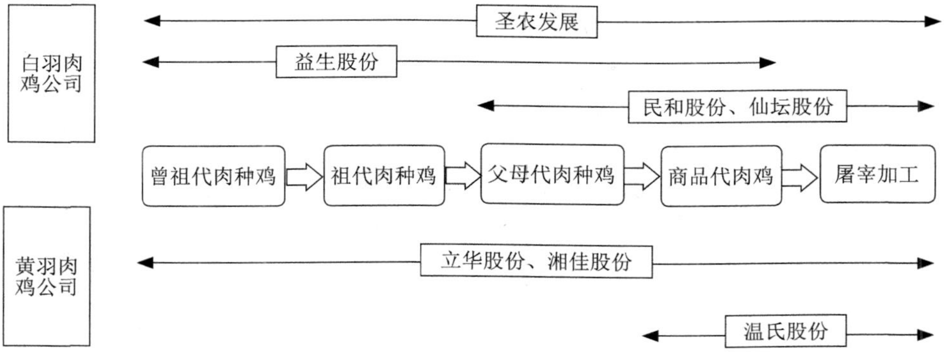

图8-32　我国主要肉鸡养殖企业业务覆盖范围概览

资料来源：东莞证券。

（一）产业链中下游创收强劲，温氏股份收入节节高升

温氏股份处于产业链中下游环节，黄羽肉鸡育种居世界领先水平，肉鸡营业收入从2018年的199.56亿元增长至2022年的355.82亿元，年均复合增长率为15.56%；立华股份已形成了集种禽繁育、饲料加工、商品鸡养殖与屠宰加工为一体的完整产业链，2022年肉鸡营业收入同比增加了29.78%，受益于一体化优势，预计未来将保持持续增长；圣农发展作为我国大型肉鸡养殖上市企业，2018—2022年肉鸡业务总体较为稳定，2018年营业收入为81.35亿元，2022年营业收入为104.43亿元，年均复合增长率为6.44%；益生股份位于产业链上游育种环节，易受鸡苗价格波动影响，2018年肉鸡业务收入仅为13.43亿元，2023年肉鸡市场回暖，实现收入29.80亿元，年均复合增长率为17.28%，鸡苗业务收入有所改善。以上四家代表性公司肉鸡营业收入情况如图8-33所示。

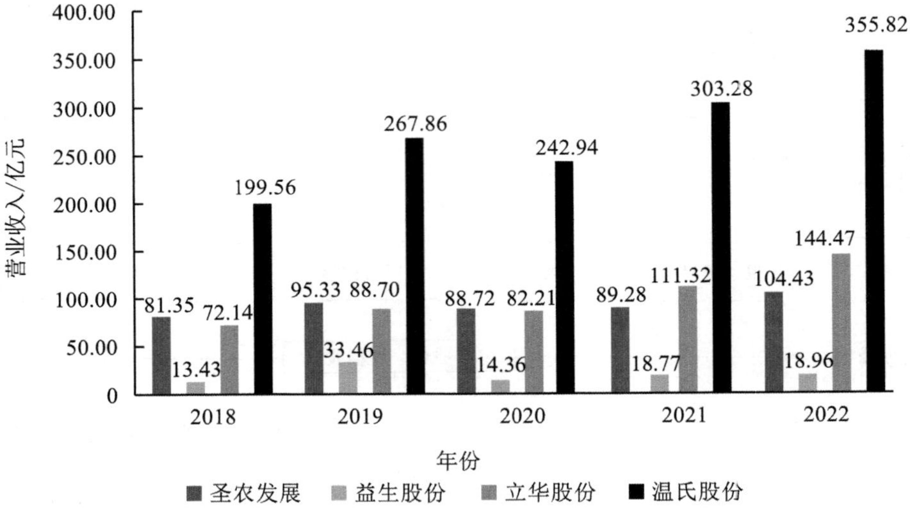

图8-33　肉鸡产业代表性公司肉鸡营业收入情况

数据来源：各公司公告。

（二）产业链上游盈利能力强，总体毛利率呈下降趋势

益生股份处于产业链上游育种环节，2019年毛利率为70%左右，2023年毛利率经历周期性下跌后逐渐恢复达到33%，平均毛利率为27.52%，处于领先地位；温氏股份处于产业链中下游环节，虽然营收规模较大，但2018—2023年平均毛利率仅为12.01%；圣农发展和立华股份均得益于全产业链发展，上游环节的高风险和下游环节的低风险相互对冲，整体营收和毛利率均处于中间水平（见图8-34）。

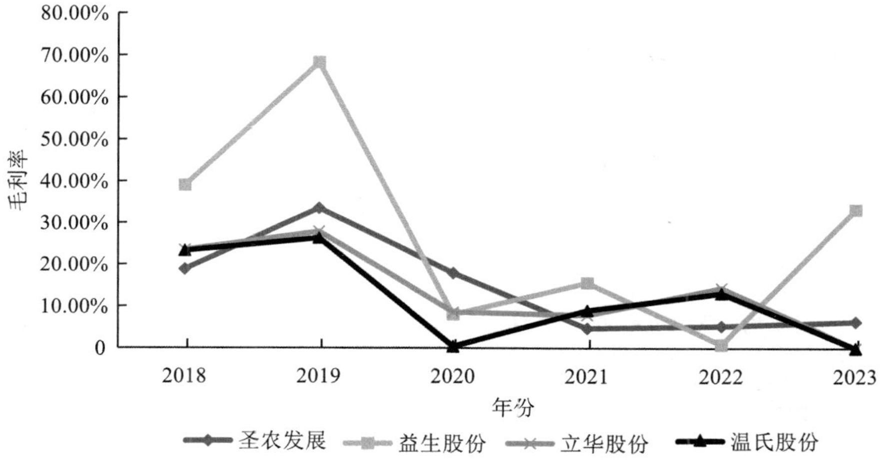

图8-34　肉鸡产业代表性公司毛利率情况

数据来源：各公司公告。

（三）白羽肉鸡种源进口依赖性强，育种崛起打破国外垄断

国内白羽肉鸡育种处于初期。在美国禽流感暴发之前，我国97%左右的白羽肉鸡种源来自美国。2015年美国禽流感暴发，法国成为我国白羽肉鸡种源主要来源地。2016年，我国开始从西班牙、新西兰、波兰引进白羽肉鸡种源。2017年及以后，新西兰成为我国白羽肉鸡种源主要引种地。2019年，我国开始供应少量祖代雏鸡。2020年，我国自繁祖代雏鸡数量增加。国际主要祖代白羽肉鸡品种如表8-9所示。

表8-9　国际主要祖代白羽肉鸡品种

品种	生产性能
爱拔益加	鸡群平均成活率90%，入舍母鸡66周龄产蛋193枚，入舍母鸡产种蛋185枚，入舍母鸡产健雏数159羽，种蛋受精率94%，平均孵化率80%，36周龄蛋重63克
罗斯	育成期成活率95%，产蛋期成活率95%，高峰产蛋率可达86%，产蛋率80%以上可持续9周，入舍母鸡累计产蛋186枚；全期平均孵化率85%，累计产雏149羽

续表

品种	生产性能
印第安河	平均开产日龄182天，开产体重2520～2680克；30～31周龄达产蛋高峰，高峰产蛋率81%；64周龄入舍母鸡平均产蛋164枚，平均产合格种蛋155枚，平均产雏131羽
科宝	24周龄开产，体重2700克；30～32周龄达到产蛋高峰，产蛋率86%～87%，66周龄产蛋175枚；全期受精率87%；平均孵化率87%，每羽种母鸡可产商品代雏鸡117.88羽
艾维茵	平均产蛋率母系60%、父系52%，累计产蛋数母系163枚、父系138枚，产蛋合格率平均为91%；平均孵化率母系为82%、父系为77%，生产雏鸡母系122羽、父系94羽

资料来源：中泰证券。

白羽肉鸡育种取得突破性进展。圣农发展的"圣泽901"（SZ901）是我国第一个具有自主知识产权的白羽肉鸡品种，打破了国外长期垄断的格局；益生股份的益生909小型白羽肉鸡配套系获得国家畜禽新品种认定，成为山东省首个通过国家认证的小型白羽肉鸡品种，为打好种业翻身仗打造了齐鲁样板；新广农牧有限公司的"广明2号"白羽肉鸡品种吹响了"粤强种芯"的号角（见表8-10）。

表8-10　国内自主研发的祖代白羽肉鸡品种

品种	生产性能
圣泽901	本土适应性强，能够较好地适应本地环境；遗传特性稳定，有助于保持品种的一致性；父母代种鸡产蛋率高，有助于提高种蛋的生产量；种蛋合格率高，有利于提升孵化成功率；商品代肉鸡增重快；肉鸡的产肉率较高，能够满足市场的需求
益生909	具有产肉率高、肉品好、抗病力强、成活率高等优势，能够替代小型白羽肉鸡和三黄鸡的市场
广明2号	具有生长速度快、饲料转化率高等特点；40～42日龄出栏体重达到2.8千克，适合生产分割鸡肉，方便制作快餐、团餐及深加工制品；主要生产性能与国际同类品种持平，饲料转化率和肉品质具有一定优势

（四）黄羽肉鸡品种培育速度快，温氏股份龙头地位稳固

黄羽肉鸡是我国本土肉鸡，由地方优质品种杂交培育而成。目前，我国黄羽肉鸡主要的配套系有广州的“882”“江村黄”，深圳的“康达尔黄”，粤西的“新兴黄”“凤都黄”，种类更替速度较快。温氏股份作为全国最大的黄羽肉鸡养殖企业，手握黄羽肉鸡“芯片”，自主选育的新兴矮脚黄鸡、新兴黄鸡2号、新兴竹丝鸡3号、新兴麻鸡4号、天露黑鸡、天露黄鸡、温氏青脚麻鸡2号等7个家禽品种配套系已经获得了国家畜禽新品种证书，再加上天露黄鸡2号、温氏麻黄鸡3号，其通过国家审定的家禽新品种已经增至9个。这体现了温氏股份黄羽肉鸡品种资源的丰富性与品种培育的领先性。国内部分最新黄羽肉鸡品种如表8-11所示。

表8-11　国内部分最新黄羽肉鸡品种

品种	地点	生产性能
天露黄鸡2号	广东	商品代肉鸡生长速度快、早熟性好、生活力强、饲料转化率高
温氏麻黄鸡	广东	商品代肉鸡羽色麻黄、脚黄，均匀一致性好；鸡苗质量好，肉鸡抗逆性强
岭南黄鸡	广东	父母代种鸡体形矮小、节粮高产、制种成本低；商品肉鸡羽色黄麻、长速快、肉质好、均匀度好、抗病力强，适合脱温类、屠宰类、活鸡类等多种形式消费产品需求，具有很好的市场竞争力
京海黄鸡	江苏	京海黄鸡种母鸡18周龄体重1276克，达5%产蛋率日龄为125～133天，66周龄平均产蛋数175.4枚；经现场测定，商品公鸡110日龄体重为1289克，母鸡为1099克，饲料转化率为3.12:1

第四节　广东省肉鸡产业现代化发展成就与突出问题

一、广东省肉鸡产业现代化发展成就

（一）肉鸡龙头企业温氏股份领跑全国

肉鸡销量全国第一。温氏股份是一家以畜禽养殖为主业、配套相关业务的跨地区现代农牧企业集团，有81家一体化养禽公司，2023年实现销售肉鸡11.83亿羽（含毛鸡、鲜品和熟食；见图8-35），同比增长9.44%，占全国肉鸡（包括白羽肉鸡、黄羽肉鸡和小型白羽肉鸡）总出栏量的9.1%，在同行业上市企业中排名第一。2023年，温氏股份营业总收入为899亿元，同比增长7%，创历史新高。

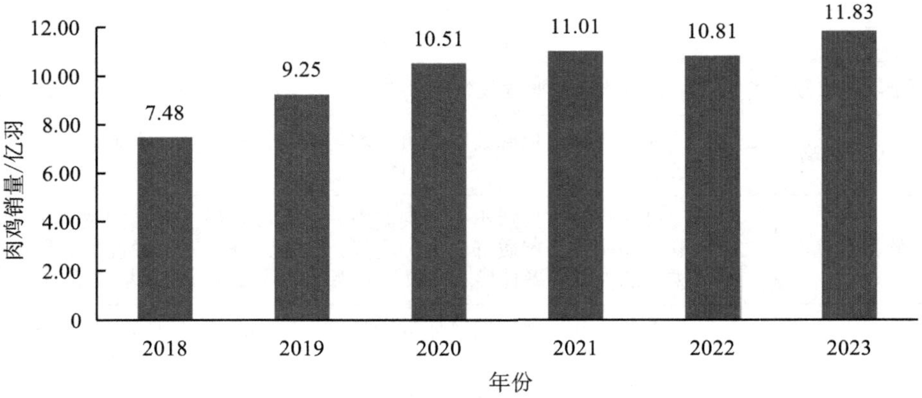

图8-35　2018—2023年温氏股份肉鸡销量

数据来源：国家统计局。

组织模式位居全国前列。温氏股份自1986年创立“公司-农户”组织模式以来，持续将技术、资本、营销、品牌等优势资源链接广大农户，实现了企业与农户的共赢发展。该模式被业界称为“温氏模式”，不仅带动了农村经济的发展，也为推动乡村振兴、促进共同富裕提供了新的解决方案。同时，温氏股份进一步丰富了“公司+农户”组织模式的内涵，积极参与云浮市“政银企村”和“政银企村户”共建模式，通过政府、银行、企业、村集体等多方合作，共同推动乡村经济发展。这一模式在云浮市取得了显著成效，带动了就业和村集体增收。

产业链升级成效显著。温氏股份自2017年开始着手禽业转型升级，推进产品结构向下游屠宰加工方面转型，实现了从农场到餐桌的全产业链业务布局（涵盖养殖、屠宰、加工、销售等多个环节）。这种全产业链布局有助于该公司更好地控制产品质量和成本，提升市场竞争力。目前，温氏股份已成为鲜品领域的佼佼者，业务涵盖“养殖+屠宰+销售”，承担着全国范围内规模较大的鲜冻禽类产品屠宰供应。此外，温氏股份还积极发展预制菜等适销对路的产品和业务，加快转型升级步伐。

打造AI养殖新质生产力先锋。在当今数字化转型的浪潮中，温氏股份正积极拥抱AI，培育和发展以AI养殖为重要引擎的新质生产力。随着AI养殖技术的不断进步和应用场景的持续拓展，AI养殖将在未来发挥更加重要的作用，为企业高质量发展注入新动能。温氏股份通过与华为等领先企业合作，引入了云计算、物联网、大数据和AI等先进技术，对肉鸡养殖过程进行了全面数字化改造。2024年8月，温氏股份与合肥拉塞特机器人科技有限公司（简称“拉塞特”）达成战略投资合作，围绕“强技提质”的整体目标，通过技术创新进一步推动肉鸡养殖过程数字化、智能化转型，助力企业高质量发展。拉塞特是专注于AI+养殖整体解决方案的高科技企业，其AI+养殖整体解决方案在配怀舍、分娩舍、家庭农场、出苗点数、智能免疫等场景有成熟且广泛的应用。通过数字化技术的应用，温氏股份实现了肉鸡养殖过程的精准管理和智能化控制，提高了养殖效率和产品质量。同时，数字化转型还能够帮助温氏股份更好地了解市场需求和消费者行为，为其制定更精准的营销策略和产品开发方向提供了有力支持。

（二）肉鸡新品种培育取得实质性突破

“广明2号”白羽肉鸡打破了国外种源垄断。广东省于2010年启动白羽肉鸡自主培育工作，以新广农牧有限公司为主体，联合华南农业大学等科研单位开展白羽肉鸡选育工作。经过长达11年的科研攻关，“广明2号”白羽肉鸡新品种于2021年底通过国家畜禽遗传资源委员会审定。这标志着我国白羽肉鸡育种实现了从0到1的实质性突破，彻底打破了国内白羽肉鸡种源依赖进口的局面。“广明2号”具有生长速度快、饲料转化率高、抗病力强等特点，40～42日龄出栏体重达到2.8千克，适合生产分割鸡肉，方便制作快餐、团餐及深加工制品，主要生产性能与国际同类品种持平，饲料转化率和肉品质具有一定优势。目前，“广明2号”已在全国范围内推广应用，市场反响良好。此品种的成功研发证明了我国有实力、有能力培育出媲美国外的优质畜禽品种，充分展示了广东畜禽种业强省的担当与作为。

岭南黄鸡I号配套系持续选育创新。广东省农业科学院动物科学研究所历时7年培育的突破性新品种岭南黄鸡I号配套系，于2003年通过国家畜禽品种审定。该配套系解决了家禽产业中父母代节粮、后代体重均匀度、雌雄鉴别应激、市场变化适应性和抗病力等方面多个关键问题。该品种饲养成本可节省20%～25%，是国内首个节粮型配套系。近年来，该科研团队为了适应市场变化持续选育，率先解决了禽白血病的问题，突破了禽白血病净化技术的国际壁垒；成功解决了矮小基因引入导致的后代体重均匀度差的问题，推动了黄羽肉鸡行业矮小鸡大规模应用；利用快慢羽自别雌雄的准确率高达98%～99%，减少了手工翻肛鉴别带来的应激。岭南黄鸡I号配套系已在全国各省、自治区、直辖市推广应用，尤其在广东、山东、安徽和河南等省份受到消费者青睐，2013—2024年连续多年被评为广东省农业主导品种。截至2023年底，近3年累计推广商品代肉鸡7000万羽左右，年产值16亿元以上。

自主选育品种获国家审定。温氏股份建立了完善的育种技术体系和丰富的品种素材库，旗下单位入选国家肉鸡核心育种场、国家肉鸡良种扩繁推广基地、国家动物疫病净化创建场、国家研发计划项目示范种禽场、国家生猪核心育种场。自主选育的新兴矮脚黄鸡、新兴黄鸡2号、新兴竹丝鸡3号、新兴麻鸡4号、天露黑鸡、天露黄鸡、温氏青脚麻鸡2号等9个家禽品种配套系获得国家畜禽新品种审定认证，华农温氏I号猪配套系、温氏WS501猪配套系两个瘦肉型猪配套系获得国家畜禽新品种审定认证，温氏白羽番鸭1号配套系获得国家畜禽新品种审定认证。

二、广东省肉鸡产业现代化发展突出问题

（一）龙头企业优势不明显，集团化程度不高

市场竞争激烈，龙头企业优势小。众多企业在市场中争夺份额，导致龙头企业的市场份额难以显著提升。部分龙头企业在品牌建设和市场推广方面投入不足，导致品牌知名度和影响力有限，难以在市场中形成显著优势。面对竞争日益激烈的国内外市场，仍存在许多问题。第一，企业规模小，产品质量差，管理制度落后，竞争力不强。第二，企业科技创新能力不足。许多大型企业仍然依靠粗放扩张的经营模式，严重忽视新技术和新产品的研发，在市场竞争中缺乏自己的品牌产品和优势产品。第三，在企业管理中，没有及时采用现代经营管理制度，存在产权不明晰、决策不科学的问题，仍然依靠传统家族式的管理方法来管理集团企业，使企业的长远发展受到了很大影响。第四，部分企业严重缺乏稳定的原料基地，市场营销渠道不畅，开拓市场的能力和手段有待提高。

注重短期效益，集团化程度低。肉鸡产业具有生产周期短、饲料转化率高、价格波动幅度大等特点。这些特点使得肉鸡养殖企业在发展过程中更注重短期效益，而相对忽视长期规划和集团化运作。此外，行业起步晚、发展初期企业规模小等历史因素也影响集团化程度的提升。集团化发展需要企业具备强大的资源整合能力和协同作战能力。然而，部分肉鸡养殖企业在资源整合和协同作战方面存在不足，导致难以实现规模化、集约化经营和资源共享。政府在推动肉鸡产业集团化发展方面缺乏足够的政策支持和引导。例如，政府在税收优惠、资金扶持、用地保障等方面缺乏针对性措施，难以激发企业集团化发展的积极性。

（二）利益分配机制不完善，精深加工发展滞后

利益分配机制不完善。第一，企业与农民签订的经济合同不规范。一些企业往往凭借自身强大的经济优势，在与农民签订合同时故意损害农民利益，使所订立的合同条款尽量有利于企业。第二，利益主体双方不守信用。部分地区存在这种现象：当产品市场价高、产品畅销时，农民往往违背合

同，不愿将产品卖给企业，导致企业停工待料；而当市场价低、产品滞销时，企业又不愿意按原定合同收购，即使愿意收购，也经常压级压价，导致农民利益受损。第三，违约追索成本高。

产业下游精深加工发展滞后。目前，广东省肉鸡加工主要集中在整鸡加工和冷冻销售上，深加工产品相对较少，且市场竞争力不足。这限制了肉鸡产品附加值的提升和市场拓展。肉鸡产业的精深加工环节是产业链延伸的重要方向，但广东省在这一方面的发展还不够充分。产业链短导致产品附加值低，难以形成品牌效应和规模效应。肉鸡产业的上下游之间缺乏有效的协同机制，加工环节与养殖、销售等环节之间的衔接不够紧密，导致资源不能得到充分利用。与发达国家相比，广东省肉鸡精深加工的技术水平还有待提高。在加工过程中，如何更好地保留鸡肉的营养成分、延长贮藏时间等，仍需要进一步研究和技术创新。肉鸡产业一体化发展要求肉鸡产业在产前、产中和产后有机联合，但我国禽产品加工业与发达国家相比仍存在差距。发达国家禽产品加工量占禽产品生产总量的比重高达60%～70%；而我国肉类加工比重不到5%，且部分企业规模小，加工技术落后，存在加工深度不够、花色品种较少和优质高档品种比重低的问题。

（三）土地资源相对紧张，用地困难成本高

土地资源有限，用地监管严格。广东省作为经济发达地区，土地资源相对紧张，肉鸡产业下游精深加工用地有限。随着城镇化进程的加快，土地价格不断上涨，增加了用地成本。政府对土地使用有严格的规划限制，特别是工业用地和农业用地之间的转换受到严格监管。肉鸡产业下游加工用地往往需要符合特定的规划和环保要求，这增加了用地的难度。随着环保意识的增强，政府对污染排放的监管越来越严格，肉鸡产业下游加工过程中可能产生的废水、废气等污染物需要得到有效处理。这要求加工企业在选址和用地方面必须考虑环保因素，进一步增加了用地的难度和成本。

土地成本高，运营压力大。由于土地资源紧张和规划限制，肉鸡产业下游加工用地价格高昂。高昂的土地成本直接增加了企业的投资负担和运营成本。除土地成本外，加工企业包括厂房建设、设备购置、安装调试等费用

在内的建设成本也不容忽视。特别是在环保要求日益严格的背景下，企业需要投入大量资金用于环保设施的建设运行。肉鸡产业下游加工企业的原料采购、能源消耗、人工成本、环保费用等运营成本也相对较高。特别是随着人工成本的不断上涨和环保要求的提高，企业的运营压力进一步加大。据估算，近五年来，广东省内符合养殖标准的土地价格平均上涨了约30%。随着城镇化进程的加快和环保要求的提高，符合养殖标准的土地愈加稀缺，且价格不断攀升，一些育种企业因难以承受高昂的土地成本，不得不选择在其他省区发展种禽扩繁。这种现象不仅增加了企业的运营成本，还限制了广东省肉鸡产业的规模化发展。

第五节　发展趋势及建议

一、发展趋势

（一）白羽肉鸡引种呈下降趋势，自主育种成效逐渐显现

白羽肉鸡祖代更新结构显著变化。2022年以来，我国白羽肉鸡祖代更新结构发生了显著变化，由之前的主要依靠国外引进祖代及部分依靠国外曾祖代种源进行国内自繁的二元结构转变为“国外引进祖代、曾祖代种源，国内自繁和国内自有品种繁育”的三元结构。

白羽肉鸡国外引种数量降幅明显。2022年，国外引种数量大幅下降，仅为34.3万套；国外品种科宝曾祖代在国内自繁祖代约30.8万套。而2021年通过审定的3个国内自主培育的白羽肉鸡新品种提供祖代约31.3万套，其中“圣泽901”19.4万套、“广明2号”6.3万套、“沃德188”5.6万套。祖代白羽肉鸡年度引种更新情况如图8-36所示。

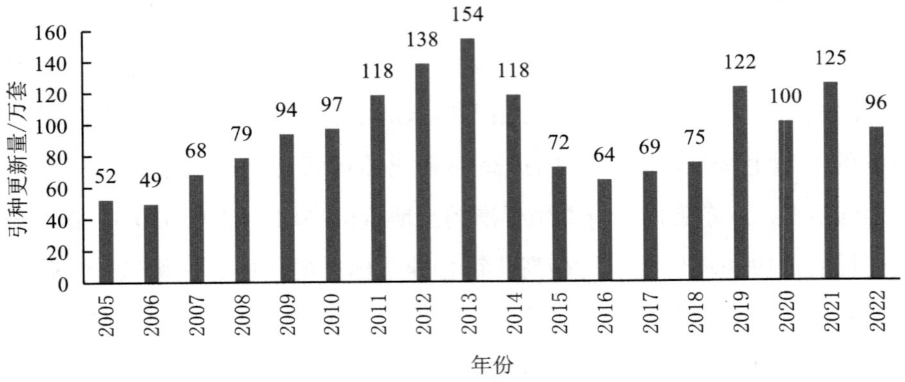

图8-36 祖代白羽肉鸡年度引种更新情况

数据来源：中国畜牧业协会禽业分会。

（二）政策与市场双重驱动，肉鸡养殖向规模化发展

散户养殖数量不断下降，规模化养殖数量持续增加。从出栏量与养殖户数据来看，2015—2020年我国肉鸡出栏量总体呈增加趋势，但养殖户数却总体呈现下降趋势，从2015年的2121.8万户下降至2020年的1834.5万户（见图8-37），下降幅度为13.5%。从养殖规模占比来看，目前我国以散户养殖为主，虽然养殖规模在2000羽以下的户数占比居多，但养殖规模在3万羽以上的户数占比逐步增加（见图8-38），同时100万羽以上的超大规模养殖场也从789家增加至1456家。从以上数据可以发现，近年来规模化养殖户在逐渐增多，我国养殖模式从散户养殖逐渐向规模化养殖发展。对于养殖行业来说，规模化养殖可以更为科学系统地进行管理，并且可以通过先进的技术提高生产效率、降低边际成本、保障市场产品品质与安全，进一步促进养殖行业发展。

逐步取消活禽市场交易，行业养殖标准不断提高。中国近年出台的政策逐步取消了活禽市场交易，使行业养殖标准有所提高，冰鲜类肉鸡产品或将成为行业未来发展的大趋势。这对肉鸡养殖企业的冷链技术要求亦将提升。一些经营能力较差的养殖户或将面临淘汰，进而使行业竞争格局进一步优化。同时，城镇化水平的提高，推动了市场份额向头部企业集中。越来越多的年轻人选择从农村到城市工作，农村劳动人口呈现萎缩态势。对于肉鸡养殖行业而言，农村劳动力流失一定程度上减少了散户数量，进而使行业市场份额进一步向头部企业集中。

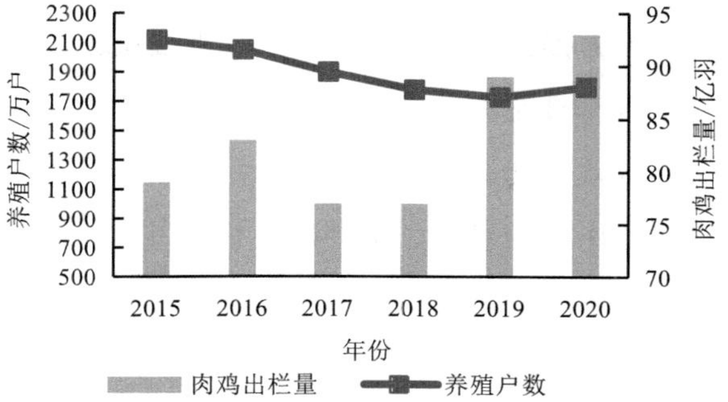

图8-37　2015—2020年中国肉鸡出栏量及养殖户数变化

数据来源：中国畜牧兽医年鉴。

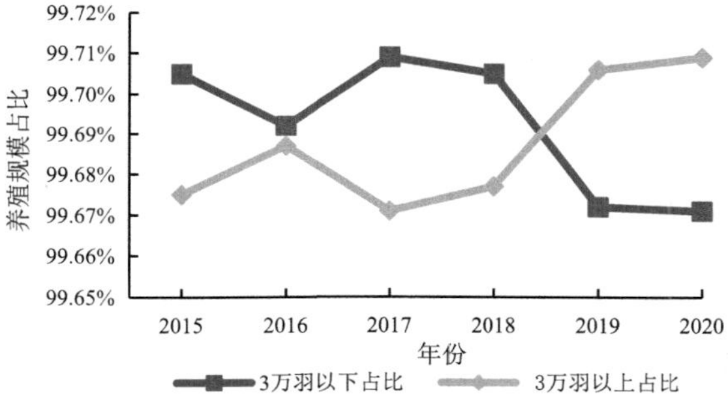

图8-38　2015—2020年中国肉鸡养殖户养殖规模占比

数据来源：中国畜牧兽医年鉴。

（三）智能化养殖加速推进，智能养殖设备逐渐渗透

圣农发展肉鸡智能化养殖初具规模。圣农发展已经形成了较为完整的产业链，包括饲料生产、育种、养殖、屠宰加工等环节。在养殖环节，圣农发展积极推动智能化养殖模式的发展，传统的粗放式管理逐渐被精准养殖所取代。该公司利用智能化设备和技术手段，实现了对养殖环境的精准控制，提高了饲养效率和产品质量。其他肉鸡企业积极探索智能化养殖模式，通过引入物联网、大数据、云计算等技术手段，实现了对养殖过程的全面监控和数据分析，为养殖决策提供了科学依据。

（四）产业链合作日趋紧密，肉鸡产业效益逐渐提升

全产业链合作助力提升产业竞争力。在产业链上游，饲料生产、育种等环节与肉鸡养殖的合作日益加强。育种企业不断研发新的肉鸡品种，以满足市场对高品质、高效益肉鸡的需求。同时，饲料生产企业根据肉鸡的生长需求和营养标准，研发出更加科学、合理的饲料配方，提高了饲料的转化率和利用率。这种深度融合不仅提升了肉鸡的品质和产量，也降低了生产成本，提高了整个产业链的竞争力。在产业链下游，屠宰加工、销售等环节与肉鸡养殖的衔接更加紧密。屠宰加工企业通过与养殖企业的合作，实现了对肉鸡产品的统一加工、包装和销售，提高了产品的附加值和市场竞争力。

温氏股份引领肉鸡产业链上下游走向共赢。温氏股份通过与产业链上游育种企业的紧密合作，引进并培育了多个高效、优质的肉鸡品种，同时还自建了饲料加工厂，确保饲料的质量和成本控制。在产业链下游，温氏股份建立了自己的屠宰加工和冷链配送体系，实现了从养殖到餐桌的全产业链控制。这种深度融合模式不仅提升了产品品质，也确保了食品安全，增强了市场竞争力。

二、发展建议

（一）强化政策引领与政策扶持，构建良好发展环境

一是出台系统的肉鸡产业发展政策。关注未来规模化发展趋势，鼓励企业扩大生产规模，提高生产效率；强化对肉鸡育种工作的支持，加大对育种技术研究和应用的投入，培育适应市场需求的新品种，提升肉鸡行业的竞争力。

二是鼓励肉鸡智能养殖和自主育种。通过设立专项资金、提供贷款优惠、减税降费等方式，降低肉鸡养殖企业的运营成本；制定严格的环保标准和法规，确保肉鸡行业的绿色发展；引导规模化养殖企业采用先进的环保技术和设备，实现废弃物的减量化、资源化和无害化处理；设立环保奖励基金，对在环保工作中表现突出的企业给予奖励；建立育种技术创新平台，吸引科研机构和企业共同参与育种技术的研发和应用；通过产学研合作，推动育种技术的进步和创新。

三是加强国际合作与交流。与其他国家和地区的政府部门、行业协会、企业等建立合作关系，共同推动肉鸡行业的全球化发展；通过引进先进的技术和管理经验，提升我国肉鸡行业的国际竞争力。

（二）深化市场拓展与渠道建设，实现养殖降本增效

一是推动肉鸡供应链的构建与合作。对于资金雄厚、规模较大的肉鸡企业，可建立自己的屠宰加工线，将肉鸡加工成食品。这不仅能提高产品的附加值，满足消费者对高品质肉鸡产品的需求，还能更好地控制产品质量和食品安全，赢得消费者的信任。对于规模较小、资金有限的企业，则可以选择传统销售方式，与养殖场、农户等建立稳定的供应关系，确保稳定的销售渠道，同时降低企业的运营成本。

二是加强肉鸡产品多渠道市场营销。充分利用线上销售平台，通过电商平台和社交媒体扩大市场覆盖面，触达更广泛的消费者群体；针对高端餐饮市场，可以提供定制化的肉鸡产品，满足其特殊需求；针对零售市场，可以加强品牌宣传和推广，提升消费者对产品的认知度。

（三）优化产业布局与产业融合，实现高效协同发展

一是强化竞争力。通过引进先进技术和设备，提升养殖和加工环节的自动化、智能化水平，提高生产效率；同时，注重产品质量和品牌建设，通过差异化产品和优质服务赢得市场认可。

二是加强产业链衔接与协作。在饲料生产、种鸡繁育、肉鸡养殖、屠宰加工和销售等环节，建立紧密的合作关系，实现资源共享和互利共赢；通过纵向一体化或合同化生产等方式，确保原料供应的稳定性和产品质量的一致性。

三是合理规划肉鸡产业布局。在原料丰富、交通便利的地区建立养殖场和加工厂，降低运输成本；在消费集中的地区设立销售网络和配送中心，提高市场响应速度。

四是产业融合实现协同发展。通过产学研合作、技术创新联盟等方式，推动产业链各环节的技术创新和产业升级；同时，加强与金融机构、电商平台等外部资源的合作，拓宽融资渠道、扩大销售渠道，提升整体运营效率。

（四）加强科技创新与技术应用，推动产业升级发展

一是加强肉鸡育种基础研究。通过探索肉鸡的遗传规律，培育出适应性强、生长速度快、抗病力强的新品种，提升我国肉鸡育种能力。这将有助于提升我国肉鸡行业的竞争力，减少对外部种源的依赖。

二是加强疫病防控体系建设。非洲猪瘟等疫病的暴发给肉鸡行业敲响了警钟，企业应提高监测预警能力，确保及时发现疫病并控制疫病的传播；加大对新型疫苗和药物的研发力度，为肉鸡行业的健康发展提供有力保障。

三是积极推广智能技术应用。例如，积极推广智能环境调控系统、智能饲喂系统等，以提高养殖的自动化、智能化水平；利用大数据技术对养殖过程中的各项数据进行收集和分析，实现精准管理；通过对数据的挖掘和分析，可以优化饲料配方、调整养殖环境参数等，从而提高肉鸡的生长速度和品质。

第九章

广东省水果产业现代化发展研究*

水果产业为中国农业第三大支柱，仅次于粮食和蔬菜。水果产业链上游为种业、化肥、农药、农业机械等原材料及设备；中游为水果种植与采摘环节；下游为批发零售，涵盖了水果的采后处理、冷链配送体系以及农贸市场、商超等多元化终端消费市场（见图9-1）。

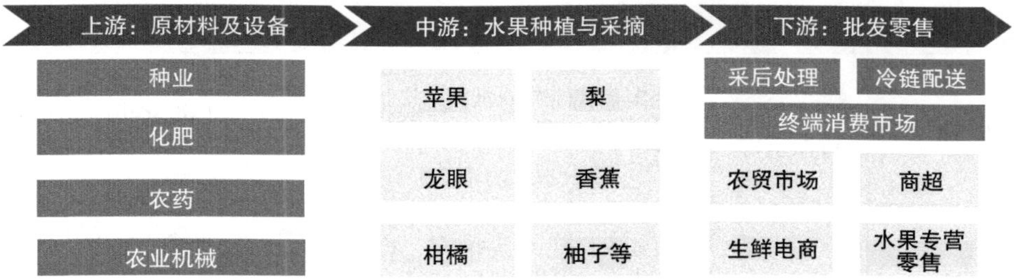

图9-1　水果产业链全景图

第一节　水果产业发展环境

一、政策环境

政策通过推动水果种植加工机械化，完善冷链保鲜网络，促进产业链向销售环节延伸，保障水果产业的稳健、可持续发展。广东省连续三年强化农产品“12221”市场体系建设，坚持市场导向，推动果品产销对接，实现了水

* 本章第一执笔人为暨南大学产业经济研究院谭蓝鸡。

果从种植到销售的全链条质量控制和品牌推广，提高了水果产品的竞争力和附加值。

（一）推动种植加工机械化

政策大力发展新型现代设施种植业，推广先进适用的农机装备与机械化技术，推动水果初加工机械化等（见表9-1）。《全国现代设施农业建设规划（2023—2030年）》提出推进绿色化标准化机械化智能化生产，稳步提升优质果蔬等的供给能力。《广东省人民政府关于加快推进农业机械化和农机装备产业转型升级的实施意见》要求加快发展设施农业、农产品初加工和其他适用机械化技术。

表9-1　近年来水果产业种植加工相关重点政策

时间	部门	政策文件	相关内容
2023年6月	农业农村部等四部门	《全国现代设施农业建设规划（2023—2030年）》	发展节能节本、高产高效新型现代设施种植业，推进绿色化标准化机械化智能化生产，稳步提升优质果蔬等的供给能力
2023年3月	农业农村部	《农业农村部关于加快推进农产品初加工机械化高质量发展的意见》	大力发展果蔬初加工机械化，加强果蔬产地初加工设施装备条件建设。水果初加工，重点推广果品无损检测、分级分选、杀菌包装、智能预冷冷藏等成套技术装备，保持水果品质，提高流通效率
2022年3月	广东省农业农村厅	《广东省农业机械化“十四五”发展规划（2021—2025年）》	按品种制定符合机械化生产的农艺标准，推动标准化果园茶园建设，加快香蕉、荔枝、龙眼、柑橘、菠萝等水果以及茶叶的适用装备推广
2019年12月	广东省人民政府	《广东省人民政府关于加快推进农业机械化和农机装备产业转型升级的实施意见》	推广先进适用的农机装备与机械化技术。围绕广东省果菜茶、畜禽水产、南药等特色产业主要生产环节，开展高性能、有特色的农机新装备示范推广。加快发展设施农业、农产品初加工和其他适用机械化技术，促进农业机械化全面发展

（二）强化冷链物流和仓储保鲜建设

为加强农产品流通能力，政策推动冷链物流服务网络向乡村下沉，重视仓储保鲜设施的建设等（见表9-2）。《农业农村部办公厅关于继续做好农产品产地冷藏保鲜设施建设工作的通知》要求推动冷链物流服务网络向乡村下沉，打造农产品上行和生鲜消费品下行的双向冷链物流新通道。《广东省推进冷链物流高质量发展“十四五”实施方案》提出在粤西南菜北运核心区、特色经济作物主产区、果蔬进出口示范基地建设一批仓储保鲜设施。

表9-2　近年来水果产业冷链物流相关重点政策

时间	部门	政策文件	相关内容
2023年7月	农业农村部办公厅	《农业农村部办公厅关于继续做好农产品产地冷藏保鲜设施建设工作的通知》	推动冷链物流服务网络向乡村下沉。打造农产品上行和生鲜消费品下行的双向冷链物流新通道。加强产地到销地直达冷链物流服务能力建设，提升供应链组织能力，推广产地直供直销流通模式
2023年6月	农业农村部等四部门	《全国现代设施农业建设规划（2023—2030年）》	建设产地仓储保鲜设施。以蔬菜水果等鲜活农产品生产大县为重点，分区分片、合理集中建设产地仓储保鲜设施，配套高效预冷、智能冷藏、稳定贮藏设施设备，完善产地冷链物流设施网络
2022年9月	广东省人民政府办公厅	《广东省推进冷链物流高质量发展“十四五”实施方案》	增强果蔬产地商品化能力。在粤西南菜北运核心区、特色经济作物主产区、果蔬进出口示范基地建设一批仓储保鲜设施
2021年11月	国务院办公厅	《“十四五”冷链物流发展规划》	到2025年，初步形成衔接产地销地、覆盖城市乡村、联通国内国际的冷链物流网络，基本建成符合我国国情和产业结构特点、适应经济社会发展需要的冷链物流体系，调节农产品跨季节供需、支撑冷链产品跨区域流通的能力和效率显著提高
2021年1月	农业农村部	《农业农村部关于落实好党中央、国务院2021年农业农村重点工作部署的实施意见》	加强农产品流通体系建设。全面实施农产品仓储保鲜冷链物流设施建设工程，加大蔬菜、水果、茶叶、中药材等鲜活农产品仓储保鲜补贴力度，建设一批田头小型仓储保鲜冷链设施，鼓励有条件的地方建设产地低温直销配送中心

（三）推动产业链向销售环节延伸

政策高度重视产销一体化，积极引导实体零售向新零售转型，支持直播电商服务功能以及市场营销工作等（见表9-3）。《商务部办公厅 发展改革委办公厅 中华全国供销合作总社办公厅关于进一步推动农商互联助力乡村振兴的通知》提出支持专业大户、家庭农场、农民合作社等新型生产主体，向销售环节延伸产业链条，实现“产+销”一体化经营。《关于进一步加强广东农产品“12221”市场体系建设工作的通知》则强调生产与市场两手抓、两手硬的思想认识，高度重视市场营销工作。

表9-3 近年来水果产品销售相关重点政策

时间	部门	政策文件	相关内容
2024年3月	商务部等九部门	《关于推动农村电商高质量发展的实施意见》	打造县域直播电商基地。升级改造县级电商公共服务中心（电商产业园区），增强直播电商服务功能。吸引直播电商平台、专业服务机构等入驻，完善选品展示、内容制作、数据分析、直播场景等设施设备
2021年9月	商务部办公厅、发展改革委办公厅、中华全国供销合作总社办公厅	《商务部办公厅 发展改革委办公厅 中华全国供销合作总社办公厅关于进一步推动农商互联助力乡村振兴的通知》	推广订单农业、产销一体等长期稳定对接模式。支持专业大户、家庭农场、农民合作社等新型生产主体，通过直接开设销售门店或在农产品批发市场、超市、菜市场等场所设立销售专区等各种方式，向销售环节延伸产业链条，实现“产+销”一体化经营
2021年9月	广东省委农村工作领导小组办公室、广东省农业农村厅、广东省乡村振兴局	《关于进一步加强广东农产品“12221”市场体系建设工作的通知》	广东各有关单位要继续强化生产与市场两手抓、两手硬的思想认识，高度重视市场营销工作，以全产业链思维开展工作，让市场与生产相互作用、相互促进，带动全产业链发展
2019年12月	农业农村部等四部门	《农业农村部 国家发展改革委 财政部 商务部关于实施“互联网+”农产品出村进城工程的指导意见》	完善农产品网络销售体系。综合利用线上线下渠道，大力发展多样化多层次的农产品网络销售模式，鼓励农产品上网经营，推动传统批发零售渠道网络化，构建优质特色农产品网络展销平台，推动在县城、市区设立优质特色农产品直销中心，探索创新农产品优质优价销售新模式

续表

时间	部门	政策文件	相关内容
2016年11月	国务院办公厅	《国务院办公厅关于推动实体零售创新转型的意见》	提出五大类别的16项具体措施，以推动实体零售创新转型，释放发展活力，增强发展动力。其中，促进线上线下融合、创新经营机制、推进简政放权、促进公平竞争以及减轻企业税费负担等措施已成为支持新零售业发展的重要保证

二、经济环境

市场供应稳步增长。广东省作为我国水果产业大省，拥有荔枝、菠萝、香蕉、柑橘等细分果品的生产优势，水果产量常年位居全国前列。近年来，广东省水果市场呈现稳步增长态势。数据显示，2023年广东省水果产量为2127.79万吨，同比增长4.90%，与2012年相比，增长了881.11万吨，增幅约为70.68%，年均复合增长率约为4.98%（见图9–2）。

图9–2　2012—2023年广东省水果产量变化趋势

数据来源：国家统计局。

贸易逆差持续扩大。2018—2022年，广东省水果产业呈现显著的贸易逆差，并且进口金额和出口金额总体上均呈现增长趋势。2022年，广东省的水果出口额为5.92亿美元，而进口额则达到了61.21亿美元，形成了55.29亿美元的贸易逆差（见图9-3）。与2018年相比，2022年广东省的水果进出口贸易总额增长了31.24亿美元，增幅约为87.04%，并且贸易逆差持续扩大。

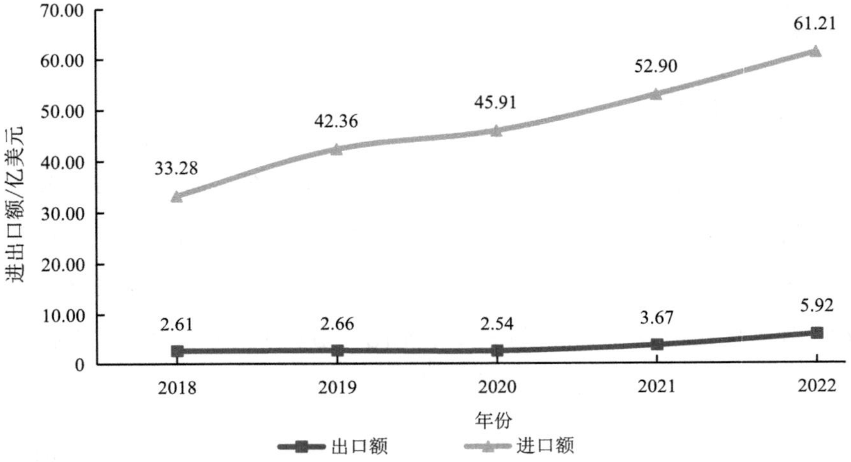

图9-3　2018—2022年广东省水果进出口贸易金额变化趋势

数据来源：《广东农村统计年鉴2023》。

注：采用食用水果及坚果、甜瓜或柑橘属水果果皮的海关进出口数据进行统计。

特色水果出口取得突破。2023年，广东省出口农产品总量达到293.5万吨，涵盖肉类、水产品、蔬果等多元产品。在特色水果方面，荔枝、龙眼、菠萝等出口量攀升至2.6万吨，增幅高达46.7%。尤为亮眼的是，荔枝鲜果远销欧美，出口总量激增59.2%，更有荔枝罐头等4种水果制品实现了出口零的突破。

三、社会环境

健康观念驱动鲜果消费增长。近年来，随着生活品质的提升，消费者的健康意识显著增强，对膳食营养的追求日益强烈。水果凭借其富含维生素、矿物质及膳食纤维的特点，成为健康饮食不可或缺的一部分。新鲜、美味且多汁的水果在市场上备受青睐，消费者乐于为其支付更高的价格。由图9-4可知，尽管受到疫情和经济波动的影响，广东省人均干鲜瓜果摄入量总体呈现上升趋势。具体而言，2022年广东省人均干鲜瓜果类消费量为40.80千克，与2015年相比增长了4.80千克，增幅约为13.33%。

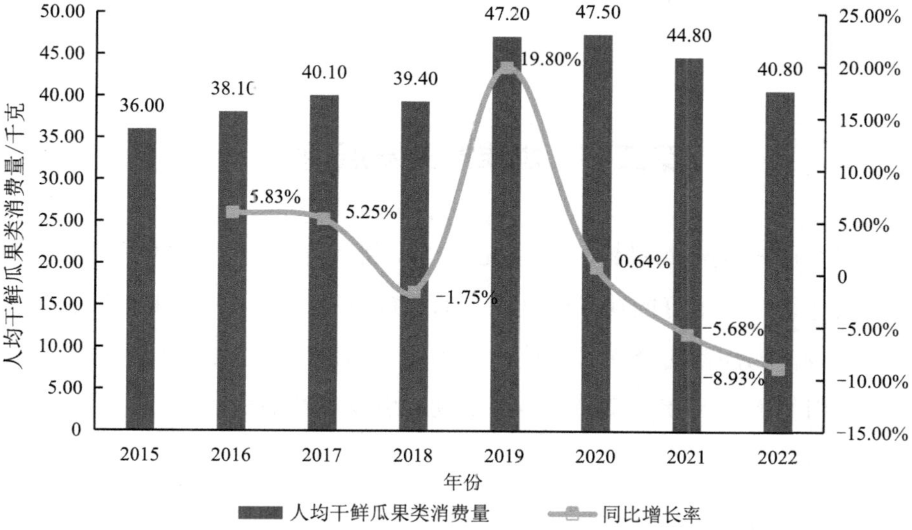

图9-4　2015—2022年广东省人均干鲜瓜果类消费量变化趋势

数据来源：国家统计局。

四、技术环境

电商平台兴起，提升消费者购买体验。传统的水果零售模式主要包括农贸市场、超市和线下连锁店等。这些渠道存在一些共同的痛点，如供应链效率低、产品品质不稳定以及消费者体验差等。随着淘宝、京东、拼多多、本来生活、顺丰优选等电商平台的兴起，商家通过社交拼团、直播带货、会员管理和促销活动等多元化创新手段，极大地拓宽了水果的消费场景，提升了消费者的购物体验。

物流运输系统逐步健全，推动水果零售蓬勃发展。随着全国性农产品冷链运输系统逐步健全，水果行业吸引了很多电商平台进入，为水果零售的蓬勃发展开辟了新空间。例如，以前置仓模式为代表的每日优鲜、叮咚买菜，通过预先设立仓库，缩短了水果等农产品的配送时间；永辉和盒马采用仓店一体化模式，实现了水果库存与销售的紧密结合；疫情之后崛起的社区团购自提模式，如兴盛优选、美团优选、多多买菜等，满足了消费者对便捷购物的需求。此外，传统的大型零售卖场纷纷进军生鲜零售市场，比如永辉推出了永辉mini，沃尔玛推出了沃尔玛惠选等，进一步增强了水果零售的活力。

第二节　水果产业发展模式

在当今全球化浪潮汹涌、数字化技术日新月异的时代背景下，水果产业作为农业领域中不可或缺且极具活力的关键板块，正以前所未有的速度和规模经历着一场深刻而全面的变革。这场变革不仅触及了水果种植的核心环节，更在组织形式及商业模式等多个维度上引发了革命性的转变，引领整个产业向更加现代化、智能化、高效化的方向迈进。

一、水果种植模式

（一）标准化种植：引领产业提质增效

推动水果产业升级。水果产业标准化种植是指通过制定和遵循一系列标准化的种植和管理程序来提高水果产量、品质和生产效率的种植方式。这种种植方式涵盖了产地环境质量、种子和苗木、农药和肥料使用、农药残留限量、无公害水果质量、绿色水果质量、果品贮藏等多个方面。

助力农民增收致富。2014年，西藏自治区与四川省签订了农牧科技战略合作协议。在西藏自治区农牧科学院与四川省农业科学院的紧密合作下，西藏苹果产业加强了新品种、新技术、新模式的推广应用。目前，林芝市果园面积达到了7.4万亩，其中苹果种植面积有3.6万亩。通过引入优良品种、开展技术攻关、创建应用推广模式等方式，西藏自治区实现了标准化种植，显著提升了苹果的产量和品质，为当地农民增收致富开辟了新路径。2009—2022年西藏苹果产量如图9–5所示。此外，浙江省建德市持续推进草莓全产业链标准化建设，推广草莓“标准地”模式，打造“土特产”品牌。目前，当地草莓已形成了覆盖种苗、种植、农资、加工、服务、农文旅等方面的现代农业全产业链体系，有利于助农增收致富。

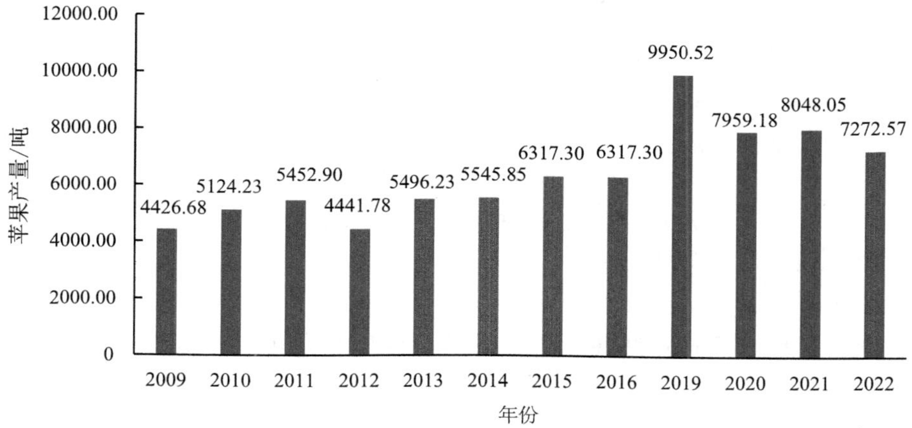

图9-5　2009—2022年西藏苹果产量

数据来源：国家统计局。

注：国家统计局及西藏自治区统计局官网均未披露2017年、2018年西藏苹果产量数据。

（二）规模化种植：形成区域集聚效应

实现水果产业高效发展。规模化种植是指以达到一定的产量和效益为目标，通过合理的土地面积、种植方式、耕作手段以及科学管理等方法组织和实施的种植活动。这种方式的核心在于通过规模经济实现资源共享、风险分散、成本降低和效率提升。近年来，我国水果产业在广西、山东、河南、陕西、广东等地形成了明显的区域集聚效应，种植面积和产量都位居全国前列（见图9-6）。

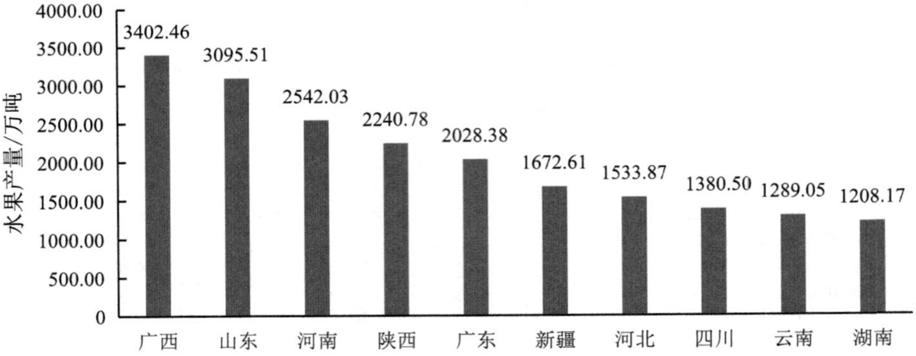

图9-6　2022年中国水果产量排名前十省份

数据来源：国家统计局。

助力区域水果产业腾飞。广西壮族自治区百色市右江区大楞乡以规模化发展提高水果产量，以品牌化建设提升水果品质，以市场化营销提升水果产业效益，发展多元化水果经济，延长产业链条，实现了果业增效、果农增收。同时，该区采用“龙头企业+合作社+基地+农户”的方式，推动现代农业产业基地标准化、规范化建设。2023年，该区水果种植面积达48.93万亩，从事水果产业的农户达3.15万户，户均种植水果15.53亩。山东省烟台市是中国著名的苹果产区之一，其苹果产业实现了大规模的种植与发展。当地果农通过土地流转、合作社组织等方式，将小块土地整合成大规模果园，采用先进的种植技术和管理模式，提高了苹果的品质和产量。烟台苹果以色泽艳丽、果肉脆甜、风味浓郁而闻名，畅销国内外市场。

（三）智慧农业种植：推动绿色高效发展

智慧农业是现代农业发展的必然趋势。智慧农业通过整合现代科技手段，全面实现农业生产链条的数字化、智能化与自动化管理。该模式能够优化农业生产效率，减少生产成本，并显著降低对生态环境的负面影响，促进农业的可持续发展。智慧农业包括数据化管理、精准农业、智慧农机、绿色生产、农业供应链管理以及定制化服务。

智能监控与管理。智能监控系统能够实时监测水果种植环境中的关键参数，如温湿度、光照强度、二氧化碳浓度等，并通过可视化平台呈现给果农。一旦监测到异常数据，系统会自动发出警报，使果农能够及时采取措施，如调整灌溉、施肥或通风等，以避免潜在的风险和损失。

水肥智能控制。通过传感器对土壤温湿度和EC值进行监测，配合水肥一体机，可以实现精准灌溉和施肥，大大提高水肥利用率，节水和节肥效果显著。这一系统能够根据果树生长需求和环境变化自动调节灌溉量和肥料比例，有效促进果树健康生长。

质量追溯与品牌建设。通过在水果种植过程中使用RFID技术或二维码，可以实现水果的全程质量追溯，增强消费者对产品的信任。这不仅可以提升品牌形象，还可以通过故事化的营销策略吸引消费者，增加产品的附加值。

远程管理与决策支持。智慧农业允许果农通过PC端或移动端远程监控和管理果园。通过数据分析工具，果农可以基于科学数据作出更合理的种植决策，如选择适宜的品种、调整收获时间等，以实现经济效益最大化。

效率与效益显著提升。福建万春寨农业科技有限公司的醒狮智慧芦柑园通过引入物联网技术，实现了水肥智能化控制和远程监控，大大提高了管理效率和生产效益。广州市从化华隆果菜保鲜有限公司采用5G技术和AI模式对荔枝园进行智能化管理，提升了生产效率和产品质量，为农户带来了可观的经济收益。

二、水果生产组织模式

“公司+基地+农户”模式将公司的品牌影响力和市场渠道优势、基地的种植管理以及农户的生产劳作结合起来，发挥不同主体的作用，构建了互利共赢的合作关系，推动水果产业高质量发展。

公司扮演核心角色。在这一模式中，公司处于龙头和核心地位。例如，水果加工及销售领域的龙头企业主要负责产业链的整合工作，包括种植技术指导、果品质量控制、市场营销和推广等方面。在技术指导方面，公司负责引进和研发先进的水果种植和加工技术，并通过基地向农户推广这些技术。例如，深圳百果园实业（集团）股份有限公司（简称“百果园”）积极向合作种植基地与农户推广现代化种植理论，提供前沿的种植与采摘技术方案。

在市场推广方面，公司通过深入市场研究，精准规划果品种类与品质标准，策划品牌营销吸引顾客，并构建多元化的销售渠道确保果品高效流通，以满足市场需求。此外，公司还对水果的质量进行把控，为消费者提供安全、优质的水果产品。

基地发挥桥梁作用。果园基地通常是公司的自有或合作农场，负责具体的水果种植和初加工管理工作，在公司和农户之间起到了衔接作用。一是生产管理。基地根据水果企业的采购计划制定详细的生产计划，合理安排种植和初加工管理工作，并为农户提供所需的原材料、设备，确保按时按量满足企业需求，实现高效生产和稳定供应。二是技术示范。基地向农户展示公司传授的先进种植技术，并对其进行指导，帮助他们学习和掌握这些技术，从而提升整体的种植水平。

农户承担实施任务。农户作为种植的直接参与者，在果园基地的安排下进行生产管理，确保水果种植过程顺利。一是种植工作。农户利用基地提供的原材料和设备，负责土地整理、施肥和播种等工作。二是日常管理。农户按照公司和基地的要求进行灌溉、除草、病虫害防治等日常管理工作，确保农作物健康成长。三是水果采摘与初加工。农户需要在果实成熟时进行采摘，并进行初步的分级、清洗等加工处理。在这种模式下，农民不仅可以得到更多的就业机会，还可以在离家较近的基地工作，从而获得稳定且可持续的工资收入。

三、水果商业模式

（一）传统商业模式

经营模式较为单一。生鲜水果行业的传统经营模式主要包括两种。一是一体化经营模式，即生鲜水果企业拥有自己的种植基地，形成从种植、加工到销售的完整产业链。这种模式下的企业负责种植、采摘、加工、包装等环节，以及运输和销售的全流程管理。二是采购销售模式，即生鲜水果企业没有自建种植基地，而是从上游种植企业采购水果，经过包装后，再销售给下游的水果店铺、超市等。

经营流程相对简单。生鲜水果企业大多侧重于水果品质、店铺选址和销售渠道的拓展，较少涉及互联网和配送到家等现代服务环节，在提升消费者购买体验方面投入不足，导致品牌忠诚度低，进而限制了品牌效应和企业规模的扩大。

经营理念较为传统。生鲜水果企业主要关注产品端，缺乏对整个运营流程进行智能化管理的意识和能力，导致运营效率低和消费者黏性不足。目前，在中国的生鲜行业中，仍有超过80%的企业遵循这种经营模式。这些企业的利润率通常在15%～25%之间，主要成本包括采购成本、市场营销成本、员工工资、运输成本和店铺租金等，其中采购成本通常是最大的一项，经常占到总成本的70%以上。

（二）新零售商业模式

经营流程更为高效。新零售生鲜水果企业利用互联网等技术对传统的水果零售行业进行创新和升级。诸如百果园、天天果园、鲜丰水果等企业，均聚焦于优化顾客体验，普遍采用自建或第三方物流体系，实现水果的快捷宅配服务。

经营理念注重消费者。在新零售模式下，供应链的高效管理与成本的精细控制成为企业制胜的关键要素。这些新零售生鲜水果企业构建了以消费者为核心的经营新生态，通过整合内外部资源，显著提升了运营效能。同时，该模式可有效应对品牌忠诚度不足的挑战。新零售生鲜水果企业可以借助数字化App平台，根据消费者购买习惯精准捕捉消费者偏好，并结合会员体系与多元化促销策略，持续增强消费者黏性，推动品牌忠诚度稳步提升。

1.O2O模式

O2O模式助力企业数字化转型与增长。该模式主要通过人工智能、大数据和云计算等尖端技术，推动水果行业向数字化方向转型。新零售生鲜水果企业通过融合线上线下经营策略，成功突破了传统水果零售的顾客局限与滞销困境，有效拓宽了消费群体，优化了顾客体验，并实现了企业营收的稳健增长。

2.电商平台模式

电商平台模式包括众筹模式及电商平台自销模式等。

众筹模式助力企业精准生产与品牌增长。众筹模式是指生鲜水果企业可以利用众筹平台（如淘宝众筹、京东众筹等）发布筹资计划，从而提前从消费者手中筹集所需资金。此种策略可以让企业提前了解产品在市场上的潜在价值和客户的需求，然后根据所筹得的资金和客户的实际需求来制定精确的生产计划，从而显著降低库存积压的可能性。生鲜水果企业还可借助众筹平台，通过讲述产品背后的故事（如产地源头、种植历程、企业品牌故事等）来激发顾客的购买意愿和获得顾客支持。这种模式不仅提升了生鲜水果品牌的知名度，还为其带来了显著的营业额增长。

电商平台自销模式助力企业降本增效。生鲜水果企业可以在京东、淘宝、天猫、有赞等知名电商平台设立自己的在线商店。这一经营模式规定，企业需独立承担产品采购、订单处理、发货以及售后服务的责任。在这种模式下，企业的运营能力成为竞争的关键。生鲜水果企业需要精细处理关键词、积极引入外部流量、合理竞价，并持续更新和优化网店内的产品图片和描述，以吸引和留住顾客。通过这种自销方式，生鲜水果企业不仅减少了店铺的租金和劳动力成本，还拓宽了消费群体，从而实现了更为显著的营收增长。

3.智能零售模式

智能无人售货机助力生鲜水果品牌渠道创新。随着互联网技术的日新月异与人工智能的迅猛进步，新零售概念兴起，市场上涌现出了一批融入这一概念的智能无人售货机。在这一趋势的推动下，不少领先的生鲜水果品牌开始寻求创新渠道，利用无人售货机实现高品质水果的快速流通。例如，百果园从2017年开始，就与七只考拉、好品、领蛙等无人零售平台合作，精准定位办公室白领群体，将新鲜水果投放至这些智能货架，截至2018年底，合作网络已覆盖了超过500个办公场所，深化了对目标消费群体的定制化营销策略。

（三）商业模式的比较分析

1.成本对比：成本优化，技术投入大

传统模式的成本与质量控制难题。传统生鲜水果企业成本主要包括采购成本、运输成本、店铺租金、人力成本以及日常运营费用等。这类企业因多级分销而成本高昂、利润空间受限，且对果品质量控制力不足，从而导致企业成长受限。从产地到终端消费者需要经过多个中间环节，不仅增加了产品流通时间和成本累积，压缩了企业利润空间，也增加了消费者的负担。同时，多级分销使得果品质量控制变得尤为困难，任何环节的疏漏都可能对水果的品质造成损害，从而影响消费者的购买体验和企业的品牌形象。

新零售模式的成本与技术投入问题。新零售模式通过深度优化供应链、精减中间环节等创新手段，实现了成本的显著降低。在这一过程中，直采直供模式的应用大幅削减了传统流通环节的成本；而智能仓储与物流技术的融入则极大提升了配送效率，进一步压低了物流成本。尽管新零售模式在成本优化上展现出了显著优势，但其初期阶段不可避免地伴随着较高的技术投入，包括复杂的系统建设与较高的数据分析成本。然而，通过减少中间环节，新零售模式能够更直接地触达消费者，实现价格透明与品质可控，有效缓解传统模式下的成本控制难题。

2.效率较量：技术赋能，运营更高效

传统模式的运营效率与市场响应速度问题。传统模式的运营效率相对较低。在库存管理、物流配送等方面，传统模式往往依赖人工操作和经验判断，容易出现误差和延误。同时，由于信息不对称和决策流程较长，传统模式在市场变化时往往反应较慢，难以迅速调整经营策略。

新零售模式的技术赋能与创新挑战。随着互联网技术的蓬勃发展，新零售生鲜水果企业试图借助技术赋能，打破传统模式的束缚。新零售企业借助大数据、云计算等技术手段，实现了精准营销、智能库存管理等功能，大大提高了运营效率。同时，线上线下融合的新零售模式也为消费者提供了更加便捷的购物体验。此外，通过实时监测销售数据和库存情况，新零售企业可以迅速调整经营策略，满足市场需求变化。这种快速响应能力有助于企业保持竞争优势。

3.需求满足：多样化选择，个性化体验

传统模式的商品种类限制问题。虽然传统模式在消费者心中有着较高的熟悉度和信任度，但在购物体验方面仍存在不足。传统模式受到店铺面积和采购渠道的限制，商品种类相对有限，难以满足消费者日益多元化的需求。例如，传统模式在购物环境、支付方式、售后服务等方面可能无法满足现代消费者的需求。

新零售模式的挑战与机遇并存。新零售模式通过线上线下融合的方式，打破了地域和时间的限制，为消费者提供了更加丰富的商品选择。同时，通过大数据分析消费者的购买行为和偏好，新零售企业可以更加精准地推荐商品，满足消费者的个性化需求。面对消费者日益升级的需求，企业不仅需要不断创新产品和服务，还需在保障产品品质的同时，精准把握价格与服务之间的平衡。此外，新零售生鲜水果行业对人才的要求也更为苛刻，数据分析、智能调度、顾客服务等关键岗位迫切需要专业人才的加入，以支撑企业持续的技术创新与市场拓展。

新零售模式引领生鲜水果行业新发展。新零售模式在成本、效率和满足顾客需求三个方面均表现出明显的优势。然而，传统模式在消费者心中的熟悉度和信任度也是其不可忽视的优势之一。随着科技的进步和消费者需求的不断变化，新零售模式有望在水果行业发挥越来越重要的作用。

第三节　水果产业链SCP范式研究分析

一、水果产业市场结构分析

（一）上游：果苗市场竞争激烈

果苗市场集中度较低。目前，我国果苗市场上存在大量小型育苗户和中小型苗圃，规模化苗种栽培企业数量较少，中小型企业数量众多，市场集中度较低。然而，随着市场竞争的加剧和消费者对水果品质要求的提高，一些大型苗圃和育种企业开始凭借规模化生产、优质品种、先进技术等优势逐渐占据市场份额，市场集中度有逐步提高的趋势。在市场竞争的压力下，一些小型育苗户和中小型苗圃可能会通过合并、重组等方式实现资源整合，提高市场竞争力。这将有助于推动市场整合加速，提高市场集中度。

（二）中游：种植市场集中度较低

种植市场属于完全竞争市场。水果产业链条繁复，品种多、总量大，有明显的地域性和季节性。水果生产进一步向优势区域集中。我国水果生产常年集中在广西、山东、河南、陕西和广东等地区，种植农户众多，市场竞争激烈。2022年，广西水果产量为3402.46万吨，占据全国水果总产量的10.87%，位居全国首位；山东、河南和陕西水果产量分别位居全国第2名、第3名、第4名；广东水果产量为2028.38万吨，位居全国第5名，占比为6.48%。

园林水果产量占比超七成，两广地区产量领先。水果主要包括园林水果和瓜果类，其中园林水果产量占全国水果总产量的比重超70%。2022年，中国水果总产量为3.129624亿吨。其中，园林水果产量为2.281409亿吨，所占比重约为72.90%。广西、山东、陕西和广东等地区园林水果产量较高。就广东来看，园林水果产量为1895.18万吨，占据全省水果产量的93.43%。瓜果播种面积分布明显更倾向于河南、山东、江苏和湖南等地区。其中，河南瓜果播种面积明显高于其他产区。从水果品种的角度看，柑橘和苹果的产量明显高于其他园林果品。2022年，柑橘、苹果和梨三类传统大宗果品全国产量（占全国园林水果产量比重）居前三位，分别为6003.89万吨（26.32%）、4757.18万吨（20.85%）和1926.53万吨（8.44%）；葡萄和香蕉产量均超过1000万吨，分别为1537.79万吨（6.74%）和1177.68万吨（5.16%）（见图9-7）。在瓜果类中，2022年西瓜产量为6302.31万吨，约占全国瓜果类产量的74.30%，遥遥领先于其他果品；其次是甜瓜，2022年产量为1386.79万吨，约占全国瓜果类产量的16.35%。

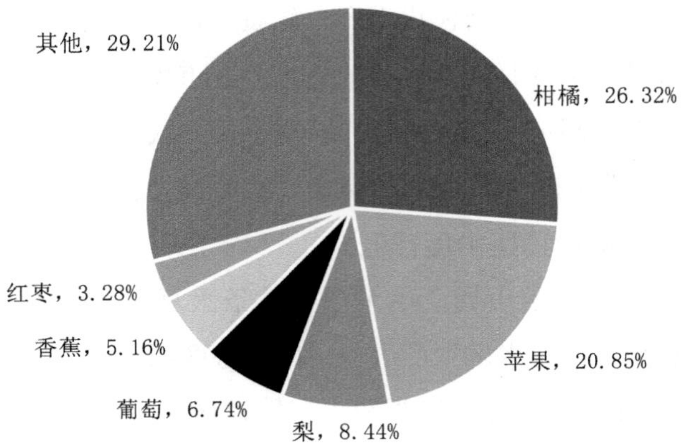

图9–7　2022年中国园林水果产量构成情况

数据来源：国家统计局。

2022年，广东全省水果产量为2028.38万吨。其中，柑橘产量为554.61万吨，占比最高（27.34%）；香蕉产量规模第二，约为488.55万吨（24.09%）；甜瓜、柿子和梨产量均超过10万吨，产量分别为14.30万吨、13.16万吨和12.98万吨。2022年广东省水果产量构成情况如图9–8所示。

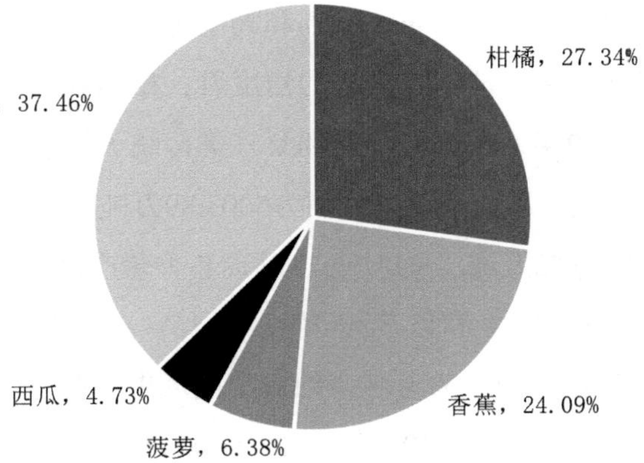

图9–8　2022年广东省水果产量构成情况

数据来源：国家统计局。

全球超6%的菠萝产自中国，中国超六成的菠萝产自广东。2022年，中国菠萝产量达到200.35万吨，种植范围覆盖广东、广西、海南、云南和福建等地区，广东和海南是主产区，广东湛江尤为突出。其中，广东在菠萝产量方面居全国领先地位，全国超64%的菠萝来自广东，产量为129.47万吨；其次是海南，产量约为51.61万吨。

全球超六成的荔枝产自中国，中国超五成的荔枝产自广东。中国是全球荔枝产业第一大国，荔枝栽培面积及产量在全球所占比重分别为61.54%、61.43%，明显高于其他荔枝生产国。印度是全球第二大荔枝生产国，荔枝栽培面积及产量在全球所占比重分别为12.28%、16.23%。广东则是国内最大的荔枝产区，全国超七成的荔枝来自广东和广西。2022年，全国荔枝产量为253.1万吨。其中，广东产量为126.89万吨，占据全国荔枝产量的50.13%；广西和海南的荔枝产量依次排名全国第二、第三， 在全国荔枝产量中所占的比重分别为31.86%、8.63%。此外，福建、云南和四川等地区也是我国荔枝产区。从品种来看，2022年，中国产量排名前五的荔枝品种依次为妃子笑（61.1万吨）、黑叶（45.82万吨）、白糖罂（10.9万吨）、怀枝（10.51万吨）、桂味（9.09万吨），其中妃子笑所占比重（24.14%）最大（见图9–9）。广东、广西和海南等省份为妃子笑主要产区，黑叶产区集中在两广及福建地区，白糖罂产区则集中在广东和海南。

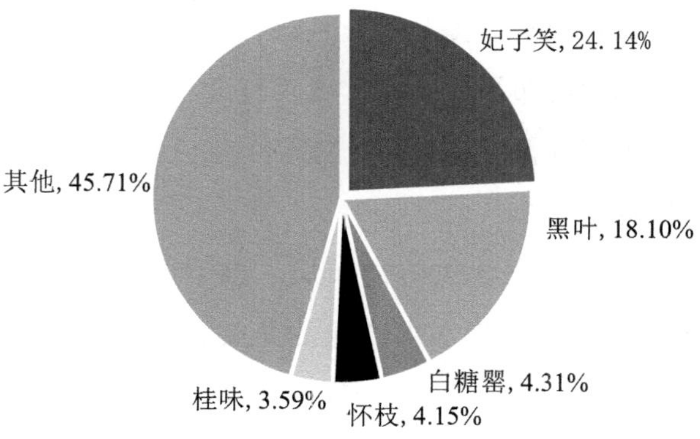

图9–9　2022年中国荔枝市场结构（按品种）

数据来源：国家统计局。

（三）下游：销售市场集中度低

企业数量增长显著，销售市场竞争激烈。从上市公司看，我国拥有百果园、重庆洪九果品股份有限公司（简称“洪九果品”）和厦门象屿股份有限公司等，水果产业上市公司总体数量较少且主要为下游经销企业。从单公司口径看，百果园在业内零售额最高，市场占有率约1.0%，前五大公司市场占有率合计约3.6%，市场集中度较低。党的十八大以来，我国水果企业数量显著增长且竞争激烈，但市场集中度较低。2020年，我国新增水果相关企业超百万家，截至2023年底，经营范围含“水果”的企业总数已超过400万家。其中，水果产业链下游销售相关企业有275万余家。山东和四川两省分别以33.5万家和22.44万家排名第一、第二，广东省拥有超18万家，排名全国第三。

二、水果产业市场行为分析

（一）整合全球优质资源，加速供应链一体化

零售环节损耗率高，提升供应链能力是关键。相较于发达国家，中国水果零售行业目前存在低效率、多层次配送和高损耗率等问题。中国传统水果产业链层级较多，导致行业损耗率在35%～45%之间波动，且多层次配送降低了行业利润率。此外，由于产业链上下游信息不对称，多数企业难以精确满足消费需求，无法实现对消费者的有效价值传导。未来，仓储与冷链物流技术的发展有望降低流通损耗率，独立生产加工基地的建立和集采模式的推广也将有效降低采购成本，提升行业利润。以洪九果品为例，该公司通过强化基础设施建设和深度布局原产地，成功打造了高效的“端到端”数字化供应链。这种模式不仅降低了损耗率，提高了供应链效率，还增强了公司的市场竞争力和盈利能力。

强化战略合作，深化供应链布局。鑫荣懋果业科技集团股份有限公司（简称“鑫荣懋”）作为水果产业的龙头企业，持续整合全球核心水果资源，在水果产业链育种与种植环节与全球品种领军企业合作，不断引入中国市场潜力品种和授权规模化种植。同时，该公司与全球知名行业组织及Zespri、Hortifrut等水果企业建立了长期稳定的战略合作关系，业务遍布全

球近40个国家和地区，涵盖泰国、菲律宾、智利、秘鲁、新西兰、澳大利亚、南非及西班牙等核心水果产区。此外，鑫荣懋于2015年与佳沃集团水果板块战略合并以进一步巩固市场地位；次年，斥资7220万新元收购T&G Global19.99%的股份，成功拓展了东南亚市场；2017年，携手南非果蔬企业Capespan成立了全新亚洲合资公司，不仅加强了全球供应链整合与鲜果供应服务，还进一步提升了亚洲市场影响力。

（二）强化冷链物流建设，构建全渠道分销网络

加大智能化建设投资，持续拓展销售渠道。我国水果零售市场竞争激烈，销售渠道的占有对于企业发展具有重要意义。当前，我国水果零售主要渠道包括农贸市场、现代零售（商超等）、电商以及水果专营零售。其中，前两者共占据了62%的市场份额（见图9–10）。鑫荣懋持续加大冷链物流智能化建设投资，拥有行业领先的数智化冷链物流体系及30多个冷链物流中心，仓储面积超过30万平方米，日吞吐能力10000吨，日加工能力200万件，为客户提供产品和服务的全面解决方案。同时，该公司全渠道分销网络覆盖300多个城市，布局50多个主要批发渠道，服务10000余家商超门店、25000余家水果专卖店以及中国五大领先电商平台，每天分销超过3000吨高品质水果，为超过2000万家庭提供新鲜安全的水果服务。此外，鑫荣懋于2017年与智利浆果企业Hortifrut合资，在中国成立了浆果种植分销合资公司，旨在在中国市场实现“全年不间断供应全部浆果品类”的目标。洪九果品注重数字化系统的升级与优化，自主研发的“洪九星桥”系统已实现采、运、销全业务流程覆盖，通过精细化管理提高运营效率。未来，洪九果品将进一步开发并升级“洪九星桥”系统，运用全链路数据进行深度分析，辅助商业决策。

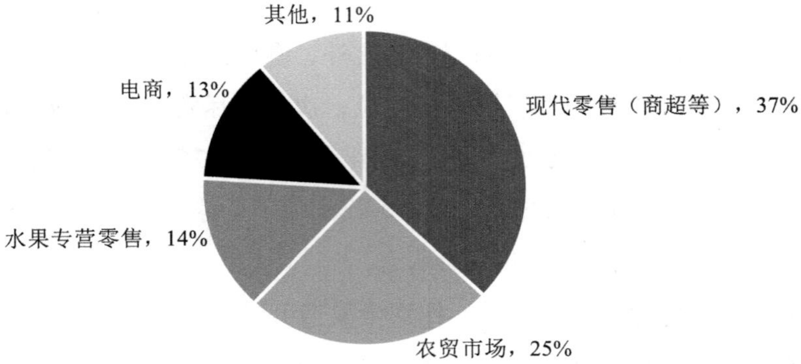

图9-10　中国水果零售渠道分布情况

数据来源：百果园招股说明书、开源证券研究所。

（三）深度布局水果原产地，完善零售终端建设

由于水果易损耗、易腐烂等特性，其采摘和运输等环节的时效性尤为重要。因此，水果企业注重从采摘环节到分销零售环节的全产业链建设，持续加大投资构建高效便捷的现代化供应链网络。

强化基础设施建设，深度布局原产地。中国鲜果分销龙头企业洪九果品是全国最大的榴莲分销商，也是领先的火龙果、山竹及龙眼分销商。该公司深度布局水果原产地，强化现代化供应链基础设施建设，已累计投资建设16个标准化加工工厂和60个销售地分拣仓，并且通过先进的生产工艺、现代化设备以及标准化的技术规范大幅提高了分选加工效率，保证了产品品质的稳定性。同时，该公司深入果园、源头直采，从泰国、越南、菲律宾和智利等全球100多个优质水果原产地甄选水果，确保水果的品质与多样性，并持续加大资金支持力度，雇佣海外当地团队超400人，依托前沿“端到端”数字化供应链体系，使得全球超百个水果原产地的鲜果高效直达全国水果零售终端。此外，洪九果品为了构建完善的销售网络，于2018年开启融资之路，至今已完成6轮融资，累计金额超11亿元，投资方涵盖阿里巴巴、天壹资本及金镃资本等知名机构。

持续扩大投资，完善分销网络。2016年以来，洪九果品分别在贵阳、成都、沈阳、淄博、西安、青岛、北京和广州等地成立了分公司，覆盖城市超

过300个。同时，该公司积极响应国家乡村振兴战略，在重庆市奉节县、贵州省息烽县、四川省会理市和成都市蒲江县等地区合作开发并销售高质量国产水果。此外，洪九果品加大海外市场投资并完善分销网络，于2017年成立了越南子公司和智利子公司，于2018年成立了菲律宾子公司，不断整合全球水果产业和拓展供应渠道，高效去除中间流通层级的供应链，将水果原产地与零售终端直接连接。2024年1月，洪九果品宣布通过配售代理向不少于6名承配人配售新股，募资总额超过8亿港元，全部用于强化水果供应链、偿还有息债务以及补充流动资金等。该公司的销售网络不限于传统渠道，还积极拓展新兴零售渠道。洪九果品在2024年上半年持续提升新兴零售渠道销售规模，新兴零售商销售收入同比增长约40%。此外，洪九果品还加大直播电商布局力度，逐步形成直播电商水果供应链一站式解决方案，进一步拓宽销售渠道。

三、水果产业市场绩效分析

国内外水果产业市场绩效呈现出积极的态势。得益于消费者对健康饮食的追求和对水果营养价值的认可，水果产业销售额在全球范围内持续增长。国际贸易的加强和市场的开放为水果产业提供了更广阔的销售渠道，推动了全球水果市场的繁荣发展。在国内市场，水果产业也取得了显著成绩：销售额稳步增长，品种多样性不断丰富，技术创新不断推动产业升级。

（一）中国水果品质得到认可，水果零售额增长迅速

中国作为世界上最大的水果生产国之一，水果产业在种植面积、产量和品质上均取得了显著进步，加之消费者健康意识的增强使得高品质水果需求飙升，消费者愿意为高品质水果支付溢价。根据弗若斯特沙利文的资料，中国水果零售市场规模已由2016年的0.827万亿元增至2021年的1.229万亿元（见图9–11），年均复合增长率约为8.2%。这表明中国水果零售市场将迎来更多品种与优化购物体验，展现出持续增长潜力。

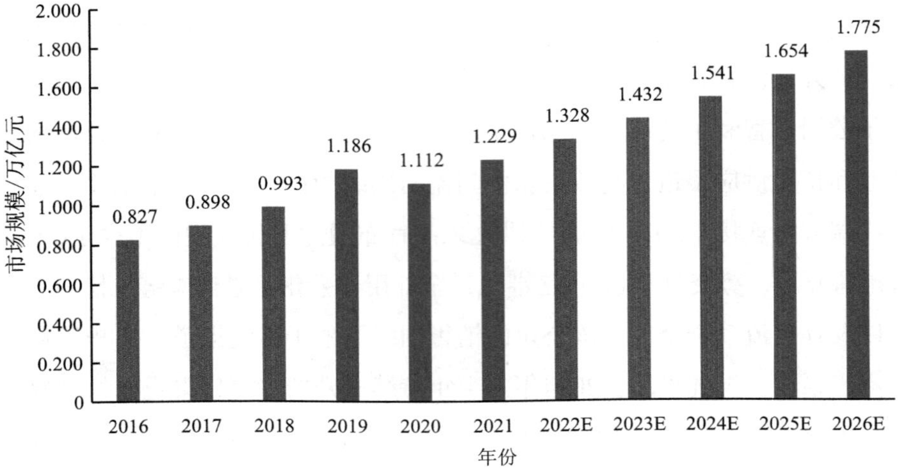

图9–11　中国水果零售市场规模

数据来源：弗若斯特沙利文。

（二）国际品牌聚焦单品效益，下游零售实现中高端布局

新西兰水果零售企业Zespri主打高端奇异果这一个水果品种，奇异果市场份额占据全球1/3，打造了其高端奇异果的国际名片，2023年实现营业收入约170.94亿元，同比2022年略有下降；而我国第一大水果零售商百果园定位于中高端市场，关注消费者体验，2023年营业收入为113.91亿元，同比2022年略有增加（见图9–12）。在全球农业企业营收下降的趋势下，百果园凭借其独特的经营模式营收不降反增，仍然有很强的市场竞争力。

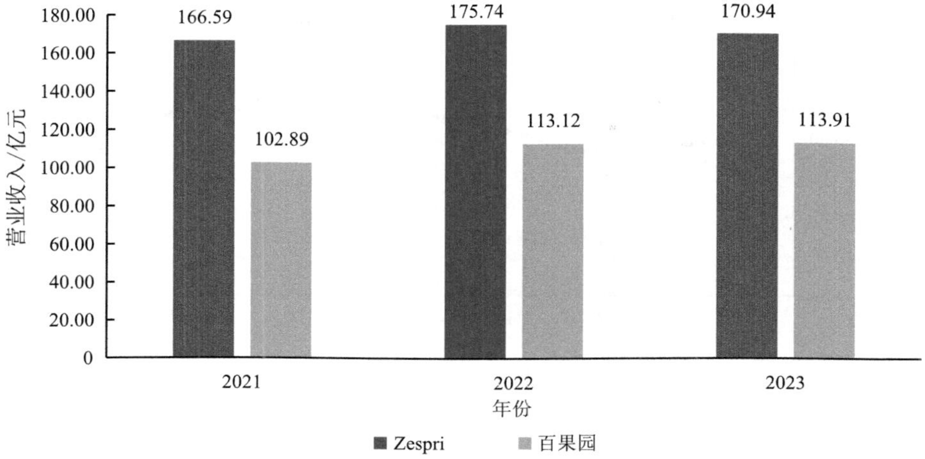

图9－12　2021—2023年Zespri与百果园营业收入对比

（三）广东宏辉果蔬增长疲软，毛利率下滑态势明显

广东省依托独特的亚热带地理位置，荔枝、菠萝、龙眼等水果品种在全国享有盛誉，但是目前在市场上缺乏有竞争力的水果企业。宏辉果蔬股份有限公司（简称“宏辉果蔬”）虽然在果蔬产品的种植管理、采摘收购、产地预冷、冷冻仓储、预选分级、加工包装、冷链配送等环节具有优势，但长期以来营业收入较低，2023年营业收入为10.86亿元，相较于2018年复合增长率为5%，且近年来公司毛利率下滑严重，盈利能力减弱，成长性较差；百果园上市以来营业收入增长较慢，2019—2023年复合增长率为4.9%；洪九果品发展迅猛，2019年营业收入虽然仅为百果园的1/4，但其凭借“水果批发”销售模式，2022年营业收入实现反超，达到150.80亿元，复合增长率高达69.63%，增长势头强劲（见图9–13）。

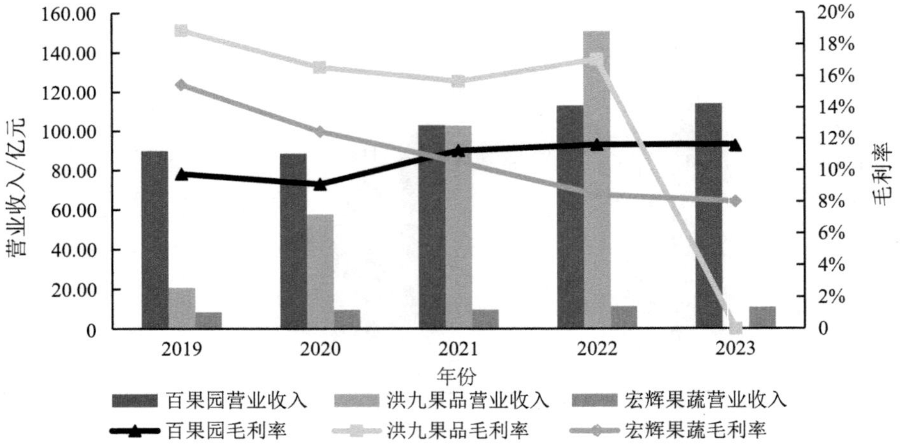

图9-13　2019—2023年中国水果零售龙头营业收入对比

数据来源：各公司公告。

注：由于洪九果品于2024年3月停牌整改，2023年营收数据未发布，暂无数据。

（四）水果品种培育成果显著，广东优势水果持续创新

国外水果新品种广受市场好评。新西兰公司T&G Global推出的Joli苹果，以其独特的外观和高品质的口感迅速占领了高端市场；在智利，研究人员针对亚洲市场，特别是中国和日本的需求，开发了新型苹果品种，以甜如樱桃的口感和较长的货架寿命受到了市场的热烈欢迎。国外水果新品种总结如表9-4所示。

表9-4　国外水果新品种

序号	水果品类	品种名称	特点
1	苹果	Joli	外观独特，口感佳
2	苹果	智利苹果新品种	口感甜如樱桃，货架寿命较长
3	热带水果	妈咪果、尖蜜拉等	来自东南亚、南美洲等地区，具有多样的风味和特点
4	榴莲蜜	黄金9号榴莲蜜（红肉）、长梦尖榴莲蜜（黄肉）	口感香甜、独特

国内水果新品种助力果业增收增效。例如，广西农业科学院葡萄与葡萄酒研究所通过引育耐热、抗病、低需冷量的新品种，使广西从葡萄种植次适宜区转变为特殊优势种植区，有效提升了葡萄产业的竞争力和经济效益；陕西省铜川市王益区黄堡镇孟姜塬村通过加大水果品种研发力度，推出了“孟姜红”甜桃品牌，推动了农旅融合高质量发展，助力农民增收、农业增效。我国水果新品种总结如表9-5所示。

表9-5　国内水果新品种

序号	水果品类	品种名称	特点
1	番茄	粉晶灵	无限生长类型，粉红色果实，高糖度，抗病害
2	甜瓜	苏甜—21006	黄绿色果肉，高糖度，细脆多汁
3	西瓜	金瞳	金皮，高糖度，脆嫩多汁
4	水蜜桃	阳山水蜜桃	香甜、肉嫩、皮薄、汁多
5	蓝莓	奥尼尔、怡颗莓	适应南方气候，早熟，高糖度
6	苹果	红肉苹果	肉质细脆，高花青素含量
7	菠萝	粉红菠萝	基因工程品种，糖果香气，高糖度
8	柿子	黑柿1号	黑色果实，高含糖量，独特品质
9	猕猴桃	软枣猕猴桃	果肉细腻，香气浓郁，高维生素C含量
10	葡萄	蓝宝石葡萄	蓝黑果色，脆滑果肉，高含糖量
11	火龙果	麒麟果	黄皮，丝滑软糯口感，高商品价值
12	山楂	金如意	黄色果实，可制酒制药
13	梨	丹霞红	红皮，外观鲜艳，酥、脆、甜
14	蟠桃	黄金油蟠桃	黄肉，高含糖量，香气浓郁
15	西瓜	美都西瓜	口感好，皮薄肉厚，高糖度

广东核心品种创新提升果业竞争力。广东省农业科学院蚕业与农产品加工研究所通过十余年的科研努力，成功将桑果加工成桑果汁，解决了桑果采

果期短、难以贮藏的难题；阳西县通过高接换种方式，成功将传统品种改良为妃子笑、白糖罂等优新品种，有效提升了荔枝产业的经济效益；广州市果树科学研究所育成了8个具有自主知识产权的番木瓜品种，新品种数量居全国首位；广东省农业科学院有6个品种和5项技术入选农业农村部名单。这些成果的推广应用将进一步加速提升广东省水果产业的整体竞争力。广东省主要水果新品种总结如表9-6所示。

表9-6　广东省主要水果新品种

类别	新品种名称
荔枝	仙进奉、井岗红糯、岭丰糯、凤山红灯笼
菠萝	台农17号、台农4号、无刺卡因
柑橘	金葵蜜橘、无籽砂糖橘、少核贡柑

第四节　广东省水果产业现代化发展成就与突出问题

一、广东省水果产业现代化发展成就

（一）全面优化水果品种结构

广东省在水果品种培育方面取得了显著成就，特别是在荔枝、菠萝、龙眼和柑橘等水果品种的改良上表现突出。通过不断进行品种改良和优化，广东省成功选育并审定了多个高产、优质、耐储存和运输的新品种，极大增强了市场竞争力，并为广东省水果产业整体水平的提升和品种结构的进一步优化注入了新活力。

改良荔枝品种，显著提升经济绩效。广东省通过高接换种技术改良了老品种（如黑叶荔枝），不仅提高了品种更新效率，还显著增强了荔枝的市场竞争力。在新品种培育方面，广东省还推出了“仙进奉”“井岗红糯”等经过省级和国家审定的高产、优质品种。这些新品种不仅产量高，而且品质上

乘，耐储存和运输，同时抗裂果能力强，有效破解了荔枝产量与价格之间的矛盾。

引进优质菠萝品种，全面优化种植品种结构。湛江徐闻被誉为“中国菠萝之乡”，菠萝产量占全国1/3，拥有近百年种植历史的愚公楼菠萝更是作为国家地理标志保护产品享誉全球。然而，在引进最初的“巴厘”种愚公楼菠萝之前，当地种植的土种菠萝因果实小且味酸而不宜鲜食。经过科研人员的不懈努力，徐闻地区的菠萝品种得以丰富与显著改良。根据广东省农业农村厅的统计数据，徐闻菠萝田现有“巴厘”“台农17号”“台农4号”“无刺卡因”等多个品种。随着新引进优质菠萝品种的广泛种植，全省菠萝种植品种结构得到了全面优化升级。

培育柑橘类高品质新品种，促进柑橘产业升级。广东省培育出了“金葵蜜橘”“无籽砂糖橘”“少核贡柑”等高品质柑橘新品种。这些新品种的出现，不仅提升了全省柑橘产业的整体水平，也为品种结构的进一步优化和产业升级注入了新活力。

（二）积极推进种植与科技的深度融合

广东省水果产业以鲜食为主，价格受市场影响显著，常遇“丰产歉收”“果贱伤农”等困境。为了提升产业竞争力，近年来广东省重点推进技术创新引进、转化科技创新成果。

大力推广种植栽培技术。以菠萝种植技术为例，广东省农业农村厅在2020—2024年发布了多项农业主推技术，包括7项菠萝相关技术（见表9–7），重点关注种植技术、病虫害防治和机械化生产。例如，菠萝优质高效种植“12（2）3”模式可有效降低病害发生率，提高果实品质和降低生产成本。此外，菠萝果品无损检测技术、高品质生产种植技术、周年生产技术和机械化种植技术也受到了农业主管部门和种植企业的高度关注，并已大面积推广应用。

表9-7　2020—2024年广东省农业主推技术情况（菠萝产业相关）

年份	技术名称	单位名称
2020	菠萝病虫害绿色防控技术	广东省农业科学院植物保护研究所
2021	菠萝一次性施肥种植技术	广东省农业科学院果树研究所
2021	菠萝叶芽扦插快速育苗技术	中国热带农业科学院南亚热带作物研究所
2021	菠萝产期调节技术	中国热带农业科学院南亚热带作物研究所
2022	卡因类菠萝二步催花技术	广东省农业科学院果树研究所
2024	菠萝优质高效种植“12（2）3”模式	广东省农业科学院果树研究所
2024	菠萝机械化生产管理技术	广东省农业技术推广中心、广东省现代农业装备研究院

积极引进果业智能生产设备。茂名市荔枝国家现代农业产业园作为全国首个荔枝智慧生产试点果园，拥有5G+智能喷灌系统和植保无人机等现代化设备，管理人员仅需通过手机App即可完成对果园的精细管理，极大提高了管理效率和果品质量。梅州市大埔县在省级蜜柚现代农业产业园内建设了大埔县农业科技馆，通过引进智能灌溉、采摘机器人、无人机、巡护机器人等先进设备，在“种、管、采、卖”方面实现了智能化和精准化运作，并通过5G+农业大数据平台对实时数据进行监控分析，有效提升了柚子品质，为柚子产业的发展注入了新动力。徐闻县推出了基于大模型技术的菠萝AI智能对话机器人“菠萝君”，提供种植管护、销售流通、产销对接、出口指南、电商指导等多方面问题解答和服务，为广东菠萝种植注入了全新活力。

（三）积极推出多样化的深加工水果产品

推出多种菠萝加工产品，推动产业链整合延伸。徐闻县在深加工方面拥有31家菠萝加工企业，加工产品已由单一的罐头制品扩展到丰富的产品线，包括菠萝果脯、菠萝果馅、菠萝果汁、菠萝干、凤梨酥及菠萝酒等多种品类；扎根鲜切菠萝市场，不仅建成了一条机械化、标准化、智能化的鲜切菠萝生产线，还以鲜切菠萝为切入口推出了菠萝烤鱼、菠萝虾仁等多样化的菠萝预制菜产品，从而构建了徐闻菠萝预制菜体系，进一步提升了徐闻菠萝的市场价值。徐闻菠萝加工产品产量从2017年的3万吨增长到2022年的24万吨，产值约19.7亿元。

推动荔枝深加工产品，增加产品附加值。茂名市以其全球最大的连片荔枝种植基地而闻名，种植面积达139万亩，荔枝产业链条完整，通过深加工和品牌建设，推动了产业的高质量发展。广州医药集团有限公司承担起助力广东荔枝产业发展的任务，打造了荔小吉等品牌产品，建成了全国最大的荔枝饮料生产基地——广药王老吉广东荔枝（茂名）产业园，进一步推动了荔枝深加工产业的发展。广州市从化区荔枝深加工研发中心的发展推动了高品质荔枝果汁、原浆及浓缩汁的加工产业链延伸，显著增加了产品的附加值。

（四）积极采用冷链物流与保鲜技术

以荔枝保鲜与运输为例，广东省通过构建冷链物流服务网络、推广应用保鲜技术和设备提升了荔枝的新鲜度和品质，并为荔枝的远距离运输和市场拓展提供了有力保障。

积极构建冷链物流服务网络。近年来，通过构建公共型农产品冷链物流基础设施骨干网，包括交易物流中心、大型多功能冷库及田头冷库，广东省显著增强了荔枝采后处理能力，如分选、清洗、包装和预冷等。同时，“田头智慧小站”产业服务联盟推广“田头冷链服务驿站”模式，构建起“县—乡—村”三级产地冷链物流服务网络，有效提升了冷链运输服务质量。广东省还积极探索冷链运输一体化运作，实施铁路冷链班列试点运营，研究开通特色农产品（如荔枝）的冷链航空绿色通道与高铁专列服务，促进了冷链物流干线与区域配送业务的高效衔接与协同运作。

大力推广应用保鲜技术和设备。华南农业大学果蔬保鲜团队研发的复合保鲜剂可延长荔枝保鲜期至常温8～10天、低温35～48天，商品率超95%，已在主产区广泛推广应用，如广州市从化华隆果菜保鲜有限公司已经实现超过200吨荔枝的应用。茂名市应用荔枝专用保鲜移动装备，为荔枝产业发展带来了福音。茂名市引入了格力电器自主研发的荔枝专用保鲜移动设备，使得荔枝在存储20天后好果率仍保持99.8%，保持了极高的新鲜度和质量，有效延长了荔枝的保鲜时间，为茂名荔枝的国际化征程提供了强大助力。

（五）创新构建“12221”市场体系

广东省首创“12221”市场体系，即建设一个农产品大数据平台，构建两支队伍（销区采购商和产区经纪人），拓展两大市场（销区和产区），策划两场活动（采购商走进产区和农产品走进大市场），实现一系列目标（品牌打造、销量提升、市场引导、品种改良、农民增收等）。

促进产销对接，提升菠萝品牌价值。徐闻通过搭建高效的产销对接平台，充分利用RCEP菠萝国际采购交易中心等平台，建立“徐闻·中国菠萝指数”等方式，助力产销两端协同发展；并且通过强化菠萝品牌宣传，打造徐闻菠萝IP，规范使用区域公用品牌标识，举办“菠萝的海”百千直播等创新方式，显著提升了品牌价值与市场影响力。2023年，徐闻菠萝产量超过70万吨，预计产值约25亿元，其中菠萝（巴厘）田头收购价格最高达3.0元/斤，平均价格1.6元/斤，再创历年新高。

拓展产品市场，提升荔枝市场份额。线上线下协同并进，大力开展“十万电商卖荔枝”、广东荔枝丝路行、“南品北上 北品南下”等多元化国内外营销活动，并且精准构建生产商与采购商、产区与销区的无缝衔接网络，以促进产销对接，提高品牌影响力。得益于“广东喊全球吃荔枝”系列活动，2021年广东荔枝远销五大洲20多个国家和地区；2023年，广东荔枝还巩固开拓了京津冀、长三角、川渝和西北市场，省外市场份额占比约50%；鲜荔枝出口领跑全国，全省范围的电商渠道销售率亦呈稳步增长态势，影响力逐年扩大。

二、广东省水果产业现代化发展突出问题

（一）亟须提升水果优质化水平

中低端品种占比偏高，商品化率提升空间大。优质化发展（包括产品品质和生产过程）是实现高质量发展的重要途径。尽管部分品种（如荔枝、菠萝、柑橘）已开始改良，但产业整体仍需提质升级。在商品化率提升的过程中，严格的产品分级对品牌建设至关重要。不同的销售渠道对果品品质的需求差异显著，优质果品是连锁品牌合作的基础；而次级果品可定向销售，实

现销售最大化。此外，统一的供应标准对于构建优质水果品牌至关重要。

亟须加强生产过程的绿色化和安全性。早年柑橘种植区黄龙病肆虐，许多果农不愿砍除病树，导致病树未及时清除，加剧了病害扩散，经济损失严重。当前，农药化肥过量使用造成了土壤酸化、果品残留超标等问题。采后处理多数仍停留在简单的手工分级层面，导致消费市场产品质量参差不齐，不仅影响产品声誉，还削弱了消费者的购买意愿。

（二）亟待降低保鲜物流成本

随着科技的飞速进步与消费观念的转变，鲜果的保鲜与流通正经历着从常温贮存物流模式向“土法”冷链物流模式、冷藏保温冷链物流模式的转变。广东省在荔枝的采后处理与储运保鲜技术方面已取得了显著成果。然而，在当前的电子商务环境下，物流断链问题频发。如何在保证产品质量的同时，降低保鲜物流成本，并构建高效流通的保鲜物流体系，仍是水果产业面临的关键挑战，特别是那些保质期短、保鲜要求高的水果产品。

（三）亟须加快加工业发展步伐

当前，加工业的发展面临两大核心挑战。一是物性认知缺失。多数行业专注于精深加工而忽视了果品对自然属性的考量。事实上，许多果品的品质并不适宜精深加工，盲目追求精深加工反而可能适得其反。二是初加工原料成本高昂，而精深加工市场的开拓不足。以荔枝为例，全国荔枝实际年加工量约12万吨，仅占全国荔枝总产量的5%左右；广东荔枝出口以初级加工品为主，但出口加工量占荔枝产量的比例不足1%。总体上，水果产业链普遍偏短，增值潜力未充分挖掘，鲜果集中上市带来的市场压力难以有效分散，加工业的发展步伐显著滞后于整个产业的实际需求。

第五节　发展趋势及建议

一、发展趋势

（一）水果消费升级，消费者愈加注重品质和体验

水果摄入量逐年提升，国内市场增量空间巨大。随着居民生活水平的提高、健康意识的增强，中国人均水果消费量持续增长，从2016年的43.9千克攀升至2021年的52.7千克（见图9–14），年均复合增长率达3.7%。2021年，美国人均水果消费量高达110.67千克，是中国的2.1倍；而与中国饮食结构相近的日本，人均水果消费量也达到了73.78千克，超中国四成。这表明中国水果消费市场仍有巨大的增长潜力。

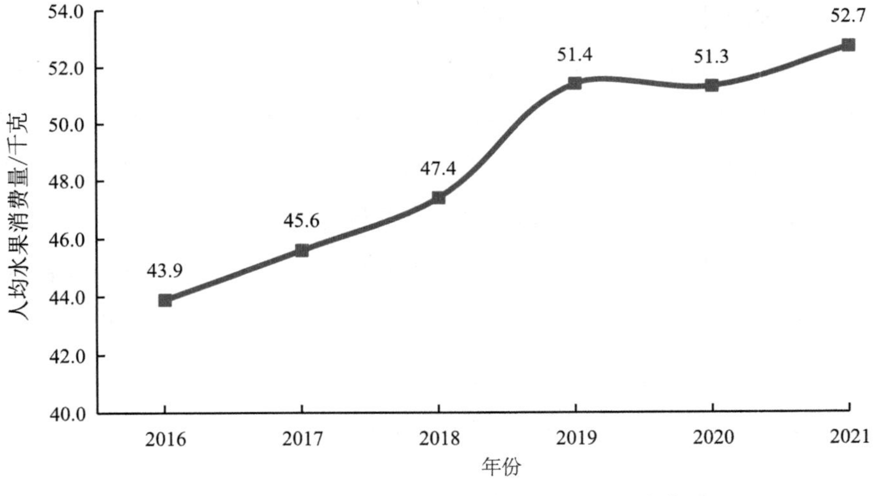

图9–14　2016—2021年中国人均水果消费量

消费观念逐渐转变，消费者注重品质和体验。随着消费观念的转变，消费者倾向于选择那些外观亮丽、口感鲜美且富含维生素的水果，并对水果的产地、品种以及种植方式都提出了更高的要求，水果消费行为由传统的刚需食品消费逐渐转变为休闲零食消费，同时开始重视水果所带来的情绪价值。

例如，佳沃集团对蓝莓品种的多次迭代，有效提升了水果品质和口感，推动了消费需求的发展。

（二）水果电商崛起，新零售有望成为主流模式

零售电商迅速崛起，提供高效便利的购物体验。近年来，传统渠道逐渐融入新零售元素：通过引入智能化的销售系统、提升店面环境和服务质量，为消费者提供更优质的购物体验；全国性农产品冷链运输系统逐步健全，吸引了永辉、盒马、美团优选、兴盛优选、叮咚买菜、多多买菜等电商；大型零售超市也积极进军社区市场，纷纷设立专门的生鲜店铺，以满足社区居民对新鲜食材的需求。

线上线下渠道互补，构建多元水果销售网络。在线下，传统的果品供应链渠道以农户、传统批发商、小型零售商及集贸市场为主，适合年龄较大的传统消费群体。而新零售电商模式不仅满足了消费者多样化的购买需求，也为水果商家提供了更广阔的销售渠道和更高效的库存管理方式。未来，随着技术的不断进步和消费者需求的不断升级，线上线下的新零售渠道将成为水果销售的常态，引领整个行业向更加智能化、便捷化的方向发展。

（三）品牌效益凸显，品牌化和一体化成为果业发展新趋势

高品质需求进一步提升，品牌化发展实现量利齐升。随着人们生活水平的提高和健康意识的增强，水果品牌化趋势成为消费市场的重要发展方向。京东生鲜的数据显示，品牌水果的消费份额已经超过50%。国产水果在品牌化和国潮的影响下逐渐得到市场的认可，高价值水果（如车厘子、蓝莓等）因其营养价值和独特口感，在中国市场的消费量逐年攀升。百果园等企业通过建立标准化的水果分级体系，推动了水果产业的商品化、品牌化及连锁化，提高了产业效率。

供应链一体化趋势明显，供应链协同促进效率提升。在仓储物流方面，供应链的优化和冷链技术的升级有效简化并缩短了流通流程，提升了水果流通效率，降低了物流和人工成本；在供应链整合方面，零售商可向上游布局，依靠优化水果由种到销的对接以及源头直采的发展趋势，精简流通环节、缩短物流时间，提升供应链整体效率并降低损耗，从而提高品控和盈利

水平；在销售终端方面，采用城市仓统一配货策略，直达店仓一体化或前置仓，可覆盖周边1～3千米社区，确保物流效率，并保障新鲜的水果能迅速送达客户手中。

二、发展建议

（一）强化政策引导与支持，助力水果产业稳健发展

一是加强政策支持。政府应继续加大对水果产业的财政投入，特别是在基础设施建设、科技创新、品牌建设、市场开拓等方面给予更多支持，以促进产业的高质量发展。

二是优化产业结构。水果产业的结构优化是提高产业竞争力的关键。政府应引导水果产业向优势产区集中，科学布局、因地制宜，把最优核心区建在最适生态区，形成大宗水果和特色水果的优势集群，实现水果产业的集群化、现代化发展，降低成本并提高效率。

三是推进绿色发展。绿色发展是未来农业发展的必由之路。政府应当倡导绿色生产方式，加强绿色防控和土壤调理，扩大生态果园规模，推行清洁生产，提高水果生产效率和抗逆能力。这样的做法有助于提升水果品质，满足消费者对绿色、健康食品的需求。

（二）加强品牌建设与渠道管理，提升水果市场竞争力

一是加强品牌建设。首先，我国企业要借鉴国际品牌经验，包括明确自己的品牌定位、注重品质管理和提升消费者体验等，通过引进先进的管理理念和技术手段，不断提升自身的品牌价值和竞争力。其次，我国企业要加强品质管理与安全控制，与国际接轨，建立严格的质量标准和安全控制体系，确保水果品质和安全，并通过引入先进的种植技术、加工工艺和质量检测设备，提升水果品质。最后，我国企业要强化品牌宣传与推广，利用多种渠道（包括社交媒体、广告、线上线下活动等）进行品牌宣传，提升品牌知名度和美誉度，同时与国际媒体和机构合作，参与国际展览和交流活动，展示我国水果品牌的特色和优势。

二是拓展销售渠道。首先，企业要探索多元化的销售渠道，除了传统

的批发市场和超市外，还应积极开拓线上销售渠道（如电商平台、自建网站等），通过线上线下融合，实现销售渠道的多元化和互补性。其次，企业要加强国际合作与交流，与国际水果企业建立合作关系，共同开拓市场，实现资源共享和互利共赢；通过参加国际展览、洽谈会等活动结识潜在的客户和合作伙伴，拓展国际市场。最后，企业要积极开展跨境电商业务，利用跨境电商平台，将我国优质水果销售到海外市场，并通过优化物流、支付等环节，提升跨境电商业务的便捷性和效率。

（三）优化产业链协同合作，提高运营效率与产品品质

一是深化果农合作与技术指导。首先，深化与果农的合作机制，建立长期稳定的合作关系，通过合同种植、订单农业等方式，确保水果的稳定供应和品质；同时设立奖励机制，提高果农的生产积极性。其次，鼓励果农采用先进的种植技术和管理方法，通过定期为果农提供种植技术、病虫害防治、果园管理等方面的培训和指导，提高果农的专业素养和种植水平。最后，制定统一的产品标准，包括水果的种植技术、采摘时间、包装规格等，确保产品品质的一致性。

二是建立质量标准并优化供应与配送流程。首先，建立质量追溯体系，对水果生产全过程进行记录和追溯，确保产品从田间到餐桌的安全性和可靠性。其次，优化供应链和仓储配送流程，利用大数据、云计算等现代信息技术，实现生产、销售、管理等环节的数字化和智能化，提高运营效率和配送效率，降低坏果率。

三是加强客户管理并拓展销售渠道。首先，建立完善的客户信息数据库，通过细分客户进行精准营销，针对不同消费能力的消费者开展差异化营销，以增强客户的满意度和忠诚度。其次，传统的鲜果零售商要拓展多元化销售渠道，除了传统的批发市场和超市外，还要积极开拓线上销售渠道（如电商平台、社交媒体等），扩大市场份额。最后，积极参与加工和衍生产品（如果汁、果酱等）的开发，并探索将水果与其他行业相结合的可能性（如水果与餐饮、旅游等行业的深度融合），以提升产品附加值。

Postscrip

后记

实现农业现代化，是推动乡村全面振兴、促进区域经济均衡发展的重要基石。在新时代新征程上，以习近平新时代中国特色社会主义思想为指导，广东省积极响应国家关于全面推进乡村振兴和加快农业现代化的战略部署，将农业现代化视为构建现代化经济体系不可或缺的一环。近年来，广东省委、省政府高度重视农业现代化建设，出台了一系列政策措施，如《广东省推进农业农村现代化“十四五”规划》《中共广东省委　广东省人民政府关于全面推进乡村振兴加快农业农村现代化的实施意见》等，旨在通过科技赋能、产业融合、绿色发展等路径，全面提升农业综合生产能力和市场竞争力。广东省依托得天独厚的自然条件、雄厚的工业基础以及开放包容的市场环境，积极探索具有广东特色的农业现代化之路，着力打造智慧农业、绿色农业、品牌农业等现代农业发展新模式。广东省种业、渔业、肉鸡、水果等优势产业呈现稳步扩张态势。种业、肉鸡产业创新主体活力迸发，农业科技进一步渗透；渔业、水果产业的新兴商业模式则实现了传统农业价值链延伸，持续引领广东省农业现代化进程。

当前，全球农业正处于深刻变革之中，科技革命和产业变革加速推进，农业供给侧结构性改革持续深化。面对国际农产品市场竞争加剧、资源环境约束趋紧、农产品消费结构升级等挑战，以及国内农业发展“大而不强”的现实困境，广东省农业正站在由传统向现代转型的十字路口，亟须通过科技创新驱动、产业体系重构、经营方式转变等手段，实现农业现代化的跨越式发展。鉴于此，本书从理论逻辑、区域实践、产业发展等多方面对广东省农业现代化各领域的发展进行了全面、深入、系统的研究，并基于农业现代化进程中的障碍和困境，提出了乡村振兴背景下农业现代化的理论体系框架，梳理总结了当前国内外农业现代化发展路径，深入剖析了广东省优势农业行业的现代化发展及存在的问题，为广东省加快农业现代化提供了重要的参考，为制定现代农业发展相关政策提供了有益的借鉴。

本书由燕志雄教授审定编写框架和统稿定稿。每章具体编写分工如下：第一章由刘树梁编写，第二章至第五章由谭绮彤编写，第六章由刘容编写，第七章由邓晓君编写，第八章由梁益铭编写，第九章由谭蓝鸡编写。在成稿过程中，我们借鉴了农业现代化领域诸多专家和众多学者的研究成果，在此表示由衷的感谢。本书的出版更是离不开广东经济出版社编辑们的辛勤付出。希望本书能够起到抛砖引玉的作用，吸引更多的专家学者对农业现代化展开更深入的研究，也希望各界人士在百忙中给予批评指正！

编　者